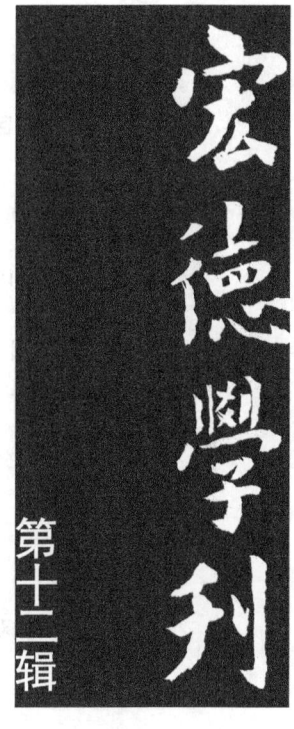

赖永海 主编

CSSCI来源集刊

宏德学刊

第十二辑

主　编　赖永海

副主编　王月清　管国兴　府建明

编委会　（以姓氏笔画为序）
　　　　王月清　圣　凯　李光华
　　　　府建明　钟海连　耿加进
　　　　黄　诚　赖永海　管国兴

编辑部　（以姓氏笔画为序）
　　　　刘　丹　成懋冉　邵佳德
　　　　张柘潭　胡永辉　黄少松

图书在版编目（CIP）数据

宏德学刊. 第 12 辑 / 赖永海主编. —北京：商务印书馆，2021
ISBN 978-7-100-19604-8

Ⅰ. ①宏… Ⅱ. ①赖… Ⅲ. ①社会科学—文集②中华文化—文集 Ⅳ. ① C53 ② K203-53

中国版本图书馆 CIP 数据核字（2021）第 035170 号

权利保留，侵权必究。

宏德学刊
第十二辑
赖永海　主编

商　务　印　书　馆　出　版
（北京王府井大街 36 号　邮政编码 100710）
商　务　印　书　馆　发　行
江苏凤凰数码印务有限公司印刷
ISBN 978-7-100-19604-8

2021 年 4 月第 1 版	开本 787×1092　1/16
2021 年 4 月第 1 次印刷	印张 17¼

定价：78.00 元

目录

佛学思想研究

钱谦益佛教文学思想发覆 …………………………………… 周　群（3）

礼仪与制度：宋代僧众的寺院制度与礼制生活 ………… 王大伟　李　欢（14）

虎关师炼《禅仪外文集》编选主旨探究 ……………………… 王宏芹（26）

传承与融合：三峰派继起弘储的禅法建构与尝试 …………… 翁士洋（36）

宋元《楞严经》注疏概况之考辨 …………………………… 申　婷（52）

太虚法师的心理学思想及其启示

　　——基于佛学与心理学的双向思考 ………………………… 王文欣（74）

儒道文化研究

徐复先生经学思想初探 ……………………………………… 李　开（91）

天人之学：《太平经》的医易思想研究 …………………… 李亚飞　张其成（102）

俞樾《尚书》学研究及其得失 ……………………………… 赵成杰（120）

代天言说：作为媒介的圣人 ………………………………… 董　熠（147）

朱熹性二元论的形成与演变 ………………………… 张宏锋　方弘毅（158）

中国传统法治的基本形态

　　——兼论今人对"为政以德"的误读 ……………………… 鄢晓实（172）

中华文化遗产研究

敦煌文书所载家具资料的文本解析
  ——以"家具""木匠"等词为例…………………… 邵晓峰（191）
视角、方法与叙事模式
  ——中国佛教美术史研究的相关问题探讨…………… 于向东（203）
灶神纸马研究……………………………………………………… 林鋆生（214）

珍稀文献整理与研究

天柱县高酿镇春花村文书研究…………………… 栾成斌　杨莎莎（231）
《万历邸钞》圈点眉批作者考
  ——兼论《万历邸钞》与《定陵注略》的关系………… 王呈祥（246）

研究动态、综述与书评

从体用观看佛经中的美术理论
  ——评《汉唐汉译佛经美术理论》…………………… 蒋炎洲（259）

《宏德学刊》稿约……………………………………………………（267）

CONTENTS

Studies on Buddhist Thought

 Studies on Qian Qianyi's Buddhist Literary Thoughts ············ Zhou Qun(3)

 Etiquette and Institution: The Monastic Etiquette and Institution Life of

  the Monks in Song Dynasty ······················ Wang Dawei, Li Huan(14)

 A Probe into the Purpose of the Compilation of *A Selection of Literary Articles*

  on Zen Rituals by Kokan Shiren ························· Wang Hongqin(26)

 Inheritance and Integration: The Construction and Attempt of Jiqi Hongchu's

  Zen Methods in Sanfeng School ···················· Weng Shiyang(36)

 A Textual Research on the Exegeses of *Surangama Sutra* in the Song and

  Yuan Dynasty ·· Shen Ting(52)

 The Psychological Thought of Master Taixu and its Inspiration: The Two-Way

  Thinking on Buddhism and Psychology ················ Wang Wenxin(74)

Studies on Conficianism and Taoism

 A Primary Exploration of Mr. Xu Fu's Thought of Study of Confucian Classics

  ·· Li Kai(91)

The Study of Heaven and Human: A Study of the Thoughts of Yi-Yi(医易)

in *Tai Ping Jing* .... Li Yaifei, Zhang Qicheng(102)

Research Method, Academic Achievements and Selected Mistakes in the

Shangshu Study of Yu Yue .... Zhao Chengjie(120)

Sage as Medium .... Dong Yi(147)

The Formation and Evolution of Zhu Xi's Dualism of Nature

.... Zhang Hongfeng, Fang Hongyi(158)

The Basic Form of Chinese Traditional Rule of Law: Also on the Misunderstanding

of "Politics and Virtue" by Today's People .... Yan Xiaoshi(172)

Studies on Chinese Cultural Heritage

Text Analysis of Furniture in Dunhuang Documents: Taking "Furniture" and

"Carpenter" as Examples .... Shao Xiaofeng(191)

Perspective, Method and Narrative Mode: Discussion on the Related Issues in the

Study of Chinese Buddhist Art History .... Yu Xiangdong(203)

Inquiry on Kitchen God Paper-Charm .... Lin Luansheng(214)

Research and Collation on Rare Literature

A Study on the Documents of Chunhua Village of Gaoniang Town in Tianzhu

County .... Luan Chengbin, Yang Shasha(231)

Research on the Author of Punctuate Marks and Headnotes in *Wanli-Dichao*:

And on the Relationship Between *Wanli-Dichao* and *Dingling-Zhulüe*

.... Wang Chengxiang(246)

Research Trends and Book Reviews

On the Art Theory in Buddhist Sutra from the Perspective of Essence and its

Use: Comment on *The Art Theory of Chinese Translation Buddhist Sutra*

from Han to Tang Dynasty .... Jiang Yanzhou(259)

Notice to Contributors .... (267)

钱谦益佛教文学思想发覆[*]

周 群[**]

摘 要：钱谦益对严羽批难甚烈与佛学观念有关。严羽以禅喻诗，钱谦益则深恶宗门窳败之象，扬教抑禅，主张返经明教。钱谦益批难严羽的根本原因是惩诗坛"举目皆严氏之眚也，发言皆严氏之谵也"，对严羽以禅喻诗的批评仅限于以偏概全之失。钱谦益将佛学的"有情"名相直接运用于中国古代诗学本体论的建构之中。钱谦益以唯识四分以论诗，以相分即"世界山河大地"作为诗人的观照对象，并以佛教曼荼罗四轮及空轮阐论诗歌的审美旨趣，将缘起性空的佛学理念融摄于诗学本体论之中，解构了援佛论诗的严羽因时代而判分第一义、第二义的学理根基。钱谦益以佛教义学为作家出世间学殖熏习的基础，其本于《楞严经》六根互用而形成的香观说，丰富了古代诗学创作论，香观、呵香、鬻香等概念表现了其诗学思想的多维度意蕴。钱氏对韩、苏的学殖判别，隐然将"通释教"与否作为分判唐宋之文特征的重要标识。钱谦益从僧诗辨体的角度肯定蔬笋气，援佛学与东坡陈说，借中边说释蔬笋气，为僧诗的审美特征注入了丰富内涵。

关键词：钱谦益 严羽 香观说 蔬笋气

明清鼎革之际的钱谦益，曾于文坛四海宗盟50年，但又是一位毕生浸淫于佛学

---

[*] 本文系国家社会科学基金重大项目"中国汉传佛教文学思想史"（项目批准号：18ZDA239）的阶段性研究成果。
[**] 周群，南京大学泰州学派研究中心教授。

的学人。钱谦益早年在贴括之暇,尊父命阅《楞严经》,后又拜雪浪洪恩为师,与明代四大高僧中的袾宏、真可、德清等亦有频密交游,尤得憨山德清心印。钱谦益以返经明教为期,著《楞严经疏解蒙钞》《般若波罗蜜心经略疏小钞》等。其中,《楞严经疏解蒙钞》本于华严的立场以"息台贤两宗之接刃",辟伪禅,显正法,被梁启超称为"佛典注释里头一部好书"①。但吊诡的是,钱谦益栖心佛学而又对严羽以禅喻诗批评甚烈。因此,揭示其颇具特色而尚未被系统总结的佛教文学思想,探寻钱氏佛学与文学的逻辑关系,对于理解这位文学巨擘的文学思想以及明清之际文学发展的脉络不无裨益。

一、返经明教:批评以禅喻诗的学理动因

钱谦益早年虽"熟烂空同、弇山之书"②,但中年以后"幡然异辙",痛诋前后七子,云:"余之评诗,与当世抵牾者,莫甚于二李及弇州。"③七子派论唐诗必分初盛中晚,而以盛唐为极则,钱谦益认为,"揆厥所由,盖创于宋季之严仪,而成于国初之高棅"④,因此,钱谦益对于严羽的批难主要集矢于"初、盛、中、晚厘为界分",且以盛唐为第一义。严羽认为盛唐诗因妙悟而得当行本色之体,云:"孟襄阳学力下韩退之远甚,而其诗独出退之之上者,一味妙悟而已。"因此,严羽本于诗禅关系提出的妙悟说遂成钱谦益攻驳七子以盛唐为宗的关键。同时,从最早保存《沧浪诗话》的明正德十五年(1520年)尹嗣忠刻本《沧浪严先生吟卷》内容来看,《沧浪诗话》首为《诗辩》,开篇即是:"禅家者流,乘有小大,宗有南北,道有邪正。"因此,欲破严羽之论,以禅喻诗当是首破之的。"严氏以禅喻诗,无知妄论"⑤遂成钱谦益荡涤七子模拟之习的逻辑前提。

与严羽借禅喻诗不同,钱谦益虽浸淫佛学殊深,但他扬教而抑禅,对临济宗的批评尤为峻烈,对通常所认为的"台贤二家,门庭如线,惟禅宗为盛。而禅宗则惟临济一枝,开堂演法,刹竿相望"⑥的佛教演进史,钱谦益深"以为不然",云:"若今之禅门,自

---

① 梁启超:《中国近三百年学术史》,东方出版社1996年版,第216页。
② 钱谦益:《牧斋有学集》卷三九《复遵王书》,钱曾笺注,钱仲联标注,上海古籍出版社1996年版,第1359页。以下《牧斋有学集》所有引文皆出自该版本,不再标注具体信息。
③ 钱谦益:《牧斋有学集》卷四七《题徐季白诗卷后》,第1562页。
④ 《牧斋有学集》卷一五《唐诗英华序》,第707页。
⑤ 《牧斋有学集》卷一五《唐诗英华序》,第707页。
⑥ 《牧斋有学集》卷四五《书华山募田供僧册子》,第1503页。

命临济后人者,其一二巨子,未得谓得久假不归,以小辨饰其小智,以大妄成其大愚。魁侩旃陀,一登其门,莫不盱衡赞叹,弹指彻悟。用是以簧鼓群昏,簸扬狂慧,盲师作俑,则判能大师为外道禅。师子吠声,则斥庞居士二乘果。棒喝如剧戏,付拂如酒筹。以瞽视瞽,以聋听聋,敢于抹杀教典,诋谰尊宿,以盖护其肤浅瞀乱之衣钵。"①缘此,我们便能对钱谦益批评严羽"谓学汉、魏、盛唐为临济宗,大历以下为曹洞宗,不知临济、曹洞初无胜劣也"②有更深切的理解。临济自风穴延沼之后,明显比曹洞法席隆盛。《沧浪诗话》以临济、曹洞为喻,并未明言是两家的初传情形。"初无胜劣"之说,既显示了钱氏的落笔谨严,又透露了其刻意罗织批难理据的痕迹。严氏分判临济、曹洞优劣仅是钱谦益攻驳的学理突破口,建立在判分初盛中晚基础上的"第一义""第二义",以及三百年来,诗坛"举目皆严氏之臬也,发言皆严氏之谵也"③才是其批难的真正目标与动因。

严羽推尊盛唐之诗为第一义,是因为在他看来盛唐之诗具有与禅道相似的妙悟,因此,钱谦益集矢于此,谓"其似是而非,误入箴芒者,莫甚于妙悟之一言。彼所取于盛唐者,何也? 不落议论,不涉道理,不事发露指陈,所谓玲珑透彻之悟也"④。严羽认为妙悟乃禅道与诗道共有,也是其以禅喻诗的基本理据。钱谦益并未对诗禅相喻是否失允提出疑问,其批难的是尊诗歌"不落议论,不涉道理,不事发露指陈"为极则,钱氏攻驳的方法则是援"诗之祖"《诗经》为据,以个案列举的方法,所论实乃妙悟之法不尽周延而已,云:"'知我者谓我心忧,不知我者谓我何求''我不敢效我友自逸',非议论乎? '昊天曰明,及尔出王''无然歆羡,无然畔援,诞先登于岸',非道理乎? '胡不遄死''投畀有北',非发露乎? '赫赫宗周,褒姒灭之',非指陈乎?"⑤指斥的是严羽"以为诗之妙解尽在是"。显然,钱谦益并不是完全否定严羽以禅喻诗本身,而是批评其以偏概全之失。不难看出,钱谦益痛陈"禅学蛊坏,至今日而极矣"⑥乃人病而非法病,是针对当时宗风衰息、堕窳之徒充塞禅林的现象而发。更因为禅林风气又影响于诗坛,禅林"五魔末品,四众下流,假棒喝为排场,聚聋导瞽;扫经律为戏论,狂走迷头。怪鬼纵横,魔民鼓煽"⑦,文苑亦"聚聋导瞽,言之不惭,问影循声,承而滋缪,流传后

---

① 《牧斋有学集》卷四五《书华山募田供僧册子》,第1503页。
② 《牧斋有学集》卷一五《唐诗英华序》,第707页。
③ 《牧斋有学集》卷一五《唐诗英华序》,第708页。
④ 《牧斋有学集》卷一五《唐诗英华序》,第707页。
⑤ 《牧斋有学集》卷一五《唐诗英华序》,第707—708页。
⑥ 《牧斋初学集》卷八六《题佛海上人卷》,钱曾笺注,钱仲联标注,上海古籍出版社1985年版,第1359页。以下《牧斋初学集》皆出本版,不再另注。
⑦ 《牧斋有学集》卷四一《大报恩寺修补南藏法宝募缘疏》,第1395—1396页。

世"①,发难严羽诗禅相喻,盖导因于"举目皆严氏之臂也,发言皆严氏之谵也"的现实。

钱谦益开出的救治佛法凌夷的药石则是"反经明教,遵古德之遗规"②。禅宗与华严、天台、法相、三论等教家诸宗比较,以"涅槃妙心,实相无相,微妙法门,不立文字,教外别传"为特征,而教家则"通经释典作其筌蹄者也"③。钱谦益认为魔禅横行的原因是"世尊四十九年所说,彼将束之高阁,屏为故纸"。钱谦益孜孜以改变"昔苦法弱而魔强,今苦宗强而教弱。魔强法弱,魔在法外"④的现象,并力矫其在诗坛的影响。针对"上下三百余年,影悟于沧浪,吊诡于须溪,象物于庭礼,挦扯吞剥于献吉、允宁"⑤的现状,他屡屡援引或植本于佛学经典,放言剧论,指陈诗坛诸种弊象,如在《鼓吹新编序》中综合运用了《大般涅槃经》的诸故事以彰显其诗学旨趣:以该经第九卷加水卖乳的故事批评后世妄加品分诗歌的荒唐可笑;以第三卷佛告迦叶关于长者畜牛的故事抨击诗坛"比拟声病,涂饰铅粉,骈花俪叶""标新猎异,佣耳剽目,改形假面,而自以为能事"的现象;以第二卷佛给诸比丘讲述的旧医、新医为国王及国人是否用乳药及如何用乳药治病的故事,感叹"非驱逐旧医,断除乳药之毒害,新医之甘露妙药,固不可得而施也"⑥。钱谦益认为自严羽、刘辰翁以来,人们"奉为丹书玉册"的传统,"皆旧医之属也"。⑦ 借佛经故事,期以改变"学者甫知声病,则汉魏齐梁、初盛中晚之声影,已盘互于胸中,佣耳借目,寻条屈步,终其身为隶人而不能自出"⑧的现象,反拨严羽以禅喻诗的影响,这是四海宗盟数十年的钱谦益荡涤诗坛模拟涂泽之病的重要药石。

二、佛教诗学本体论

钱谦益认为严羽论诗之失,要在未能探极于本,云:"沧浪之论诗,自谓如那吒太子,拆骨还父,拆肉还母,而未尝探极于有本。谓诗家玲珑透彻之悟,独归盛唐。则其

---

① 钱谦益:《列朝诗集小传》丁集上《宗副使臣》,古典文学出版社1957年版,第431页。
② 《牧斋初学集》卷八一《北禅寺兴造募缘疏》,第1729页。
③ 刘仁本:《羽庭集》卷五《送大璞玘上人序》,文渊阁四库全书本。
④ 《牧斋有学集》卷四一《募刻大藏方册圆满疏》,第1399页。
⑤ 《牧斋有学集》卷一五《鼓吹新编序》,第712页。
⑥ 以上引自《牧斋有学集》卷一五《鼓吹新编序》,第711—712页。
⑦ 《牧斋有学集》卷一五《鼓吹新编序》,第712页。
⑧ 《牧斋有学集》卷一五《爱琴馆评选诗慰序》,第713页。

所矜诩为妙悟者,亦一知半解而已。"①钱氏认为的严羽所失之本,乃《国风》之好色,《小雅》之怨诽,《离骚》之疾痛叫呼,是"魁垒耿介,槎枒于肺腑,击撞于胸臆"②的情感。钱谦益纠矫严氏之说的途径之一是将佛学置诸"歌缘情"的诗学传统之中,以佛学有情世界作为主体基石与逻辑起点,云:"佛言众生为有情,此世界为情世界。儒者之所谓五性,亦情也。性不能不动而为情,情不能不感而缘物,故曰情动于中而形于言。诗者,情之发于声音者也。古之君子,笃于诗教者,其深情感荡,必著见于君臣朋友之间,少陵之结梦于夜郎也,元白之计程于梁州也。由今思之,能使人色飞骨惊,当飧而叹,闻歌而泣,皆情之为也。"③钱谦益将佛教有情世界直接置于中国古代诗学本体论之中,植佛学之本以论艺,而与严羽以禅喻诗的外在比附迥然不同。虽然这样的直接置入颇有疏略之憾,换柱之嫌,但这一逻辑前提既立,长久以来佛教与中国传统文学的文化语境隔阂则涣然冰释。佛学成为中国古代诗学及其思想内发原生的资源,这丰富了其内涵,为文学思想的演进注入了新的活力。

同时,钱谦益还以唯识四分论诗,以相分即"世界山河大地"为诗人观照对象,云:"吾人之为诗也,山川草木,水陆空行,情器依止,尘沙法界,皆含摄流变于此中。"而"唯识所现之见分,盖莫亲切于此"④。唯识所说的一切有为无为法,即宇宙万有皆非离识别有自性,因此,诸法"落御影现而为语言文字"之"精者"的偈颂歌词则并无时代胜劣之分,这也是其"胥初盛中晚之诗,胪而陈之,不立阡陌,不树篱棘,异曲同工,分曹递奏"⑤,而力辟严羽所谓大小乘、声闻辟支之层阶的学术理据之一。同时,钱谦益还以佛教曼荼罗四轮以及空轮阐论诗歌审美旨趣:"四轮之上为空轮,而空轮则无所依。"认为诗人亦当知空有之妙,而不可"执其知见学殖封锢柴塞者以为诗"⑥。他称叹的是陈古公"梯空蹑玄,霞思天想,无盐梅芍药之味,而有空青金碧之气"⑦的诗歌。钱谦益将缘起性空的佛学理念融摄于诗学本体论之中,为其所举扬的僧诗亦玄亦澹的审美意趣提供了本体论支撑。钱谦益还借佛陀布教的过程为喻,将佛学本体理念贯注于诗歌创作的过程之中,云:"佛于鹿苑转四谛后,第三时用维摩弹斥,第四时用般若真空淘汰清净,然后以上乘圆顿甘露之味沃之。"⑧钱氏所论是因应当时诗坛"矜

---

① 《牧斋有学集》卷一七《周元亮赖古堂合刻序》,第767页。
② 《牧斋有学集》卷一七《周元亮赖古堂合刻序》,第767页。
③ 《牧斋有学集》卷一九《陆敕先诗稿序》,第824页。
④ 《牧斋有学集》卷一八《陈古公诗集序》,第799页。
⑤ 《牧斋有学集》卷一五《唐诗英华序》,第708页。
⑥ 《牧斋有学集》卷一八《陈古公诗集序》,第799页。
⑦ 《牧斋有学集》卷一八《陈古公诗集序》,第800页。
⑧ 《牧斋有学集》卷一八《陈古公诗集序》,第799页。

声律,较时代,知见封锢,学术柴塞,片言只句,侧出于元和、永明之间,以为失机落节,引绳而批之"①的现象而发,钱谦益从佛学本体论及缘起论的视角,解构了援佛论诗的严羽因时代而判分第一义、第二义的学理根基。

宗教与文学是最易于对大众心灵产生潜移默化作用的文化形态,佛教文学本体论还包含佛学作为学殖对文学的培本之功。对此,钱谦益常常借经教之于作家创作的熏习作用予以说明,他说:"余窃谓诗文之道,势变多端,不越乎释典所谓熏习而已。有世间之熏习,韩子之所谓'无望其速成,无诱于势利,养其根而俟其实,加其膏而希其光'者是也。"②而出世间之熏习,引用的是《华严经》中解脱长者从诸佛及诸菩萨不可思议三昧神变起,告善财童子之言:"应以善法扶助自心,应以法水润泽自心,应于境界净治自心,应以精进坚固自心,应以忍辱坦荡自心,应以智证洁白自心,应以智慧明利自心。"③钱谦益援《华严经》以熏习培根,鼓励诗人与义学高道咨决扣击,朝夕从事。熏习既深,学殖便会自然呈现于作品之中,"如染香人身有香气,知其不待乎佣耳揖目,戛戛而求之矣"④。钱谦益将佛教义学的出世间熏习,与韩愈所说的根茂实遂、膏沃光晔的世间熏习一起,共同组成了作家涵养学殖的两大基本资源,丰富了传统创作论的学理背景,即山煮海而后自然成章,较之严羽诗禅的外在比附更加深蕴。

三、佛教文学创作论与鉴赏论

钱谦益援经教以论文学最集中的体现则在于"香观说"。《香观说书徐元叹诗后》与《后香观说书介立旦公诗卷》阐述了其内涵,记述了其形成缘起。《香观说书徐元叹诗后》云:

> 人间诗卷,聊一寓目,狂华乱眼,蒙蒙然隐几而卧。有隐者告曰:"吾语子以观诗之法,用目观,不若用鼻观。"余惊问曰:"何谓也?"隐者曰:"夫诗也者,疏瀹神明,洮汰秽浊,天地间之香气也。目以色为食,鼻以香为食。今子之观诗以目,青黄赤白,烟云尘雾之色,杂陈于吾前,目之用有时而穷,而其香与否,目固不得而嗅之也。吾废目而用鼻,不以视而以嗅。诗之品第,略与香等。或上妙,或下

---

① 《牧斋有学集》卷一八《陈古公诗集序》,第799页。
② 《牧斋有学集》卷一六《高念祖怀寓堂诗序》,第751页。
③ 实叉难陀译:《华严经》卷六三,载《大正藏》第10册,第340页上。
④ 《牧斋有学集》卷一六《高念祖怀寓堂诗序》,第751页。

中,或斫锯而取,或煎笮而就,或熏染而得。以嗅映香,触鼻即了。而声色香味四者,鼻根中可以兼举,此观诗方便法也。"余异其言而谨识之。①

香观说虽然与严羽的以禅喻诗一样,都是援佛论诗,但路径与内涵颇多殊异。以禅喻诗空灵通脱,了无证解过程,乃诗禅外在比附,而香观说呈现的则是佛理见诸诗学的疏证过程。香观说之核心在于"声色香味四者,鼻根中可以兼举"。显然,其要义在于诸根互用。六根会通互用,根大圆通,乃《楞严经》的重要特色,《楞严经》卷六云:"六根圆通,明照无二,含十方界,立大圆镜,空如来藏,承顺十方微尘如来秘密法门,受领无失。"②钱谦益香观说显然植根于《楞严经》,这在《香观说书徐元叹诗后》其后的描述中得到了印证:

> 春初游灵岩,于夫山和尚禅榻,得元叹新诗一帙。归舟雒诵,抚几而叹。香严言烧沉水香,香气寂然来入鼻中,非此观也耶?元叹摆落尘坌,退居落木庵,客情既尽,妙气来宅,如薛瑶英肌肉皆香,其诗安得而不香。牛头栴檀,生伊兰丛中,仲秋成树发香,则伊兰臭恶之气,斩然无有。取元叹之诗,杂置诗卷中,剔凡辟恶,晋人所谓逆风家也。吾奉隐者之教,养鼻通观,请自元叹始。③

"香严言烧沉水香,香气寂然来入鼻中"源出《楞严经》卷五云:"香严童子即从座起,顶礼佛足而白佛言:'我闻如来教我谛观诸有为相。我时辞佛,宴晦清斋,见诸比丘烧沉水香,香气寂然来入鼻中。我观此气,非木,非空,非烟,非火,去无所著,来无所从,由是意销,发明无漏。如来印我得香严号。尘气倏灭,妙香密圆。我从香严得阿罗汉。佛问圆通,如我所证,香严为上。'"④钱谦益由隐者所示,从《楞严经》得到印证,并与其熏习说相辅而成。其诗之品第之上妙,当是"熏染而得"。他推赞元叹之诗具有"杂置诗卷中,剔凡辟恶"之效,与其"摆落尘坌,退居落木庵"遂至"客情既尽,妙气来宅",亦与其所受出世间熏习密切相关。

钱谦益诗论尤以破斥诗坛积弊称著,其香观说亦有遮表二诠。他还以佛教欲求禅定,而应弃绝的五欲中的香欲为据,借呵香之说而喻诗坛拟古剽窃之风,云:

---

① 《牧斋有学集》卷四八《香观说书徐元叹诗后》,第1567—1568页。
② 赖永海主编:《楞严经》卷六,刘鹿鸣译注,中华书局2012年版,第258页。
③ 《牧斋有学集》卷四八《香观说书徐元叹诗后》,第1567—1568页。
④ 赖永海主编:《楞严经》卷五,刘鹿鸣译注,中华书局2012年版,第219页。

虽然，吾向者又闻呵香之说。昔比丘池边经行，闻莲花香，鼻受心著。池神呵曰："汝何以舍林中禅净，而偷我香？"俄有人入池取花，掘根挽茎，狼藉而去，池神弗呵也。有学诗者于此，骈花镂叶，剽芳拾英，犯枣昏馥俗之忌。此掘根挽茎之流也，神之所弃而弗呵也。杼山论诗，科偷句为钝贼，是人应以盗香结罪。①

呵香故事，源出《大智度论》。钱谦益借此以批评诗坛"骈花镂叶，剽芳拾英"之风，他"恐学人爱染著知见香"而为池神所呵，而举扬这样的为诗之道："以香作佛事"，"客情既尽，妙气来宅"，以臻于"肌肉皆香"之境而后"妙于诗句"。

与以呵香故事批评模拟剽窃之风不同，钱谦益又引《华严经》所记的鬻香故事以平治呵香，在佛教清规之外，为佛教诗学留下一方缤纷自在的天地，云："子不闻青莲华长者之鬻香乎？池神之护香也，长者之鬻香也，其回向之大小，区以别矣。长者了知一切如是，一切香王所出之处，了达诸治病香，乃至一切菩萨地位香，知此调和香法，以智慧香而自庄严，于诸世间，皆无染著，具足成就。长者所鬻之香，即人间罗刹界诸欲天之香，亦即池神所护呵之香，岂有铢两差别哉！""现鬻香长者身，以蔬笋禅悦之香，作妙香句而为说法。"②不难看出，香观说本质上是佛教文学思想的一种表现，其基本内涵在于：具有蔬笋气的审美特征，诗人深受佛理熏习而具禅悦之香，诗学旨趣则是"作妙香句而为说法"。

深受释氏经教熏习而盱衡文坛的钱谦益，不但表现俗情既尽、妙气来宅之境的诗文俯拾皆是，其诗文理论往往植经教而溢出，旁通无碍，自然允洽，内容丰蕴，别具风格。如，钱谦益推尊《华严经》，云："《华严》之为经王也，夫人而知之矣。"③论解苏轼之文时，亦悟得了其中的《华严经》意趣，云：

吾读子瞻《司马温公行状》《富郑公神道碑》之类，平铺直序，如万斛水银，随地涌出，以为古今未有此体，茫然莫得其涯涘也。晚读《华严经》，称性而谈，浩如烟海，无所不有，无所不尽，乃喟然而叹曰："子瞻之文，其有得于此乎？"文而有得于《华严》，则事理法界，开遮涌现，无门庭，无墙壁，无差择，无拟议。世谛文字，固已荡无纤尘，又何自而窥其浅深，议其工拙乎？朱少章云：东坡未作《胜相经藏》及《大悲阁记》，尝与陈季常论文曰："某独不曾作《华严经》耳。"季常指鱼枕冠曰："请拟《华严经》颂之。"坡索笔疾书，不易一字。少章知《鱼枕冠颂》之为《华

---

① 《牧斋有学集》卷四八《香观说书徐元叹诗后》，第1568页。
② 《牧斋有学集》卷四八《后香观说书介立旦公诗卷》，第1570页。
③ 《牧斋初学集》卷二八《华严忏法序》，第863页。

严》,而不知他文之皆《华严》也。此非知坡之深者也。①

通过《华严经》的阅读体验及"事理法界,开遮涌现"的佛理,钱谦益探明了苏文审美特征形成的学理渊源。且援历史文献为据,论证谨严邃密,诚为不刊之论。如"万斛水银,随地涌出"乃东坡为文甚为显豁的特征及文论精核。钱谦益从《华严经》的学术背景予以证解,实乃东坡的异世知音。缘此而进,钱谦益得出这样的判断:"中唐已前,文之本儒学者,以退之为极则。北宋已后,文之通释教者,以子瞻为极则。"②韩愈与东坡乃唐宋文章魁杰,钱谦益隐然将通释教作为判分唐宋之文、推进文学演进历史的重要因素。

四、蔬笋气:僧诗的审美特征

诗僧们通常以般若慧学的直观感悟方式,借诗歌的形式以表现佛理,形成了古代诗苑中具有清寒之气的别样风景。因其植基于丛林梵刹,僧诗与士夫文人之作风格迥然有别,欧阳修、苏轼称僧诗具有蔬笋气。自是以后,对诗之蔬笋气臧否不一,尤其是东坡自注蔬笋气即为酸馅气,更为后世定下了贬落的基调。但肯定这一幽深清远风调的学者代不乏人。如,《西清诗话》云:"东坡尝云:'僧诗要无蔬笋气',固诗人龟鉴。然意在释子语,殊不知本分风度,水边林下气象盖不可无,若尽洗去清拔之韵,使真俗同科,又何足尚。"③宋人欧阳守道亦从僧诗的本色肯定蔬笋气,云:"蔬笋,僧诗正味,何必他脱去耶?且非特僧诗,吾辈正患不蔬笋,如蔬笋其何浼?如之屈骚兰、陶诗菊,读之直作兰菊气,亦各从其嗜好发出也。"④钱谦益甚为钦敬的元好问亦有对蔬笋气的论述,云:"东坡读参寥子诗,爱其无蔬笋气,参寥用是得名,宣、政以来无复异议。予独谓此特坡一时语,非定论也。诗僧之诗,所以自别于诗人者,正以蔬笋气在耳。"⑤钱谦益晚年"益栖心释部,刊落绮语"⑥,期期以建立"本色"的佛教文学,力倡先为僧而后为僧诗,云:"吾谓世之为僧者,知所以为僧,则后知所以为诗。为诗僧者,知

---

① 《牧斋初学集》卷八三《读苏长公文》,第1756页。
② 《牧斋初学集》卷八三《读苏长公文》,第1756页。
③ 蔡絛:《西清诗话》卷中,明钞本。
④ 欧阳守道:《巽斋文集》卷二七《赠福上人序》,文渊阁四库全书本。
⑤ 元好问:《元好问全集》卷三七《木庵诗集序》,山西人民出版社1990年版,第46页。
⑥ 《牧斋有学集》卷一五《鼓吹新编序》,第710页。

所以为诗之僧,而后知所以为僧之诗。"①他对当时诗僧所作普遍不满,一如其对当时整个诗坛的评价,云:"今之缁流,多喜为诗。或排列华要,如千佛名经。或撷拾偈颂,如戏场科诨。每一触目,辄为赤眚满眼。"②而天童山晓之诗则迥出时流,"体清心远,恬虚乐古","居然衲衣本色"。③ 基于强烈的僧诗辨体意识,他又为僧诗的蔬笋气力辩,云:"昔人言僧诗忌蔬笋气。忌蔬笋之气,而腥浓肥厚之是嗜,僧之本色尽矣,诗于何有?"④钱谦益认为,蔬笋气是由僧诗的创作主体决定的,蔬笋气乃僧之本色,亦即僧诗之本色。他说:"昔人云:'僧诗忌蔬笋气。'余谓惟不脱蔬笋气,乃为本色。惟清惟寒,亦玄亦澹,如佛言食蜜,中边皆甜。此真蔬笋气,天然禅悦之味也。"⑤何为钱谦益孜求的"真蔬笋气"? 除了前人常常论及的清寒诗风之外,尚有"亦玄亦澹"的"天然禅悦之味"。尤其值得注意的是他引"佛言食蜜,中边皆甜"为喻,而这恰恰与其素为倾慕的苏轼诗论颇为浃洽。东坡在《评韩柳诗》中又说:

  柳子厚诗在陶渊明下,韦苏州上。退之豪放奇险则过之,而温丽靖深不及也。所贵乎枯澹者,谓其外枯而中膏,似澹而实美。渊明、子厚之流是也。若中边皆枯澹,亦何足道。佛云:"如人食蜜,中边皆甜。"人食五味,知其甘苦者皆是,能分别其中边者,百无一二也。⑥

  钱谦益论蔬笋气虽然看似与东坡相左,但他将东坡论韩柳诗时提出的中边说融入僧诗美学的建构之中,使僧诗之蔬笋气增添了玄远平澹之韵、天然禅悦之趣。这也是其受出世间熏习而形成的诗学本体论的自然延展。苏轼所谓蔬笋气的具体特征并无明晰阐述,叶梦得《石林诗话》有这样的诠释:"近世僧学诗者极多,皆无超然自得之气,往往反拾掇摹效士大夫所残弃。又自作一种僧体,格律尤凡俗,世谓之酸馅气。"⑦并引苏轼《赠惠通》诗以证。叶梦得所谓"超然自得之气"是与当时僧诗局于物象的偏枯狭隘之境相对立的。钱谦益以东坡曾引喻的"佛言食蜜,中边皆甜"以济之,自可推得其包蕴着外枯中膏的"超然"意蕴。不难看出,钱谦益所谓"真蔬笋气"与东坡所尚的审美风格又殊途同归了,区别只在于东坡的中边说是因文人诗而发,牧斋则

---

① 《牧斋有学集》卷二一《普福昌上人诗序》,第 888 页。
② 《牧斋有学集》卷四八《题山晓上座啸堂诗》,第 1583 页。
③ 《牧斋有学集》卷四八《题山晓上座啸堂诗》,第 1583 页。
④ 《牧斋有学集》卷二一《普福昌上人诗序》,第 888 页。
⑤ 《牧斋有学集》卷四八《题介立诗》,第 1580—1581 页。
⑥ 苏轼:《苏轼文集》卷六七,孔凡礼点校,中华书局 1986 年版,第 2109—2110 页。
⑦ 叶梦得:《石林诗话》卷中,转引自何文焕辑:《历代诗话》上册,中华书局 1981 年版,第 426 页。

将其熔铸于僧诗的审美特征之中,他曾说:"往有比丘学诗于余,余教以适山情,助禅悦,扫除一切诗偈毒蜜,以灰香净涤而后可。"①牧斋的作品中屡有对以文字为妙香佛事的褒赞之辞,云:

> 唐有天人费氏告宣律师,阎浮提世间,臭气上熏于空四十万里,正直光音天。诸天清净,无不厌恶,唯香气上熏破之。故佛法中香为佛事。今佛所取栴檀兜楼婆上妙之香,此方无有。汉世西人贡香宫门,上著豆许,闻长安四面十里,经月不歇。今皆漂沉厕溷中,唯伊兰臭秽,充满三界。诸天悯之,改令此世界中,得以文字妙香,代为佛事。于是奎壁图书之宿,东指牛斗吴会之墟,帝车炳然,词人才子,排珠林而比玉府者,高杨已降,于斯为盛。……二子为今体诗,精莹为骨,轻清为韵,有色有声,非烟非火,净名钵中,贮香积饭,香气著人肠胃,七日而后消。咏二子之诗,仿佛似之。②

"以文字妙香,代为佛事",显然是就僧诗而言。赋僧诗以妙香,亦是其香观说形成的学理缘起,其《后香观说书介立旦公诗卷》云:"古人以苾蒭喻僧。苾蒭,香草也。蔬笋,亦香草之属也。为僧者,不具苾蒭之德,不可以为僧。僧之为诗者,不谙蔬笋之味,不可以为诗。"③导源于其香观说,通过赋僧诗以审美意义,这是其肯定僧诗"蔬笋气"的重要维度。同时,通过举扬风格多样性以荡涤诗坛流弊,是钱谦益肯认僧诗审美特征的另一个原因。在《五石居诗小引》中,他历述了曾游云间,见生甫《屠羊》《食牛》诗,"爱以其诗句作佛事,可作此土伽佗"。因此,我们径可视其为赋予的僧诗特质。生甫诗"风神散朗,意匠萧闲","信笔点染,雪霞横生,烟波蹙沓",自别于当时诗坛"沉湎俗学,掇拾饾饤,夸诩汉魏、三唐,如以嚼饭喂人,徒增呕哕"④的作品。钱谦益力挺蔬笋,实乃孜求形成佛教诗歌的审美特征,这对于丰富诗苑色彩无疑是有益的。

---

① 《牧斋有学集》卷二一《寄巢诗序》,第883页。
② 《牧斋有学集》卷二〇《二王子今体诗引》,第858页。
③ 《牧斋有学集》卷四八,第1569页。
④ 以上引自《牧斋有学集》卷二〇,第859页。

礼仪与制度：
宋代僧众的寺院制度与礼制生活*

王大伟　李　欢[**]

摘　要：宋代寺院形成了非常完备的制度模式，僧众的修行生活和日常生活都处于制度监督之下，但此时的寺院制度又受到明显的传统礼制的影响，僧众的生活要符合"礼"的要求。即使带有印度佛教戒律色彩的某些制度，也同样融入了传统礼制的因素，礼仪与制度的交织，才是宋代僧众生活模式的真实样态。

关键词：礼仪　寺院制度　宋代僧众

中国礼制文化是建构古代社会秩序的基础之一，这几乎已在学术界形成共识，早在瞿同祖先生的《中国法律与中国社会》一书中就提道："礼有上述实践的社会功能，足以维持儒家期望的社会秩序，而达到儒家心目中的理想社会，所以儒家极端重视礼，欲以礼为治世的工具。"[①]礼制的这个功能实际上获得了多数学者的认同："礼学不仅是中国传统思想、学术的一个重要方面，而且还是指导国家政治与民众生活的准则。从这两个方面来看，礼不仅是所有的人类社会都具有的一个文化形态，更在中国传统文化当中具有重要的地位和影响。"[②]礼制作为一种可以构建社会秩序、约束人

---

* 本文系 2017 年国家社会科学基金重大项目"汉传佛教僧众社会生活史"（项目批准号：17ZDA233）、2020 年国家宗教局招标科研项目"汉传佛教传统丛林制度与寺院的现代管理"（项目批准号：MT2001A）及四川大学青年杰出人才培育项目（项目批准号：SKSYL201804）的阶段性研究成果。

** 王大伟，男，四川大学道教与宗教文化研究所研究员；李欢，女，四川大学道教与宗教文化研究所 2018 级硕士研究生。

① 瞿同祖：《中国法律与中国社会》，中华书局 2003 年版，第 304 页。

② 刘丰：《北宋礼学研究》，中国社会科学出版社 2016 年版，绪论第 5 页。

群行为的制度模式,不仅在中国社会的世俗层面得到铺展,就是在汉传佛教的寺院制度中,也可见深刻的影响。目前能见到的宋代寺院制度观念的相关记载中,无不透露出中国传统礼制的味道,最知名的案例,莫过于明道先生见到僧众饮食时礼仪整肃的样子,而发出了"三代威仪,尽在是矣"①的赞叹。在宋代寺院的制度观念中,寺院的制度模式与僧众的生活状态也与礼制有莫大关系。

一、宋代寺院"特为茶汤"等活动中的礼制要求

宋代寺院制度的文本基础是清规文献,此时共有四部清规,为《禅苑清规》《入众日用》《入众须知》《丛林校定清规总要》②,透过这些制度性文献,可发现宋代寺院的制度观念中始终贯穿着对礼制的要求。惟勉在《丛林校定清规总要》的序中,非常直白地说道:"吾氏之有清规,犹儒家之有礼经,礼者从宜,因时损益。"③宋代僧众对制度观念的认识已非常清晰,所谓"清规"制度,实际是贯彻着礼制观念的一套制度模式。这体现在僧众生活的各个方面,如宋代禅门在"挂搭"这个活动中,几乎每个环节都伴随着相关礼仪,如准备挂搭的僧人见到寺院的维那后:"相见各触礼三拜。吃茶罢,起身近前云:'久向道风,此者特来依栖左右,且望慈悲。'维那云:'山门多幸,特荷光临。'乃各人依戒腊次第,呈祠部与维那。"④而到了僧堂时,其礼仪要求则更加细致,透过文本,我们依然能感受到陌生僧众见面时,礼制在人物交往过程中的联结作用:

> 新到于僧堂前门南频而入圣僧前(参头在北边)立定,大展三拜,收坐具。从

---

① 这个典故在宋代的《童蒙训》《二程外书》《能改斋漫录》《朱子语类》等中都有记载,其中《二程外书》中收录的是转自宋代吕本中编的《童蒙训》,可见北宋时程颢这个典故就已在流传了:"明道先生尝至禅寺,方饭,见趋进揖逊之盛,叹曰:'三代威仪,尽在是矣。'"参见程颢、程颐:《河南程氏外书》卷一二,载《二程集》第3册,中华书局1981年版,第443页。南宋《能改斋漫录》中的记载更详细,"禅寺"也变成了"天宁寺":"明道先生尝至天宁寺,方饭,见趋进揖逊之盛,叹曰:'三代威仪,尽在是矣。'"参见吴曾:《能改斋漫录》卷一二,上海古籍出版社1979年版,第346页。
② 《禅苑清规》为宗赜集,10卷,收于《卍新纂续藏》第63册,据其撰于"崇宁二年"的序,知其至迟在1103年就已成书。《入众日用》为宗寿集,不分卷,又名《无量寿禅师日用小清规》,收于《卍新纂续藏》第63册,据其文尾"己巳嘉定二年佛生日集"的记载,知其成书于南宋宁宗1209年左右。《入众须知》,撰者不详,不分卷,收于《卍新纂续藏》第63册,据文中"至今皇帝景定四年"一语,知其成书于南宋理宗1263年左右。《丛林校定清规总要》为惟勉所编,2卷,收于《卍新纂续藏》第63册,据其序"咸淳十年甲戌岁"语,知其成书于南宋度宗1247年左右,又因制成于咸淳年间,故又称《咸淳清规》。
③ 《卍新纂续藏》第63册,第592页上。
④ 宗赜集:《禅苑清规》卷一,苏军点校,中州古籍出版社2001年版,第5页。

首座位巡堂一匝，却到圣僧前问讯毕，于前门内南颊床下版头第三位次第而坐。维那依戒腊上床历讫，令行者箱内托祠部，相随入堂（有处维那先于圣僧前烧香）。新到起身床前立，相问讯了，维那次第过祠部讫，于版头面东南触礼一拜，新到亦触礼一拜，维那依戒腊次第挂搭。触礼一拜，维那常占上手……挂搭讫，维那出（有处出前门，有处出后门），新到相送。①

这些内容牵涉到多种僧众遵行的礼仪，所谓"触礼"，据无著道忠的解释："旧说曰：'以头触地，故云触礼。'忠曰：'以坐具触地三叩头，故云触礼三拜。'"②接着无著道忠用《大鉴小清规》来解释何为触礼：

《大鉴小清规》云：古法，小比丘见大比丘，必须展拜。一问讯，便展坐具，大比丘坚以手约免之，或以坐具约而免之；小比丘收摺了，又殷勤必欲展拜，又展坐具，大比丘又坚约免之；小比丘又收摺了，敬礼之心未息，乃以坐具触地三而拜之，大比丘遂答之一拜。此其两展三拜之本意也。③

僧众为了保护衣服在行礼等活动时不受污损，故随身携带"坐具"，而铺展坐具行礼又非常烦琐，所以禅门形成了行礼时不铺展坐具，而持坐具触地叩头的礼节。

从"挂搭"这个僧众生活中经常遇到之事能看出，挂单僧人从其入院门到僧堂安置，无不伴随着一系列礼仪，在这些仪轨的约束下，寺院秩序得到稳定，僧众之间的关系也因礼仪而得到妥善确立或维系。在宋代的《丛林校定清规总要》中，将"挂搭"的仪式程序称为"兄弟相看礼仪"，突出的是佛教"法缘"脉络下僧众同出一源的亲切感。宋代寺院是一个非常戒惧失仪的场所，某些活动又尤其严格，如寺院中的"特为茶汤"等活动，就完全形成了寺院的茶汤礼仪：

院门特为茶汤，礼数殷重，受请之人，不宜慢易。既受请已，须知先赴某处，次赴某处，后赴某处。闻鼓版声，及时先到。明记坐位照牌，免致仓遑错乱。如赴堂头茶汤，大众集，侍者问讯请入，随首座依位而立。住持人揖，乃收袈裟，安详就座。弃鞋不得参差，收足不得令椅子作声，正身端坐，不得背靠椅子。袈裟

---

① 宗赜集：《禅苑清规》卷一，苏军点校，中州古籍出版社2001年版，第6页。
② 无著道忠：《禅林象器笺》卷一〇，载《佛光大藏经·禅藏·杂集部》，佛光出版社1994年版，第710页。
③ 无著道忠：《禅林象器笺》卷一〇，载《佛光大藏经·禅藏·杂集部》，佛光出版社1994年版，第710—711页。

覆膝，坐具垂面前。俨然叉手，朝揖主人。常以偏衫覆衣袖及不得露腕。热即叉手在外，寒即叉手在内。仍以右大指压左衫袖，左第二指压右衫袖。侍者问讯烧香，所以代住持人法事，常宜恭谨待之。安祥取盏橐，两手当胸执之，不得放手近下，亦不得太高。若上下相看一样齐等，则为大妙。当须特为之人，专看主人顾揖，然后揖上下间。吃茶不得吹茶，不得掉盏，不得呼呻作声。取放盏橐，不得敲磕。如先放盏者，盘后安之。以次挨排，不得错乱。右手请茶药擎之，候行遍相揖罢方吃。不得张口掷入，亦不得咬令作声。茶罢离位，安详下足问讯讫，随大众出。特为之人，须当略进前一两步问讯主人，以表谢茶之礼。行须威仪庠序，不得急行大步及拖鞋踏地作声。主人若送，回有问讯，致恭而退。然后次第赴库下及诸寮茶汤。如堂头特为茶汤，受而不赴（如卒然病患及大小便所逼，即托同赴人说与侍者）。礼当退位，如令出院，尽法无民。住持人亦不宜对众作色嗔怒（寮中客位并诸处特为茶汤，并不得语笑）。①

"特为茶汤"是宋代寺院中非常重要的礼仪活动，而且茶汤会结束后，受请之人还要专门"谢茶"："自古茶礼最重，有谢茶不谢食之说。清规云：山门如特为，礼意重于山，趋赴依时节，身心莫等闲。"②宋代寺院中的茶礼是在世俗社会饮茶风俗影响下形成的独特礼仪，这种礼仪有时又伴随着某些具体的活动，而并非单纯的饮茶，如在《丛林校定清规总要》中，此类活动就包括了"四节住持特为首座大众僧堂茶""四节知事特为首座大众僧堂茶汤""诸山法眷特为住持煎点""特为新旧两班茶汤""夏前知事头首特为新挂搭茶""知事请新住持特为茶汤""住持请新首座特为茶""解结冬年特为煎点茶汤""夏前特为新挂搭茶""头首众寮点江湖茶""住持头首行堂点茶"等。光从名称来说，这些煎点茶汤活动，就包含了住持入院升座、新旧知事交接、新挂搭见面等，这些活动中的茶汤礼仪，实际是依靠煎点茶汤的行为，进一步梳理寺中的行事秩序和人事秩序，所以，此类茶汤仪式中，礼仪必然是非常重要的确定秩序的载体。有学者从历史学的角度考察，认为："丛林清规将茶、汤融入寺院重要节日的仪式里，除此之外，茶与汤药也在僧人之间往来、问道时扮演一个重要的角色。"③寺院将茶汤活动复杂化，使之变成对秩序生活和礼仪生活的要求，所以，这套礼仪的象征意义其实是大于实际意义的，通过茶汤礼仪，僧众在丛林中的地位得到彰显，而且还是考验僧众是

---

① 宗赜集：《禅苑清规》卷一，苏军点校，中州古籍出版社2001年版，第13—14页。
② 惟勉编：《丛林校定清规总要》卷上，载《卍新纂续藏》第63册，第602页下。
③ 刘淑芬：《中古的佛教与社会》，上海古籍出版社2008年版，第396页。

否懂礼的手段。①

从寺院制度性文献的描述来看,"礼"对宋代僧众的生活有非常强的约束功能,寺院中实际已形成了以礼制为核心的制度观念。这种观念在上至住持等有职僧人,下至一般的僧众群体中,已经成为共识,那就是在日常生活与宗教仪式中,礼制是保证秩序和确立关系的核心手段。仅从文献的记载来看,寺院上下努力维持的这种融洽而又严肃的氛围,正是礼制所发挥的功能之一。这些观念与世俗礼制有所差别的是,佛教由于有戒律作为僧侣行为规范的基本原则,所以从礼仪的完成形式来看,寺院中的礼制实际又有戒律的味道,这种复合的礼制模式,在中国的礼制文化中,也显得非常特殊。

二、僧众日常生活中的仪轨与礼仪需求

宋代佛教僧众的日常生活和某些宗教仪式,对礼制也有很高的要求,比较有特色的如宋代寺院中住持僧的葬礼。佛教葬礼在中国本属很另类的葬仪,但实际上,其与世俗葬仪相比,也有很多相似之处。《禅苑清规》"尊宿迁化"条中记载,住持去世后,要在方丈中置办"灵筵",在寺中的长老尊宿中选一人为"丧主",主持丧事活动。安置好遗体后,就要修书通知官员、护法檀越、僧官、嗣法弟子等。三日后入龛,灵龛安置在法堂,东边要安置亡僧的随身用具,法座上挂真,也就是要悬挂亡僧的肖像。法堂上要用素幕、白花、灯烛等进行装饰及供养,作为孝子身份的"小师"在龛帏后幕下,着孝服守龛。若有外客吊唁,知客引到法堂,烧香致礼,慰问嗣法小师。外客吊唁,丧主需要陪同茶汤。若有致祭,需要在灵前宣读祭文。送葬之日,需用大龛,请一尊宿举龛,孝子等围绕龛后,丧主带领送孝人和其他大众中道而行,官员、施主等在左右并行,比丘尼等在末后送葬。之后的举火、下龛、撒土等活动,都要求有法语,归院后,要请一名尊宿挂真,寺中知事、头首、嗣法小师等要早晚烧香,二时斋粥供养。②

整个治丧过程,大致可包括筹备、吊唁、火化安葬、葬后供养等几个阶段。③ 在具体行事过程中,有一些细节是需要关注的,如"丧服"问题,在《丛林校定清规总要》中,

---

① 相关讨论也可参见王大伟:《宋元禅宗清规研究》,宗教文化出版社2013年版,第64—66页。
② 参见宗赜集:《禅苑清规》卷七,苏军点校,中州古籍出版社2001年版,第95—96页。
③ 《丛林校定清规总要》将寺院的葬礼程序总结为:"移龛、锁龛、挂真、举哀、奠茶、奠汤、对灵小参、起龛、门首挂真、门首奠茶、门首奠汤、秉炬、提衣、举骨入塔、归祖堂。如停龛多日,或法事人多,每日奠茶汤。"参见《卍新纂续藏》第63册,第612页上。

制定的丧服标准为："孝子,布襆巾、坐具;主丧,绢襆巾;知事,襆巾;头首,襆巾;耆旧内外执事,襆巾;方丈近事行者,襆巾;行堂众行者,腰帛;邻封尊宿;远近檀越,抹帛;作头执事人,布衫巾;诸庄甲头,布衫巾;火客,布巾。"①寺院葬礼中出现的"丧服"制度,明显是受到中国传统葬仪的影响,如《释氏要览》卷三:

> 释氏之丧服,读《涅槃经》并诸律,并无其制。今准《增辉记》引《礼》云:"服有三:一正服;二义服;三降服。"《白虎通》曰:"弟子于师,有君臣父子朋友之道故,生则尊敬而亲之,死则哀痛之。恩深义重,故为降服。"《释氏丧仪》云:"若受业和尚,同于父母,训育恩深,例皆三年服。若依止师,资餐法训,次于和尚,随丧服。"《五杉》云:"师服者,皆同法服,但用布稍粗纯染黄褐。"《增辉》云:"但染苍皴之色,稍异于常尔。有人呼墨黪衣为衰服,盖昧之也。言衰者(衰音崔,或作缞)。"②

从这个宋代佛教文献的记载来看,当时的寺院已经接受了类似俗世的丧服制度,所以才会在此时的制度文献中,尤其记载不同身份的人物着不同衣服的规定,这正是模仿的"五服"制度。③ 这种丧葬方式在佛教内部,其实也存在争议,宋代的某些僧人比较抵触此类丧葬礼制,如元照就写道:"今时有以布衣为丧服者,且布衣是如来正制三乘道标,岂意一朝反成凶服。加以素带长垂,或复粗麻表异(《五杉集》《释氏要览》《辅教编》并谓僧无服制,但布粗为异)。或缁巾缠项,或白布兜头,鄙俗之风盛传于世,法灭之相果现于兹矣。"④元照作为宋代律宗中兴之祖,其反映的是律宗在戒律上的诉求大于对世俗礼制的需求。从佛教戒律的角度来看,似乎僧众的确不需要按照俗礼进行丧葬活动,某些禅宗僧人对此也是抵制的,如北宋漳州报劬院玄应定慧禅师,他去世前就嘱咐弟子:"吾灭后不得以丧服哭泣,有乱规矩。"⑤但即使有这些反对的声音,宋代的佛教葬仪依然混杂了世俗礼制的因素。

唐代神清所撰,宋代慧宝注的《北山录》中,就对佛教丧礼如何汇通世俗礼制有过解释:

---

① 惟勉:《丛林校定清规总要》卷下,载《卍新纂续藏》第 63 册,第 612 页上。
② 道诚:《释氏要览》卷三,载《大正藏》第 54 册,第 307 页下—308 页上。
③ 笔者在《宋元禅宗清规研究》一书中,对"小师"和"丧服"有过一些讨论,并认为"佛教对中国传统丧葬礼仪的融合可谓彻底,不仅戒律理念汇通了中国的父子关系,更进一步拿'五服'之说充实佛教的葬礼"。参见王大伟:《宋元禅宗清规研究》,宗教文化出版社 2013 年版,第 284 页。
④ 元照:《四分律行事钞资持记》卷三,载《大正藏》第 40 册,第 364 页下。
⑤ 道原:《景德传灯录》卷二四,载《大正藏》第 51 册,第 402 页中。

然世以君、父、师其恩一贯,父生之,师教之,君食之,故有致、方、心丧三焉(父致丧,君方丧,师心丧三也。《随函》:[贯]事也,行也)。而释氏以戒法故,隆之矣(戒为入道之本,师为出世之因)。非但哭于寝也,执乎心丧也,当麻葛菲屦,方父斩也(丧师之服,同父斩缞之孝,二十五月也。《随函》:[麻葛]麻为腰带,葛布为帽。[菲屦]上音非,芳菲也;又敷尾切,薄也,菜也;又,音菜,可食也。三皆难用,宜扉字,因费,草履也)。但不必杖而后起,哭若不返(谓一尽声也),唯而不对(此皆丧父之礼,于丧师则不必然。《随函》:[唯]诺也。),于余则如礼焉(此外并与丧父礼同)。今委巷之子(委,曲也。乡巷卑族之子也),号穹苍,诉酷罚,盖不忌知父之嫌(今僧有丧,师号哭云"苍天"等,皆非礼。于父有嫌疑,宜去之可也)。①

从中可见,佛教的丧仪汇通传统礼制观念,起码自唐代起就有了类似的观念,上文中提到的《五杉集》,也是五代时期出现的针对佛教葬礼进行整理的文献。② 从对这些文献的整理可看出,佛教丧葬礼仪与传统礼制之间,一直有着非常深的纠葛,虽然佛教内部存在希望摆脱传统礼制影响的想法,但实际却是越来越向礼制靠拢,宋代住持僧的葬礼就是例证。

如果说僧众的葬仪属于寺院制度生活中比较大的方面,那么在僧众的日常生活中,其生活样态同样要在礼制的范畴内进行,从这些角度来看,宋代寺院的制度与礼仪,实际上从没有分开过。以明道先生赞叹的僧众饮食生活为例,可以发现僧人饮食礼仪之繁复与严格:

> 吃食之法,将食就口,不得将口就食。取钵放钵并匙箸,不得有声,不得咳嗽,不得摘鼻涕。若喷嚏,当以衣袖掩鼻。不得抓头,恐风屑落邻钵中。不得以手挑牙,不得嚼食啜羹作声。不得钵中央挑饭,不得大团食,不得张口待食,不得遗落饭食,不得手把散饭食。③

以上属于饮食过程中的礼仪,其基本原则是不发出声音,吃饭的仪姿要美观,明

---

① 神清:《北山录校注》卷六,慧宝注,德珪注解,富世平校注,中华书局 2013 年版,第 326 页。
② 《五杉集》全称《五杉练若新学备用》,是南唐僧人释应之所撰,相关考察可参见山本孝子:《应之〈五杉练若新学备用〉卷中所收书仪文献初探——以其与敦煌写本书仪比较为中心》,《敦煌学辑刊》2012 年第 4 期;王三庆:《病释应之〈五杉练若新学备用集〉的相关研究》,《成大中文学报》2015 年第 48 期;刘素香:《〈五杉集〉佛教丧葬仪式研究》,上海师范大学硕士学位论文,2018 年。
③ 宗寿:《入众日用》,载《卍新续藏经》第 63 册,第 577 页中。

道先生就是因为看到如此整肃的情景,才发出"三代威仪,尽在于斯"的感慨。实际上,宋代僧众的饮食还有更多要求:

> 如有菜滓安钵后屏处,不得以风扇邻位,如自己怕风。即白维那于堂外坐。不得以手枕膝上。随量受食,不得请折。不得将头钵盛湿食,不得将羹汁头钵内淘饭。不得挑菜头钵内和饭。吃食时,须看上下,不得太缓。未再请,不得刷钵盂,不得吮钵刷作声。食未至,不得生烦恼。古云:呆呆内顾起悲嘆,念食吞津咳嗽频。漉粥啜羹包满口,开单展钵响诸邻。①

在饮食过程中,不仅要仪姿美观,而且更要注意不妨碍他人,这对集体生活的僧众来说,无疑是避免产生矛盾的重要对策。饭后"洗钵"一样有制度性的要求:

> 洗钵以头钵盛水,次第洗镈子,不得于头钵内洗匙箸并镈子。仍屈第四、第五指。不得灌漱作声,不得吐水钵中,不得先盛熟水。洗钵未折水,不得先收盖膝巾。不得以膝巾拭汗,不得以余水沥地上。②

宋代寺院中饮食活动的成套礼仪规范,实际分布于僧众生活的各个方面,在细节上严格要求僧人懂礼,成为寺院制度观念的标志性特征。

这种特征涵盖在僧众生活衣食住行的各个方面,能比较极致地表现对细节礼制要求的案例,是僧人在如厕及入浴等非常隐私的生活活动。例如在如厕过程中,制度性的要求甚至包括如何解衣、挂衣、换鞋、入厕、用筹、洗手、穿衣等细节:

> 欲上东司,应须预往,勿致临时内逼仓卒。乃叠袈裟,安案中案上,或净竿上,问讯而去。即先披挂子,然后左臂搭净巾。不得由尊殿经过。于东司近外净竿上安挂子、手巾讫,卷裙叠偏衫,搭东司前竿上。仍置偏衫于裙上,以腰绦系之,一以记号,二恐堕地。右手携瓶诣厕,弃鞋亦须齐整。轻手掩门,低手放瓶。临厕弹指三下,以警啖粪之鬼。不得涕唾狼藉,努气作声,厕筹划地,隔门壁共人

---

① 宗寿:《入众日用》,载《卍新续藏经》第 63 册,第 577 页中、下。
② 宗寿:《入众日用》,载《卍新续藏经》第 63 册,第 577 页下。"镈子"是一种小钵,据《佛光大辞典》记载:"钵中之小钵,即浅铁钵……其形状与头钵稍异,如普通之碗。"参见慈怡主编:《佛光大辞典》第 7 册,佛光出版社 1989 年版,第 6881 页。

语笑。①

这段记载,是对宋代僧人如厕过程细节的描写,实际又是混杂了佛教戒律与中华礼制两种制度观念的生活行为,其中对袈裟等法衣的尊重(不能入厕)、"临厕弹指"以惊走"啖粪之鬼",这些是戒律中就有的要求②,但在如厕过程中保持威仪、不得共人语笑等,又似乎明显带着中国礼仪中的味道。与之相似的是,僧众在沐浴时,寺院的制度理念同样融汇了传统礼制的思想,而在集体沐浴过程中,礼制所要求的,依然是寺院秩序的有序:

> 不得赤脚赴浴,须着履子;于下间空处舀水,不得占头首老宿坐处(谓上间也);不得以汤水溅人身上;不得将桶地上泡脚;不得浴室内小遗,并洗僻处;不得架脚桶上;不得笑语;不得槽上揩脚;不得屎水;不得起身掇桶浇身上;前后有人,须当遮护;脚布不得离身;有脚布不入桶者,不得多用浴汤;或有疮,或洗灸疮,或使痒药,宜随后入浴,不得搀先;不得以两边公界手巾拭头面,公界手巾,系着衣后净手,以披挂子也。出浴,揖左右,先着上衣并直裰,都遮了,却着下服,解浴裙,以脚布,摺浴裙内,恐湿浴裰。手巾携左手,不得以湿脚布搭手上。揖左右出,看设浴施主名字,随意课诵经咒,回向。③

在这些"不得"之类的规矩下,僧众的洗浴行为,完全不可能有俗人一般自在,此类活动所体现的,更像是一种制度理念,是基于维持僧团和谐,不互相打扰,又不为他人制造麻烦的诉求下进行的日常生活。在这些严格秩序下,内里体现的正是以传统礼制为支撑所形成的人与人之间的互动关系。

三、宋代寺院中制度生活与礼制生活的观念转化

宋代僧众的生活方式,离不开制度与礼仪,而此时的寺院制度,实际是戒律与礼制混杂到一起的制度模式。这在宋代僧众的观念中,都属于非常正常的行为,否则也

---

① 参见宗赜集:《禅苑清规》卷七,苏军点校,中州古籍出版社 2001 年版,第 84 页。
② 实际上,戒律文献中对入厕弹指,更多地体现在给正在使用厕所的人以提醒,如《四分律》卷四九:"彼至厕外应弹指若謦欬,若有人、非人令知。"参见《大正藏》第 22 册,第 932 页上。
③ 惟勉:《丛林校定清规总要》卷下,载《卍新纂续藏》第 63 册,第 619 页上。

不会产生"吾氏之有清规,犹儒家之有礼经"之类的观念。当一种制度已经变成观念时,那么这种制度实际就有了可资糅合其他文化样态的土壤,这个过程其实也是伴随着佛教中国化进行的。"佛教与以儒家为代表的中国传统价值观念和行为规范进行交流并取得愈来愈多共同点的结果,典型的如所谓'三教合一',佛教的世俗化,有时称之为民间化,实质上是戒律向生活习俗中的通行准则软化。"①宋代寺院制度中的许多内容,虽然有戒律的基础,但明显植入了礼制的内核,僧人所遵守的,虽是戒律,同时也更是礼制。宋代僧人的生活中,"顺俗"方面的内容越来越多,如端午节俗家饮"菖蒲酒",而僧家则以"菖蒲茶"代之,重阳节俗家佩茱萸,而僧家则点茱萸茶代之。②这种在寺院的制度生活中折中顺俗的行为,是佛教在中国能够推广的基础,也是两种文化模式和制度模式进行交互的主要方式。

虽然宋代僧众的制度生活与礼仪生活都通过文献非常真切地展现给我们,但我们依然会产生这样的困惑:为什么此时僧人的制度观念中,已经如此融洽地糅合了戒律、清规、礼制的各种理念,转而将其视为生活模式中的必然观念?宋代是一个民间修礼的时代,司马光的《书仪》、朱子的《家礼》等,都是在当时和后世产生了影响的士大夫所编的礼仪文献。与之相呼应的,宋代社会中出现的乡约族规,某种程度上也属于维持社会秩序和伦理准则的制度模式,如吕大均的《吕氏乡约》及吕祖谦的《宗法条目》等。这些牵涉到社会秩序构建的规约性文献,体现出士绅或知识分子阶层对理想人伦与社会秩序的描绘,从本质上讲,无论是《家礼》还是"乡约",它们的目的是相同的。余英时先生曾提到中国古代社会"大小传统"的观念:

> 一般地说,大传统和小传统之间一方面固然相互独立,另一方面也不断地互相交流。所以大传统中的伟大思想或优美诗歌往往起自民间;而大传统既形成之后也通过种种管道再回到民间,并且在意义上发生种种始料所不及的改变。③

大小传统互相影响的一个特征,正体现在国家层面的礼制建设也会影响到下层,宋代出现的家训或族规,正是这个文化样态的一种反映:

> 宋代的士绅阶层常常是通过家规、家礼、族规、乡约之类的规定,通过童蒙读

---

① 严耀中:《佛教戒律与中国社会》,上海古籍出版社2007年版,第12页。
② 如无著道忠说:"忠曰:居家,此日饮菖蒲酒,僧家以茶代之,准世礼也。"(《禅林象器笺》卷二五)"世典,有九日佩茱萸,饮菊花酒之说。其点茱萸于茶,却见于禅策。"《禅林象器笺》卷一七)
③ 余英时:《士与中国文化》,上海人民出版社2003年版,第119页。

物的传播,甚至通过祭祀以及仪式中常常有的娱乐性戏曲、说唱,把上层人士的知识、思想和信仰,广泛地传递到了民众之中,并且也在这种普遍的对于文明的认同中,赋予了仿佛代表着文明的秩序(国家)以合理性。①

作为社会中的基层组织之一,佛教寺院实际摆脱不了大的社会环境,宋代寺院制度观念中出现或深度融合礼制的思想,实际也是士绅阶层努力推动礼制进入下层社会的结果,这与唐宋时期"礼制下移"的观念也是相符的:

> 恰是通过对庶民礼仪的不断注重和强化,唐宋国家推行礼制、教民化俗的意图才有可能在真正意义上实现。宋代以后,制礼以教民、推礼于庶民的政策原则被历代王朝所秉承并继续推进,官方礼制的下移趋势亦愈加明显,而这些对此后中国古代社会发展产生的影响无疑是深远的。②

可以说,随着宋代社会整体具有以礼制约束社会秩序的观念存在,也导致了佛教不得不在自己的制度中深度融入礼制思想。

从历史的角度来说,中国的出家人一直对传统礼制有所认同,比较知名的例子是,道安就曾寄给他的弟子法遇一个"荆子",提示他该以体罚的方式处理不守戒律的僧众:

> 时一僧饮酒,废夕烧香,(法)遇止罚而不遣,(道)安公遥闻之,以竹筒盛一荆子,手自缄封,以寄遇,遇开封见杖,即曰:"此由饮酒僧也,我训领不勤,远贻忧赐。"即命维那鸣槌集众,以杖筒置香橙上,行香毕。遇乃起,出众前向筒致敬。于是伏地,命维那行杖三下,内杖筒中,垂泪自责。③

这种训示徒众的方式,带着浓郁的中国师徒关系色彩,从这个角度来说,中国僧众利用传统礼制管理寺院,在佛教传入中国的初期就存在。进入宋代之后,中国传统社会中的某些礼仪观念,更是以"理所当然"的姿态进入某些外来文化之中,这也正如葛兆光先生所言的:"正是在国家与社会一致的推动中,一些儒家原则被当作天经地义的伦理道德确定下来,按照这种原则建立有序生活的制度也被认同,并逐渐推广到

---

① 葛兆光:《中国思想史》第2卷,复旦大学出版社2010年版,第276页。
② 王美华:《礼制下移与唐宋社会变迁》,中国社会科学出版社2015年版,第78页。
③ 慧皎:《高僧传》卷五,汤用彤校注,中华书局1992年版,第201页。

各个地区。"①宋代以来,以"清规"为标志的寺院制度之所以能被所有类型的寺院接受,与世俗社会的导向有直接关系,同时也与此时僧众所形成的寺院制度与礼制的观念有关系。可以说,此时僧人已完全形成了戒律与礼制并行遵守的制度观念,寺院中的生活规则也完成了礼制化,同时以编制清规文献的方式将这些制度彰显或确定下来。而文本的力量在于,这套制度一旦通过宋代的《禅苑清规》《丛林校定清规总要》等文献得以留存,那么其对后世的影响就被极大地放大,元明清乃至近代,与之相似的制度文本一直被编制,即使是现代,在寺中僧众的制度生活中,礼制对僧人来说依然有约束力。所以佛教传统的戒律制度在中国的推行,融入了传统礼制的内容,同时又被僧众视为必须遵行的观念而持守和推广,乃至于形成了影响一千余年汉传佛教制度史的观念,这种有标志性意义的事件,是在宋代完全形成的。从这些角度来看,宋代僧众的生活样态,不仅是制度生活,更是礼制生活,并且形成了深刻影响后世佛教制度发展的思维观念。

---

① 葛兆光:《中国思想史》第2卷,复旦大学出版社2010年版,第277页。

虎关师炼《禅仪外文集》编选主旨探究*

王宏芹**

摘　要： 日僧虎关师炼因日本五山禅林疏、榜、祭文的写作体格荡灭，全无古法，遂选择两宋士僧的典范作品而成《禅仪外文集》。师炼所选疏、榜作品多与住持僧入院、开堂的仪式相关。祭文在祭祀仪式中产生，师炼所选祭文，部分是禅林与士林交往的结果，更多的则是禅林内部的写作。住持僧与禅林中的高僧大德是佛道之所系，注重"外文"的创作，最根本处还是师炼对其时五山禅林"佛道鲜矣"的忧虑，以及对禅门人才的重视。

关键词： 虎关师炼　《禅仪外文集》　编选主旨

虎关师炼，名师炼，号虎关，日本临济宗禅僧。师炼幼好读书，日记千言，时号文殊童子。8岁依宝觉和尚于三圣寺，10岁祝发。出世后曾主三圣、西明、东福、南禅等禅寺，日本北朝贞和二年(1346年)圆寂，世寿69，法腊60。师炼少时曾于建长寺参见一山一宁，"杂儒释古今书细绎审询"，并认为儒释禅教皆一火也，只其所治不同，故师炼于"三藏圣教，诸家语录，及九流百家，本朝神书，罩笼渔猎，靡不记诵"。师炼著述颇丰，有《元亨释书》三十卷，《佛语心论》十八卷，《十禅支录》三卷，《禅余或问》《禅仪外文集》各二卷，《正修论》《禅戒规》各一卷，《聚分韵略》五卷，诗文集《济北集》二十

---

* 本文系浙江省教育厅项目"南宋文学僧的交游网络——以居简、大观为中心"(项目批准号：Y201941828)的阶段性研究成果。
** 王宏芹，女，台州学院人文学院讲师。

卷。《本朝高僧传》论曰："凡佛法东渐已来，集大成者，无胜于炼公也。"①

日本北朝康永元年（1342年），师炼编成《禅仪外文集》。"禅仪"指禅林仪式礼仪，"外文"依据师炼的解释："大凡衲子吐演，有内外文。提纲、拈提、偈、赞等者，内也；疏、榜等，外也。"②可见外文是与提纲、拈提、偈、赞等内文相对应的一个概念，指疏、榜等偏向文学创作的禅林文本。《禅仪外文集》收录两宋时期共13人的疏、榜、祭文109篇，目的在为日本五山禅林提供写作借鉴。师炼在序文中言："近世庸流叨作句语，体格荡灭，故我撮古之有体制者，作类聚、备鉴戒焉。""尊宿入寂有祭文，赵宋以来尤繁矣！庸流之失体制者，与疏、榜均矣，故并而纂。"③可见，《禅仪

图1　京都大学图书馆藏谷村文库《禅仪外文集》书影

外文集》的编选有目的、有计划。疏、榜、祭文都是禅林仪式中使用的文本，对疏、榜、祭文的重视，正体现师炼对禅林规制与礼仪的强调。

虎关师炼被誉为日本五山汉文学泰斗，《禅仪外文集》在日本禅林影响较大，后世出现多种抄本，如义堂周信《禅仪外文集抄》、景聪兴勔《禅仪外文集抄臆断》、卍室祖价《禅仪外文传疑钞》等，但目前学界关于《禅仪外文集》的研究较为缺乏。④本文希望以《禅仪外文集》为切入点，考察相关禅仪，进而讨论《禅仪外文集》的编选主旨。

一、疏、榜与住持的选任

师炼编集《禅仪外文集》，收录三种文体样式，即疏、榜与祭文。其中疏文与祭文均分为山门、诸山、江湖、杂四类，榜分为茶榜与汤榜。首先分析师炼对疏、榜的选择。

师炼在序言中言："唐宋之间迄于汴京，入院、开堂两也。南渡后，合为一焉。是我门之大仪也，以故疏、榜出焉。疏、榜者，四六也，不得不文矣。若夫文者，法格体裁

---

① 师蛮：《本朝高僧传》卷二七，载《大日本佛教全书》第102册，朝鲜总督府保转本，第377页。
② 师炼：《禅仪外文集》，谷村文库本。
③ 师炼：《禅仪外文集》，谷村文库本。
④ 据笔者目前所见，仅有黄启江《南宋禅文学的历史意义》一文论及《禅仪外文集》的版本、选目与编辑旨趣，参见王宝平主编：《东亚视域中的汉文学研究》，上海古籍出版社2013年版。

不可失矣。"①入院,指禅僧出世入某院为新住持。开堂最初指译经院每年进献新译经典以祝圣寿的仪式;后来宗门新住持任命之后,初次演说佛祖正法眼藏,上以祝天,下以保万民之福,亦谓之开堂。

师炼认为唐及北宋时期,入院与开堂不同时进行,而南渡之后,入院开堂同日举行。这种说法,无著道忠《禅林象器笺》"开堂"条已指出其中不严密处,并举例论证五代、北宋时期,有入院、开堂同日行之者,南渡后亦有入院、开堂隔日行之者。尊宿受请为某寺之新住持,开堂说法却并不一定在即将住持之寺院,故而入院、开堂的时间多有偏差。但考虑禅林发展的趋势,则师炼的判断大致无差。无著道忠亦言:"今时,入院、开堂例在同日。凡新命,自入门到视篆草贺,为入院也。自后法座祝圣寿,为开堂也。"②宗门入院、开堂于同一日,渐成趋势。本文亦将入院、开堂一同论述。

入院、开堂是禅林请新住持的重要仪式,住持对一寺的发展有着至关重要的作用,故须郑重对待,所以请新住持的仪式是禅门"大仪"。为何师炼言入院、开堂的仪式中"疏、榜出焉"? 这需要我们对禅林入院、开堂的仪式程序进行具体的考察。

宋代禅院按照住持的产生方式,可以分为甲乙寺与十方寺,甲乙寺的住持在师弟子之间产生,十方寺院住持则可延请诸方大德。十方寺延请住持,又可分为疏请住持与敕差住持。疏请住持指地方官参考僧正司的公举意见,以疏文延请住持。敕差住持由朝廷宣敕任命,但敕差住持的方式在宋代有特定的适用范围,比例较小。③ 宋代禅林住持的选任,以公举之后疏请住持的方式为主。

北宋宗赜《禅院清规》"请尊宿"条言:

> 监院、维那内推排一人,外头首内推排一人,并前资、勤资推排有心力晓丛林惯熟了事者数人,具合用钱物、行李、人轿等,或舟船要用之物。官疏、院疏、僧官疏、诸院长老疏、施主疏、闲居官员疏,住持帖,本州县开报彼处州县文殊,官员书信,院门茶榜,并须子细备办,如法安置。④

请尊宿即请新住持。在迎接新住持之前,需要选举有心力且了解寺中事务的职事僧,携带官疏、院疏、僧官疏、诸院长老疏、施主疏、闲居官员疏及院门茶榜等前去,

---

① 师炼:《禅仪外文集》,谷村文库本。
② 无著道忠:《禅林象器笺》卷九,载《域外汉籍珍本文库》第一辑子部四,北京师范大学出版社1986年版,第476—478页。
③ 刘长东:《宋代寺院的敕差住持制》,《中国史研究》2005年第2期。
④ 宗赜:《重雕补注禅苑清规》卷七,载《新编续藏经》第111册,新文丰出版公司1993年版,第914页。

劝请的疏、榜作为正式的公文是必须具备的礼仪。宗赜亦记有"尊宿受疏"条,言:"受疏之法,如是见住持人,先于方丈三请,如有允意,鸣鼓集众,更须辞让不得已受之。香薰显示(当有法语),请维那宣读,升座举扬毕,下座,与知事、首座、大众贺谢。"①新住持人若愿意接受任命,则有受疏及维那宣疏的仪式,疏文在劝请新住持的过程中是不可缺少的环节。《禅仪外文集》中归入"杂疏"类的九峰韶禅师《育王请大觉琏》,即为僧人写作劝请疏之始。

新住持开堂,亦有开堂疏,根据出疏者身份差别,分为山门疏、江湖疏与诸山疏。元代德辉《敕修百丈清规》"开堂祝寿"条言:

> 古之开堂朝命下,或差官敦请,或部使者,或郡县遣币礼,请就某寺;或本寺官给钱料,设斋开堂。各官自有请疏,及茶、汤等榜,见诸名公文集。近来开堂,多是各寺自备。至时入院,侍者分付行者,铺设法座。报众,挂上堂牌,具写官员、诸山名目,预呈住持。于座左设位,铺卓袱、炉烛,排列疏帖,预先和会。维那宣公文,首座宣山门疏,以次头首,或诸山、江湖名胜宣其余疏⋯⋯入请住持出,铙钹、幡花、挑灯迎引至法堂位前立⋯⋯先呈公文。举法语毕,接付维那宣白,次山门、诸山、江湖疏,一一递上,有法语,分送宣读。若见任官请开堂有疏,亲自捧递有法语,宣毕,指法座有法语。②

这段记载新住持开堂仪式的文字,可以总结为以下几点:首先,开堂疏本身经历了一个变化的过程,元代之前有差官、部使者与郡县的开堂疏,但在《敕修百丈清规》编成的元统三年(1335年)左右,多是寺院自备开堂疏。其次,住持入院时,疏帖要预先放置妥当,首座宣山门疏,头首或诸山江湖名胜宣其余疏。宣读疏文是新住持入院过程的必备环节。铺卓袱、炉烛等,亦体现对宣疏的重视。再次,新住持针对山门、诸山、江湖等开堂疏文有拈疏法语,并请维那宣读。最后,拈疏法语中对现任官员的开堂疏又有特别对待,须新住持亲自捧递,并有法语。这也从一个侧面反映出禅林对世俗社会的倚重。如虚堂智愚宝祐四年(1256年)四月初七在灵隐鹫峰庵受请,十九日入寺,入寺后有"拈制府疏""拈诸山疏""拈山门疏",并各有法语③,与清规中的记载大致相同。

---

① 宗赜:《重雕补注禅苑清规》卷七,载《新编续藏经》第111册,新文丰出版公司1993年版,第914—915页。
② 德辉:《敕修百丈清规》卷三,载《大正藏》第48册,佛陀教育基金会1990年版,第1125—1126页。
③ 妙源:《虚堂和尚语录》卷三,载《大正藏》第47册,佛陀教育基金会1990年版,第1004页。

茶汤榜也是请新住持与住持入院、开堂过程中必备的仪式文本。上文举《禅院清规》"请尊宿"条论及"茶榜",《敕修百丈清规》"请新住持"条亦言:

> 凡十方寺院住持虚席,必闻于所司,伺公命下,库司会两序勤旧茶,议发专使。修书(头首、知事、勤旧、蒙堂、前资、僧众),制疏(山门、诸山、江湖),茶汤榜(专使署名)请书记为之。如缺书记,择能文字者分为之,用绢素写榜。①

公命之后,寺院请书记或其他能文字者书写茶汤榜,与书、疏一道,是为请新住持的必备文书。

新任住持入院之后,有吃茶汤的仪式,《敕修百丈清规》"入院"条言:"今时新命到来,当看安下处近远……若安下近处,当办汤果,两序勤旧光伴。择日入院……草贺毕,客头行者喝云:'请诸山两班勤旧,就坐献汤。'"②且在住持入院之后,有山门特为新命煎点,将茶汤榜预先张贴在僧堂前,库司具请状至方丈室插香拜请,礼请之后,挂点茶汤牌示众,再行茶。③ 茶汤在寺院生活中占有重要地位④,寺院设有茶头,又有汤药侍者,专门负责日常的茶汤工作,而"茶榜择人叙德,书于绢素,其礼至矣"⑤。茶汤榜是新住持入院仪式中的一个环节,是禅林中至关重要的礼仪。

虎关师炼选择宋代僧俗疏、榜作品68篇,全部是疏请住持仪式中的文本作品,其中山门、江湖、诸山与入院、开堂的仪式相关,而杂疏则是延请新住持的过程中必备的文本。

二、祭文与禅林祭祀风习

祭文起源于祭祀祖先,中古时期祭文如谢惠连《祭古冢》、王僧达《祭颜延年》,仅叙述祭祀缘由与悼念之情,及至宋代,祭文中真情实感满溢,被认为是写作的楷模。祭文应恭且哀,真挚地抒发悼念之情。世人之法如此,本来应该弃情绝爱、将死亡视为往生极乐世界的僧人,竟也非常注重祭仪。释惟勉编《丛林校订清规总要》"当代住

---

① 德辉:《敕修百丈清规》卷三,载《大正藏》第48册,佛陀教育基金会1990年版,第1123页。
② 德辉:《敕修百丈清规》卷三,载《大正藏》第48册,佛陀教育基金会1990年版,第1125页。
③ 德辉:《敕修百丈清规》卷三,载《大正藏》第48册,佛陀教育基金会1990年版,第1125页。
④ 关于唐宋时期茶汤的情况,参见刘淑芬:《中古的佛教与社会》,上海古籍出版社2008年版。
⑤ 惟勉编:《丛林校订清规总要》卷上,载《新编续藏经》第112册,新文丰出版公司1993年版,第12页。

持涅槃"条言:"夫世尊示灭,诸祖泥洹,棺敛有经,礼仪有序。"①释迦牟尼示灭、诸祖涅槃时,均有一系列的礼仪以示庄重。沈亚之在《灵光寺僧灵祐塔铭》中言:"释家之法,以弟子嗣师由子,其事死送葬,礼如父母。"②禅林中丧仪如俗世,师弟子之间如父母子女一般。祭文自然也在尊宿迁化的仪式中产生。

释宗赜《重雕补注禅院清规》"尊宿迁化"条言:

> 如有外人吊慰,外知客引到堂上,内知客引于真前。烧香致礼竟,与丧主、知事、首座相看,却来幕下慰孝小师,然后却来与丧主茶汤,外知客送出。如有致祭,于真前陈设,若不将带读祭文人来,即本院维那、书记代读。③

住持僧迁化之后,会在方丈内以香花供养三日,三日后入龛,龛位设于法堂上西间,并以素幕、白花、灯烛供养。法座上挂真,真前设道场法事,小师守龛。起龛前若有致祭之事,则于真前陈设,若致祭人没有带读祭文之人前来,则本寺维那、书记代为宣读。可见朗读祭文是祭祀迁化尊宿的一项仪式。

释惟勉《丛林校订清规总要》"当代住持涅槃"条所记吊慰过程中也有宣读祭文的仪式:

> 凡吊慰人到,外知客先问所从来、亲疏高下,却遣人报内知客,送孝衣巾与之,却受祭仪。内知客引到真前,烧香下祭,次到灵龛、灵床,两边烧香。复来真前展拜,宣文,如不带读祭文人来,却是本寺维那或书记代宣。④

相比北宋时期的《重雕补注禅院清规》,南宋时期的《丛林校订清规总要》将吊慰与致祭合二为一,吊慰人由外、内知客引导,于亡僧真前、灵龛、灵床处烧香后,再到真像前展拜,并有宣读祭文的仪式。如果吊慰人没有带宣读祭文的人前来,则仍是本寺维那、书记代为宣读。北宋时期吊慰不一定会有祭文,致祭才有祭文;但发展到南宋,吊慰与致祭不再分开进行,而是一同进行,祭文在此一时期的尊宿迁化仪式中使用得应更为普遍。这与虎关师炼在序文中所言"尊宿入寂有祭文,赵宋以来尤繁矣"是一致的。

---

① 惟勉编:《丛林校订清规总要》卷下,载《新编续藏经》第112册,新文丰出版公司1993年版,第38页。
② 沈亚之:《沈下贤集》,载《景印文渊阁四库全书》第1079册,商务印书馆(台湾)1986年版,第68页。
③ 宗赜:《重雕补注禅院清规》卷七,载《新编续藏经》第111册,新文丰出版公司1993年版,第916页。
④ 惟勉编:《丛林校订清规总要》卷下,载《新编续藏经》第112册,新文丰出版公司1993年版,第39页。

北宋惠洪《禅林僧宝传》记禾山德普言："元祐五年十二月二十五日,谓左右曰:'诸方尊宿死,丛林必祭,吾以为徒虚设。吾若死,汝曹当先祭。'乃令从今办祭……于是帏寝堂,坐普其中,置祭读文。"①北宋时期,诸方尊宿逝世,丛林必祭。德普认为圆寂后祭祀乃是虚设,令众人于其生前祭祀,且整个祭仪持续七天左右,也可见当时禅林重祭风气。

《禅仪外文集》所收祭文分为山门、诸山、江湖与杂祭,山门祭文是本寺所出,诸山祭文是邻近禅院所出,江湖祭文是江湖上的禅院所出。如虎关师炼所选诸山祭文中有物初大观代作《净慈知事祭北磵》《净慈头首祭北磵》《净慈前资祭北磵》等,北磵居简嘉熙初主净慈六年,理宗淳祐六年(1246年)示寂,净慈知事、头首等祭北磵,是为山门祭文。

杂祭是除了山门、诸山、江湖祭文以外的其他祭文,其中可注意的是师炼收录了如《诸门僧祭钱辰州》《史秘阁》一类的丛林祭祀世俗檀越的文章。钱辰州其人不详,大观在文中言其"每亲风旨,弘护竺乾。立刹广庵,寸善弗捐"②,可知其为禅林大檀越。史秘阁为史弥远之子史宅之,史宅之"载色载笑,接山林士"③。大观之所以为二人写祭文,反映出禅林发展与士人的关系。

南宋时期五山十刹制度的建立,不仅加强了国家对禅林的控制力,也在一定程度上加深了禅林对朝廷的依附,官员檀越对禅林发展有重要的影响。大观曾在致刘震孙的信中言:"承乏慈云,又八年矣。头颅霜满,勤动非宜。亟了众事,退就寺东偏小室,拟佚其老,惟当世知己名公之庇是赖。"④言语中有希求的意味。大观能在行道之余为大慈障海,为田万余亩,为育王新众屋百楹,与大观所识名公檀越的捐助分不开。禅林中人为士人写作祭文是禅林文士化与世俗化的表现。南宋的五山制度几乎原汁原味地被搬到了日本,而日本的五山禅林制度从最开始就是由幕府与禅林联手确定的,相较于南宋的五山制度,世俗化的程度更深。虎关师炼在禅门内部的祭文选录之外,收入士人为僧人所写祭文以及僧人为士人所写祭文,应是出于日本五山禅林与世俗社会交往的需要。

---

① 惠洪:《禅林僧宝传》卷二九,载《新编续藏经》第137册,新文丰出版公司1993年版,第558页。
② 大观:《物初剩语》卷二一,载许红霞辑著:《珍本宋集五种:日藏宋僧诗文集整理研究》,北京大学出版社2013年版,第925页。
③ 大观:《物初剩语》卷二一,载许红霞辑著:《珍本宋集五种:日藏宋僧诗文集整理研究》,北京大学出版社2013年版,第929页。
④ 大观:《物初剩语》卷二五,载许红霞辑著:《珍本宋集五种:日藏宋僧诗文集整理研究》,北京大学出版社2013年版,第1021页。

三、人能弘道:师炼对禅林人才的重视

"昔者,齐竟陵王集名僧置讲席于邸,令沈约撰疏。梁武帝闻达摩丧,昭明太子造文祭之。疏文二事,其来者尚矣。呜呼,开堂者,我辈之发轫也,祭供者,结局也,然则二事,禅门之始卒也。若夫始卒者,学者可不省哉!"①师炼举沈约与萧统所撰制疏文,说明疏文由来已久。应用疏文的开堂是新住持生涯的开始,祭文则是僧人抑或士人生命的终结,一始一卒,是参学之人不得不慎重对待的规制。而这一始一卒中,正是每一位禅师或檀越的一生。对疏、榜与祭文的重视,是为了给禅门外文的写作提供样本,也是为日本五山禅林树立典范,更是对禅林人物与禅林发展的忧虑与重视。

师炼在《禅仪外文集》序中言:"我稽大雄清规有书状职,因兹而言,外文亦不可斥乎?"②大雄清规即《百丈清规》,百丈清规今已不存,师炼得见亦未可知。书记僧的设置应始于《百丈清规》。书记僧负责禅门书疏创作,代表着禅门形象。书记僧的设置是禅林发展的需要,禅林各种仪式环节中需要不同的文本,禅林设立书记一职,希望他们创作典雅,以悦见闻,而明本甚至认为书记僧的创作可以"为世模范,令法久住",这就将书记僧的创作同弘法联系在一起。③《幻住庵清规》成书于元仁宗延祐四年(1317年),元代中日禅林往来依旧频繁,师炼或许见过此书,而师炼编选《禅仪外文集》,以"不得不文"的"外文"来矫正日本五山禅林的"体格荡灭"之作,就不仅是对"外文"本身的重视,更是对日本五山禅林发展的重视。

释德辉《敕修百丈清规》言:

> 佛教入中国四百年而达磨至,又八传而至百丈,唯以道相授受。或岩居穴处,或寄律寺,未有住持之名。百丈以禅宗浸盛,上而君相王公,下而儒老百氏,皆向风问道,有徒实蕃。非崇其位则师法不严,始奉其师为住持,而尊之曰长老,如天竺之称舍利弗须菩提,以齿德俱尊也。作广堂以居其众,设两序以分其职,而制度粲然矣。至于作务,犹与众均其劳,常曰:"一日不作,一日不食。"乌有庾廪之富、舆仆之安哉?故始由众所推,既而命之官,而犹辞聘不赴者。后则贵鬻豪夺,视若奇货,然苟非其人,一寺废荡,又遗党于后,至数十年蔓不可图,而往往

---

① 师炼:《禅仪外文集》,谷村文库本。
② 师炼:《禅仪外文集》,谷村文库本。
③ 关于禅林书记僧的设置,参见王宏芹:《论禅门书记职事与文学创作的关系——以居简及其周围书记僧为例》,《四川师范大学学报(社会科学版)》2018年第1期。

传其冥报之惨,有不忍闻者,可不戒且惧乎?①

总结上述文字,可知百丈怀海禅师之前,禅林并没有住持之名,唯以道相授受,随着禅林的发展壮大,为尊师重法并适应禅林发展的规模与形势而设置住持一职,且设有两序职事僧,丛林的规制基本确立;百丈虽立住持,但仍倡导"一日不作,一日不食"的普请制度,与僧众一同劳作;及至后代,住持成为部分僧人争相抢夺的职位,全为自身利益考虑而罔顾禅门发展;住持对一座禅寺有着至关重要的作用,住持乃借人传法,令法久住,苟非其人,则一寺废矣,且遗患无穷;最后又言部分毁弃佛法追求的住持僧冥报凄惨,以引起注意。住持的选任不仅关涉一寺之兴废,更与传法密切相关,借人持法,令法久住,住持僧在禅林有着至关重要的地位。

疏、榜是劝请新住持与新住持开堂仪式中的文本,《禅仪外文集》所选祭文除部分为檀越而作外,大部分仍是为禅门中人特别是高僧大德所作,师炼选录这些作品,为五山禅林的"公文"写作提供范本,正表现师炼对禅林人才的重视。

《禅仪外文集》中选录南宋禅僧物初大观的作品最多,共30篇,师炼对大观的作品应都非常熟悉。大观在《上制使马观文》中言:"僧非法不立,法非僧不行,则佛法三宗之隆替,系乎住持之当否亦可见矣。"②这是大观为求恢复公举所作的上书,他认为佛法由僧人传承延续,住持僧的选任关乎禅门的发展。《禅仪外文集》所收大观《偃翁住太平》诸山疏中亦言:"一士作兴,如一佛出世。关系可谓重矣,荷担亦岂轻哉!"③禅林之士兴,如佛之出世,他们荷负禅林的发展、佛法的传承,关系重大。师炼选录这篇诸山疏,自然是与大观有一致的看法。

日本北朝元亨二年(1322年),虎关师炼的《元亨释书》成书,他集录推古朝至元亨时期700年间的高僧传记,写成日本第一部系统性的僧传著作。是年,师炼有上表言:

今夫隋珠赵璧乘夜光久弃捐于路旁矣,有一夫掇拾磨拭、缫藉袭藏,玉若有知,宁不怡也……盖诸师之高德,不啻珠璧,七百年来不有通传,可谓弃捐矣。师炼,匹夫之顽嚚也,视斯散落,弗能无摭袭。如是至宝,不敢私蓄。④

---

① 德辉:《敕修百丈清规》卷二,载《大正藏》第48册,佛陀教育基金会1990年版,第1119页。
② 大观:《物初剩语》卷二五,载许红霞辑著:《珍本宋集五种:日藏宋僧诗文集整理研究》,北京大学出版社2013年版,第1009页。
③ 师炼:《禅仪外文集》,谷村文库本。
④ 师炼:《元亨释书》,载《大日本佛教全书》第101册,朝鲜总督府保转本,第141页。

师炼将日本佛教史上的高僧比喻为隋珠赵璧,但因为日本700年来无僧史作品,日本佛教史上的高僧们就如同隋珠赵璧而被弃捐于道路一般,不被众人所知。师炼自谦为顽器之人,但看到珠璧散落,亦思掇袭,故编写僧传作品而成《元亨释书》30卷,以之为至宝,上书后醍醐天皇请求入藏。《元亨释书》的撰写,是师炼僧史意识的体现,更是师炼对如隋珠赵璧般的高僧的重视。师炼在最澄大师传记后的"赞曰"中言:"或曰:'人能弘道,非道弘人,苟无其人,道不传乎!'"①"人能弘道,非道弘人"出自《论语》,孔子所言为儒家之道,师炼所言为佛道。最澄曾入唐求法,为日本天台宗创始人,正是人能弘道的典型。

师炼常在僧史"赞曰"的部分言及佛道,如其言:"念也悟解纯真,昙也号令严毅,宁也波澜浩瀚,三师者,宋地之彦而此方之英,又吾道之所因也矣。"②"念"为释正念,永嘉人,"昙"指释子昙,台州人,"宁"是一山一宁,台州人,三人皆是入日宋僧。师炼称赞三人虽禅法不同,但均为宋地之彦,入日后亦为难得之人才,他们都承续了佛道。

师炼所重视的道在其时的禅林中是怎样的情况呢?他在释贞庆传记后的"赞曰"中言:"爵禄者,世事也,吾党蔑视焉,然赝浮屠动绊系执于此。"③又言:"大哉道乎,今何鲜矣哉!"④赝浮屠视爵禄为奇货,早已违背禅门宗旨,佛道虽大,但在师炼生活的时代,却已鲜见了。正是因为禅林发展出现了毁弃佛道的弊病,所以虎关师炼编写《元亨释书》,并在其中强调佛道的传承。而他编选《禅仪外文集》,也是因为"近世庸流叨作句语,体格荡灭",希望以宋人疏、榜、祭文为样本,为日本五山禅林的写作提供借鉴。师炼编选《禅仪外文集》,是对日本禅林发展的重视,对弘道之人才的重视。

师炼作为日本五山文学的泰斗,集佛法之大成,儒学造诣亦非常深厚,有佛学著作,亦有文学作品。他有感于其时禅林疏、榜、祭文写作体格荡灭,全无古法,遂于康永元年编成《禅仪外文集》,以期为五山禅林的"外文"创作提供参考。疏、榜与祭文,都是禅林仪式中产生的文本,它们在仪式中被使用,是仪式的一部分。而师炼所选的疏、榜作品,均与住持僧相关;祭文中部分是僧人为檀越所作,体现禅林与士林的交往,以及禅林对士林的依赖,大部分则是禅门内部的祭文创作,仍与宗门人才相关。疏、榜、祭文等关乎禅门形象,是传法之一途。针对其时禅林发展中"佛道鲜矣"的状况,疏、榜、祭文的选择更体现出师炼对禅林人才特别是住持僧的重视、对禅林之"道"的维护。

---

① 师炼:《元亨释书》,载《大日本佛教全书》第101册,朝鲜总督府保转本,第150页。
② 师炼:《元亨释书》,载《大日本佛教全书》第101册,朝鲜总督府保转本,第232页。
③ 师炼:《元亨释书》,载《大日本佛教全书》第101册,朝鲜总督府保转本,第204页。
④ 师炼:《元亨释书》,载《大日本佛教全书》第101册,朝鲜总督府保转本,第240页。

传承与融合：
三峰派继起弘储的禅法建构与尝试

翁士洋*

摘　要：明清佛教向来被学者们视为中国佛教的衰退期，但实际上，明末清初的佛教界曾有过局部短暂的复兴期，这其中尤以临济宗三峰派引人瞩目。继起弘储作为三峰派第二代法嗣中的杰出代表，其本身拥有着复杂的身份。本文仅站在其宗教性的本位立场，还原一个佛教徒为宗门复兴所做出的种种努力。囿于现存文献资料缺乏，文章在考辨弘储生平行历之后，对其所提出的"十二种日旋三昧""六成就""八要门"和"六不容"等禅法思想做了首次尝试性的解读，以此作为明末清初的禅界尝试建构一种传承与融合式的禅法观念和实践的重要例证。

关键词：三峰派　继起弘储　禅法　"十二种日旋三昧"

一、背景与学术史

整体而言，明清佛教在中国佛教发展史上是处于衰落期的，但就局部而言，明清佛教也曾呈现过短暂的复兴期，尤其是在明末清初时期的江南地区。有的学者把这一时期的佛教复兴称为"万历佛教"，指的是佛教的复兴在万历时期（1573—1620年）达到了高潮。[①] 黄宗羲也曾以万历为界，认为明代佛教"万历以前，宗风衰息，云门、

---

* 翁士洋，四川大学道教与宗教文化研究所博士；研究方向：中国佛教。
① 参见赖永海主编：《中国佛教通史》第12卷，江苏人民出版社2010年版，第2页。

沩仰、法眼皆绝,曹洞之存,密室传帕,临济亦若存若没,什百为偶,甲乙相授,类多堕窳之徒"①。几乎仅有临济一脉勉强存在,而在万历之后,临济一支则呈现出了一派复兴的气象,这其中尤以三峰派为代表。

三峰派是由汉月法藏(1573—1635年)发端,由其自身及其传承法嗣所建立起来的禅宗支派;时间上是从明天启七年(1627年)汉月接密云圆悟(1566—1642年)临济法脉之后,到清雍正十一年(1733年)被帝王以行政权力强制取缔为止,这100多年的时间为三峰派发展的黄金时期;之后虽又被乾隆皇帝于乾隆三年(1738年)恢复,但经雍正一禁,三峰派很多典籍都被毁佚,从此一蹶不振,直至民国时期此派早已名存实亡了。②

三峰派历时300年左右,依现在的统计,共发展出了14代500多位法嗣,在黄金时期,就有7代400多位,占了三峰派总人数的80%。③本文即将要讨论的继起弘储就是三峰派鼎盛时期的佼佼者之一,他在三峰派的传承中拥有法嗣数量最多④,纪荫在《宗统编年》中称"邓山、灵岩、灵隐,海内称佛、法、僧三宝"⑤,邓山即汉月法藏,灵隐即具德弘礼,而灵岩指的就是继起弘储,师徒三人并称三宝,足见弘储在当时的影响力。弘储的弟子月函南潜也曾说过:"吾先师灵岩储和尚,起而躬集大成,大机大用,如日月雷霆之在天下,奔走方内外之豪杰,江出寥廓,礼乐森备,临济之道,至先师为极盛矣。"⑥弟子称赞师父,言有过誉之嫌,但在当时的时代状况下,法师们的所作所为,的确为当时的佛教做出了巨大的贡献,维系了宗派的长久发展。

目前有关继起弘储的研究不是很多,陈垣于1941年发表了其被后世称为"宗教三书"之一的重要著作《清初僧诤记》,其中论及了三峰派子孙辈参与的各种诤讼,其中有天童塔铭诤、密云弥布扁诤、灵岩树泉集诤等均涉及弘储⑦,这是最早论及弘储

---

① 黄宗羲:《南雷文案·苏州三峰汉月藏禅师塔铭》,载《清代诗文集汇编》第32卷,上海古籍出版社2010年版,第477页下。
② 20世纪40年代初,三峰派祖庭常熟三峰寺发生过因住持雪参上人无力清偿寺债而被迫退院的事情,甚至只能以砍伐松树来抵偿部分债务,足见当时三峰派之衰败。三峰寺的末代住持逸溪实涵于1949年后还俗,标志着三峰派正式走向消亡。参见佚名:《三峰寺与雪参》《常熟掌故》,均载《江苏文史资料》第56辑,江苏文史资料编辑部1992年版,第107页;《逸溪涵禅师》,载《常熟三峰清凉禅寺志·禅宗》,出版者不详2014年版,第9页。
③ 笔者在日人长谷部幽蹊的《明清佛教史研究序说》(1979年)、《三峰一門の隆替》(1984—1986年)和《明清佛教研究资料》(1987—1989年)等资料的基础上,结合相关文献,做了更准确的统计和修订,具体数字有另文撰写公布。
④ 弘储的法嗣补庵喻曾著有《大慈补庵喻和尚集灵山一会语录》一书,其为录集嗣退翁储法百余人,在三峰派祖师中法嗣数量居首位(但现今法名可知的仅80多位),参见纪荫:《宗统编年》卷三二,载《卍新纂续藏》第86册,第316页中。
⑤ 纪荫:《宗统编年》卷三二,载《卍新纂续藏》第86册,第311页中。
⑥ 纪荫:《宗统编年》卷三二,载《卍新纂续藏》第86册,第312页下。
⑦ 陈垣:《清初僧诤记》,中华书局1962年版。

的专著。柴德赓在《明末苏州灵岩山爱国和尚弘储》一文中讨论了弘储的生平及其抗清思想、弘储的遗民弟子们和灵岩聚会等议题①，作者以引用文献资料见长，在佛教资料方面，运用了一些至今尚未公开出版的弘储著作，如《祥符录》《浮湘录》《灵岩退翁和尚近录》《灵岩树泉集》等等，此文是目前讨论弘储较为全面的文章，在柴文之后讨论弘储的论文基本都是在此文基础上缀集而成的。朱哲在《负超卓之才，怀奇伟之气——记清初临济高僧弘储与檗庵》一文中记述了弘储及其弟子檗庵的行历和著作等。②张兵在《归庄与弘储》中讨论了两人的生平和互动关系，以两人都为儒释融通的遗民为交往的前提③，此文有关弘储方面的记叙基本都是在柴文的基础上汇集而成的。三弟在《弘储僧灵岩聚会》中讨论了灵岩聚会的前后过程。④ 有关弘储法嗣的研究，包括《董说研究》⑤、《女禅合响：宝持与祖揆之行传考述》⑥、《"三峰"叶裔及其化迹考析》⑦、《清初三峰派高僧香域敏膺研究》⑧、《明末清初熊开元由儒归佛之心路历程》⑨，以上是几篇（部）少有的专门论述弘储及其法嗣的论著，其他涉及弘储的文章大多是在讨论遗民（诗）僧或者居士时，将其作为他们交际圈中的一部分来介绍的，这其中有王彦明的《牧斋与佛教》，其引人注目的是，运用了大陆罕见的周法高编的《足本钱曾牧斋诗注》中的新材料来阐释牧斋《天童塔铭》的初稿和修改稿之间的具体区别⑩，是研究弘储参与天童塔铭诤的重要材料。除此之外，尚有《钱谦益的佛教生涯与理念》⑪、《徐枋研究》⑫、《徐枋的心路历程及其诗歌的认识价值》⑬、《明遗民文人魏耕、祁班孙研究》⑭、《"细柳新蒲为谁缘"——清初禅门诗界一桩公案的考索》⑮、《清初士人"逃禅"现象及其对文学之影响研究》⑯、《余怀集外佚文辑考》⑰、《清初周荃"安

---

① 柴德赓：《明末苏州灵岩山爱国和尚弘储》，载《史学丛考》，中华书局1982年版，第372—414页。
② 朱哲：《负超卓之才，怀奇伟之气——记清初临济高僧弘储与檗庵》，《法音》1992年第9期。
③ 张兵：《归庄与弘储》，《古典文学知识》1997年第6期。
④ 三弟：《弘储僧灵岩聚会》，《苏州杂志》2004年第5期。
⑤ 赵红娟：《董说研究》，上海师范大学博士学位论文，2005年。
⑥ 苏美文：《女禅合响：宝持与祖揆之行传考述》，《新世纪宗教研究》2008年第1期。
⑦ 任宜敏：《"三峰"叶裔及其化迹考析》，《浙江学刊》2011年第5期。
⑧ 张晨晓：《清初三峰派高僧香域敏膺研究》，南京大学硕士学位论文，2017年。
⑨ 卢秀华：《明末清初熊开元由儒归佛之心路历程》，博扬文化事业有限公司2018年版。
⑩ 王彦明：《牧斋与佛教》，福建师范大学博士学位论文，2013年，第29—31页。
⑪ 连瑞枝：《钱谦益的佛教生涯与理念》，《中华佛学学报》1994年第7期。
⑫ 陈三弟：《徐枋研究》，《清史研究》1997年第1期。
⑬ 张兵：《徐枋的心路历程及其诗歌的认识价值》，《苏州大学学报（哲学社会科学版）》1999年第1期。
⑭ 张哲：《明遗民文人魏耕、祁班孙研究》，上海大学硕士学位论文，2008年。
⑮ 杨旭辉：《"细柳新蒲为谁缘"——清初禅门诗界一桩公案的考索》，《中华文史论丛》2013年第3期。
⑯ 刘敬：《清初士人"逃禅"现象及其对文学之影响研究》，南开大学博士学位论文，2015年。
⑰ 张明强：《余怀集外佚文辑考》，《学术论坛》2016年第8期。

抚"苏州事略及与"密云弥布"圜诤关系考论》①、《读万寿祺〈野果山禽图轴〉——兼论清初钱谦益朱彝尊于江浙之交游》②等,具体的内容不再赘言。以上,无论是专门讨论弘储的文章,还是在遗民语境下涉及弘储的文章,都存在着宗教性"缺位"的问题,因为,弘储无论是作为遗民,还是作为诗人,他首先应该是一名僧人,一名佛教的出家人,其本位的宗教性应当是排在第一位的,而在既有的讨论中,弘储从未被作为一位佛教僧人、禅宗宗师的角度给予解读,其宗教思想应当是首位的,而这方面的论述几乎没有。

二、弘储的行历考辨

本文对以上综述过的有关内容不再过多着墨,只对尚未被讨论过的弘储的佛教思想、宗派思想等做些阐述,以补弘储作为佛教徒本位性论述的缺陷,但在这之前有必要对弘储的生平行历做些辨正。

(一) 弘储的派辈字:"弘""宏"之辨

弘储,在其自撰的《退翁自铭塔》中说三峰和尚给他"命名弘储,命字继起,为临济荷担之嫡子,晚而自号退翁"③。明确了名、字、号,但实际上,在《宗教律诸家演派》中:

> 临济下三十一世常熟三峰汉月法藏禅师演派三十二字:
> 法宏济上　德重律仪　教扩顿圆　行尊慈忍;
> 参须实悟　养合相应　后得深渊　永传光灿。④

法藏的"法"字后为"宏"字,并非"弘"字:

> 临济下三十二世(三峰下第二世)灵岩山继起宏储禅师演派十六字:

---

① 陆林:《清初周荃"安抚"苏州事略及与"密云弥布"圜诤关系考论》,《文史》2016年第2期。
② 谢正光:《读万寿祺〈野果山禽图轴〉——兼论清初钱谦益朱彝尊于江浙之交游》,《南京大学学报(哲学·人文科学·社会科学)》2017年第2期。
③ 法藏:《三峰藏和尚语录》卷一六,载《嘉兴藏》第34册,第218页中。
④ 守一:《宗教律诸家演派》,载《续藏经》第88册,第561页上。

法宏修智　道行超宗　代持真实　永绪瑶琮。①

也是用的这个"宏"字,但在目前所看到的大多数关于三峰派第二代"宏"字辈的13位法嗣中无一例外地都写作"弘"字②,在有关弘储的一些著作中,以及当时一些遗民文人在与弘储通信中是"弘""宏"并用的。这一方面应当是"弘""宏"通假,完全可以互用,而"弘"字比"宏"字的寓意更加丰富多样,更能贴合佛教"弘化""弘扬"理念的原因;另一方面,出于尊敬,教界的称名习惯是不直接称辈分的那个字的,往往用某和尚、某禅师,或者用字号加最后一个字,三个字的称呼,这种情形很容易造成辈分字的丢失,人们只知其字,不知其完整的名。③ 加之,三峰派的诸多著述在雍正强制取缔时被大量毁版,造成大量的散佚或坏灭,就极易造成派辈字的丢失,佛教史上是发生过这样的事件的,这种情形在"弘""宏"之别上是有可能的,但这只是一种猜测。本文的叙述还是以常见的"弘储"来行文。

(二) 弘储的籍贯:"通州""兴化"之辨

弘储的生卒年,陈垣在《释氏疑年录》中有定论,为万历三十三年到康熙十一年(1605—1672年),享年68岁。陈垣同时也标注了弘储的籍贯为南通州李氏④,但在现在的很多资料及地方志中却存在着"兴化人"⑤、"兴化李氏"⑥等的标注。"南通州"(以区别于北方通州)或者"通州"(现江苏南通市,地级市)和"兴化"(现江苏兴化市,县级市)在历史上没有任何地理交集或者管辖权的重叠⑦,按理说弘储在自撰的《南岳单传记》中已经清清楚楚地标明自己是"通州李氏"⑧,这样就不会产生任何异议了,这又是什么原因呢? 实际上,弘储籍贯出现错乱的"始作俑者"即是全祖望(1705—1755年)所撰写的《南岳和尚退翁第二碑》。弘储除了有"自铭塔"以外,他反对后人为其撰写"身后之文",但后人还是为其撰写了两通塔铭,第一通为韩菼(1637—1704年)所撰的《南岳储禅师塔铭》⑨,韩菼为康熙十二年(1673年)状元,官

---

① 守一:《宗教律诸家演派》,载《续藏经》第88册,第561页上。
② 其余12位是弘致、弘证、弘彻、弘成、弘乘、弘垣、弘璧、弘鸿、弘礼、弘铦、弘忍、弘圣。
③ 玄奘弟子"窥基"即是一例,"窥"字为宋人后加,其原名已不可知。
④ 陈垣:《释氏疑年录》,中华书局1964年版,第416页。
⑤ 郑之侨:《咸丰重修兴化县志》卷一〇,咸丰二年刊本,第1391页。
⑥ 震华:《中国佛教人名大辞典》,上海辞书出版社1999年版,第183页。
⑦ 《江苏省志·地理志》,江苏古籍出版社1999年版,第87—88、90—91页。
⑧ 弘储:《南岳单传记》,载《续藏经》第86册,第40页中、下。
⑨ 韩菼:《有怀堂文稿·南岳储禅师塔铭》,载《清代诗文集汇编》第147卷,上海古籍出版社2010年版,第207页下—208页下。

至礼部尚书,这通塔铭是在弘储的嗣法弟子长芦简石越祖(生卒年不详,俗姓柳)的请求下撰写的,有了韩菼的"第一碑",才有全祖望的"第二碑"。全氏在第二碑中说"南岳和上退翁者,名洪储,字继起,扬之兴化县人也,其姓李氏"①。改了两处,第一,"弘储"改为"洪储",又是通假的原因,但从某种程度上证实了上述猜测的可能性,派辈字很少使用,导致要用到的时候就"信手拈来",字不同,音同即可,都可以用通假的名义来当"借口";第二,也是最重要的,"通州"被改成了"扬之兴化县",不知全氏出于何种根据而改,但很有可能是其"道听途说"的结果,可能是全氏得知弘储曾在兴化某寺院短暂驻锡过②,因而误以为弘储为兴化人。全氏的第二碑应该是写于雍正十一年(1733年)取缔三峰派之后,三峰典籍大多被毁,因而无从得知有关弘储的确切信息,其实他自己也承认过,"文献脱落弗能详,然略为言其大节,则琐屑可置也"③。全氏撰写第二碑的素材基本来自徐枋(1622—1694年)的《居易堂集》(《居易堂集》中徐枋称弘储名讳时都以"灵岩老和尚""退翁老和尚"等称之,没有一处用"弘"字辈的名称,这也可以解释为什么全氏"乱编"一个"洪"字出来,因为他可能从未见过弘储的名,只是听过发音),据此推测,到全氏撰写第二碑时,三峰派的著述在市面上已经几乎不存在了,这也从侧面反映了当时雍正帝对三峰派的打击力度之大。

(三) 弘储的生平分期

弘储生平的其他方面基本没有异议,这里根据《三峰藏和尚语录》《宗统编年》等资料做个简单的梳理。弘储的行历大致可以分为几个阶段。在家期(1605—1629年),这一阶段从弘储出生到25岁出家为止,期间受过一些传统儒学的教育,当然也有佛教的接触和学习,少年弘储参学过华严④和净土宗师,但最终还是选择了禅宗,《三峰藏和尚语录》中有明天启四年(1624年)弘储以"仲连居士"的身份向三峰请益而受到三峰开示法语的记载⑤,说明弘储很早就开始接触佛教,而且同其业师早已有了联系。得法期(1630—1635年),是从弘储出家到得法这一阶段,这期间有三个重要节点:出家、悟道、授记别。弘储25岁脱白,目前的资料没有说明弘储受戒的具体

---

① 全祖望:《鲒埼亭集·南岳和尚退翁第二碑》,载朱铸禹:《全祖望集汇校集注》,上海古籍出版社2000年版,第275页。
② 弘储的传记中都记载他曾住持过"兴化灵石",参见《南岳单传记》《五灯全书》《正源略集》等。
③ 全祖望:《鲒埼亭集·南岳和尚退翁第二碑》,载朱铸禹:《全祖望集汇校集注》,上海古籍出版社2000年版,第277页。
④ 《退翁和尚浮湘录》中有"余少时知治桑门业,熹庙辛酉,受贤首家法于天宁涧老师,得名智戒。老师雪浪大师高弟"。转引自柴德赓:《明末苏州灵岩山爱国和尚弘储》,载《史学丛考》,中华书局1982年版,第373页。
⑤ 法藏:《三峰藏和尚语录》卷一六,载《嘉兴藏》第34册,第208页中。

时间,但肯定是在这三年之内,《宗统编年》中记载弘储悟道时,"储自期七日明道,至第六日,危坐如塑像,堂中开静,见两行僧对问讯,曝然自落,积劫未明之事,彻底见前"①,表现出了极高的天赋和资质。崇祯八年(1635年),法藏授予七位法嗣"各副以衣拂"②,其中就包括弘储,这也标志着弘储有资格正式开堂传法了。住持期(1636—1667年),弘储在得授记成为三峰正式法嗣后,委婉拒绝了法藏让其住持万峰的提议③,于崇祯九年(1636年)正式开启其住持生涯,第一所驻锡地为常州夫椒山祥符寺,在之后的30多年时间里,弘储住持了超过十处道场,这里面最重要的有天台国清、灵岩崇报、尧峰宝云、虎丘云岩、金粟广慧、南岳福严等,1644年,弘储刚刚开始"开堂国清"④。弘储生平住持最久的道场要数灵岩崇报寺,他于清顺治六年(1649年)夏开始住持苏州灵岩⑤,直到康熙六年(1667年)"退翁储和尚退灵岩……昙应杲首座继席灵岩"⑥,前后将近20年时间。退院期(1667—1672年),这一阶段并不确切,弘储晚年基本都在尧峰山上,可能还身兼着几个道场的住持之名,但很多大的道场都交给了自己的徒子徒孙,他在圆寂前两个月,"粤西郡主专使来迎,不欲往"⑦,还有人想迎请他住持道场,这实际上说明弘储并没有严格意义上的"退院期",一生都在住持道场,弘扬宗义。弘储圆寂后身后塔就在尧峰上,墓和残碑尚在。⑧ 以上是弘储生平的大致分期,其他的诸多细节已有多文阐明,此不赘述。

三、弘储禅法的建构与尝试

　　明末清初的佛教界大多都排斥文字禅和棒喝禅,尤其出现了诸多胡棒乱喝,只有形式而没有实质的"打禅"现象,致使禅林冷落萧条。法藏虽然师承圆悟,但在禅法实质上并没有承嗣圆悟,他"以天目为印心,清凉为印法,真师则临济也"⑨,直接承嗣高峰原妙(1238—1295年)和惠洪觉范(1071—1128年)两位禅师的影响,推崇《高峰语

---

① 纪荫:《宗统编年》卷三一,载《卍新纂续藏》第86册,第294页中。
② 法藏:《三峰藏和尚语录》卷一六,载《嘉兴藏》第34册,第211页下。
③ 法藏:《三峰藏和尚语录》卷一六,载《嘉兴藏》第34册,第211页下。
④ 纪荫:《宗统编年》卷三二,载《卍新纂续藏》第86册,第303页上。
⑤ 纪荫:《宗统编年》卷三二,载《卍新纂续藏》第86册,第305页中。
⑥ 纪荫:《宗统编年》卷三二,载《卍新纂续藏》第86册,第311页中。
⑦ 纪荫:《宗统编年》卷三二,载《卍新纂续藏》第86册,第312页下。
⑧ 有网友寻觅到弘储的墓址和徐枋所写的碑文,参见 http://blog.sina.com.cn/s/blog_562015df0102wx6e.html,2019/4/10。
⑨ 法藏:《三峰藏和尚语录》卷一六,载《嘉兴藏》第34册,第206页上。

录》《临济宗旨》和《智证传》,以"三玄三要"、"临济宗旨"、圆相等方法,形式上则偏向大慧宗杲的看话禅来接引学人,开堂化世。弘储作为法藏的法嗣,一方面继承了乃师的"三玄三要"、圆相等宗旨和方法,具有传承的一面;另一方面,由于弘储的遗民"领袖""顾问"的身份①,对于抗拒清朝的各方人物自是极力支持,而对教界中与清朝合作的"新贵"们也并不抗拒,但也不苟同,表现出兼容的一面,他在当时的僧诤中多扮演"调停者"的角色②,既维护师说,但也并不锋芒毕露,顾及各方的感受,削去争议,在佛学思想上表现出兼容、融合的一面。

弘储的著作大多以"语录"的形式呈现,记载的大多是传统禅门的机锋棒喝,都是临济的家风,并无多少创新的成分,这部分不在本文的讨论范围之内。弘储的禅法思想特色在于其提出的几个口号式的名相,即"十二种日旋三昧""六成就""八要门"和"六不容",它们的具体内容由弘储生前提出,但这些名相的概括或由弘储自己提出,或由其弟子辈总结,并且值得注意的是,在现存弘储的著作中,除了最后一个名相"六不容"在弘储的语录和其他文献中有解释外,弘储并未给出其他三个名相详细的解释,但在其法嗣玄符尼师的《灵瑞禅师岩华集》中却能找到一些阐释,个中缘由有几个方面的可能性,有可能是弘储反对这些文字累赘,不乐于建立新学说③;也有可能是我们现在看到的版本并非原本,而是经由雍正取缔三峰一派之后,经过重新编辑的本子,当然里面的新提法都是要被弱化或删除的,而弘储的弟子玄符的著作中还存有,这可能跟雍正的取缔活动为时较短,且玄符为比丘尼的身份有关。目前弘储的部分弟子辈的著作已经被发现,但尚未公开出版④,其中是否还保存有弘储关于这几个名相的解释尚不得而知,但从玄符尼师的著作中我们似乎可以看到弘储自身及其弟子辈对于三峰一系禅法建构的某种不自觉的尝试和努力。以下即是对这几个名相做些尝试性的解读,以就教于方家。

(一) 守持与圆融:"三玄三要"

弘储师承法藏,在禅学方法上也继承了业师以看话头、"三玄三要"等接引学人的锻禅方法,弘储在说到"三玄三要"时说道:

---

① 弘储在当时遗民群体中的角色参见上述综述中讨论遗民的相关论著。
② 其在各僧诤中的角色参见上述综述中的相关论著。
③ 这方面是有先例的,比如晓青在为弘储编辑《树泉集》时,弘储就说过"余平生患语之多,而取怨于世",表达不愿编辑出版此一语录的意愿,参见《径山藏》第 222 册,国家图书馆出版社 2016 年版,第 412 页。
④ 台湾佛光大学佛教研究中心收藏了诸多弘储弟子辈的著作,如僧鉴晓青的语录等,目前尚在整理中。

（南岳储曰：）一句中具三玄，三玄立，则一句破矣。一玄中具三要，三要立，则一玄破矣。故曰：以玄销玄，以要销要。又曰：退翁尝说建立即是扫荡，扫荡却成建立，非无谓也。临济初谓黄檗佛法无多子，后来建立黄檗宗旨于一心上，唱明三真，首出三句。以定纲宗，实有所本也。世尊于灵山会上拈起一枝花，迦叶便破颜微笑。岂非无多子之佛法，世尊不合与贼过梯，无端道，我有正法眼藏，涅槃妙心，实相无相，微妙法门，付嘱摩诃迦叶。故临济以无多子之法，演成三句。正见佛佛祖祖，同一鼻孔。而今十个五双，谁不道临济建立，曾有一人具眼看破此老是扫荡？前来板定个三句，首尾次第，毫不可移换。审如是，成什么禅宗？一句中具三玄，一玄中具三要，堪与佛祖为师无疑矣。如何又说得他只堪与人天为师？人天为师亦无碍。如何又好唤他自救不了？则三句之次第，显然扫荡尽情，三句为之扫荡，而三玄立矣。岂非建立之扫荡乎？他当日劈口吐出个黄檗佛法无多子，则他在学地时，蚤已建立了也。后来开演三真，建立三句，正扫荡前面无多子的佛法，岂非扫荡时即是建立？①

圆悟不承认有所谓的"玄要"存在，只单提一个棒喝，是一种"纯禅"，而法藏却以"玄要乃棒之眼、喝之霹也"②，把"玄要"提升到无以复加的地位上，这是三峰禅法的核心要素，被视为临济纲宗，弘储同样继承三峰宗眼，重视"玄要"。弘储认为，所谓的三玄三要是随立随破的，破立是相偕的，"扫荡"即是"建立"，一切都是权宜施设，言语的设立只是为了让学人领会背后的权实照用，透脱自身内在的那个本真的东西，而不能落于言句，因此必须要当即"建立"，当即又"扫荡"。临济在黄檗宗旨的基础上定"三玄三要"，实际上是"有所本"的，这个"本"就来自"灵山一会"，世尊因迦叶微笑而付与微妙法门，其实质内容是无以言说的，但世尊当年也曾说"我有正法眼藏，涅槃妙心，实相无相，微妙法门"，实际上"正法眼藏""涅槃妙心"等等都是自身本有的，不是他人赋予的，而是需要自己去通透的，世尊的那几句话实际上同"三玄三要"是一样的功用，都是一种权宜施设，实际上并无任何名言，这是自古以来禅宗心法的核心所在。义玄当年在建立"三玄三要"时，有三句对应上中下三种根器的意味，弘储认为三句的次第并非"毫不可移换"，三玄要既然是随立随破的，那就可以涵盖任何根器的人，不管是"与佛祖为师"的，还是"只堪与人天为师"的，甚至是"自救不了"的，言语施设的虚妄性可以消融三句的次第，三句的"建立之扫荡"与"扫荡时即是建立"是可以互换

---

① 纪荫：《宗统编年》卷一四，载《卍新纂续藏》第86册，第169页中、下。
② 法藏：《三峰藏和尚语录》卷一四，载《嘉兴藏》第34册，第194页上。

的,是二而一的,因此,法藏说得更加明了,他说:"句中只具一玄一要,权实照用与汝分了也,且道临济为何说三,这里明得,方不孤负先宗,切莫乱统。若道是一,又是瞎汉。"①

　　法藏当时极力提倡"三玄三要"是为了纠正、挽救晚明"颠顶乱统""盲棒乱喝"的禅风,认为必须要有个检验的方法和标准,以此来树立禅门纲宗,但这增添了过多言语施设的"杂禅"必然要招致当时以圆悟为代表的"纯禅"派的讥议和挞伐,但实际上,法藏推崇玄要的方法是其自身接人实践中的总结,有其特定的知识背景、自我选择和时代要求在内,它同圆悟的"一棒到底"实际上是殊途同归的,只不过站在世间法的角度来看,圆悟的思维方式要略显简单粗放些,但在禅的角度而言,两者是异曲同工的,只是法藏所使用的方法更具理论指导性,更能勘验学人,减少误判证悟的可能性。弘储承继师说,但也有一些发展,他认为:

　　　　三峰先师谓临济一宗,跨四家而独步,未免抑人扬己,少纵多擒。山僧道主宾互换,贵在机圆,事理双关,应须眼俊,君臣向背,莫犯当头,父子唱随,难分两口。识得心外无法,何妨满目青山。苟非句里该玄,那许通身铁壁。门风虽异,堂奥匪殊,融摄五宗,方称大匠。②

　　法藏极力倡导恢复五家的宗旨,但在他那里,临济还是"跨四家而独步",具有先天的优势,弘储以为应该"融摄五宗",没有先后优劣之分,只要能够"识得心外无法",自然能够觅得自身本真佛性。弘储的这种圆融的思想倾向,与他遗民"领袖""顾问"的身份是非常吻合的,法藏和弘储之间的这种差别也是他们当时所处时代环境和自身角色的不同所导致的。法藏自身从临济处开悟,生平非临济不嗣,对临济一宗充满了感情,因此极力推崇之,他在目睹了当时的禅门弊端后,也奋力高举"临济宗旨"的旗帜来抗拒之,纠正之,这是他自身的经历所决定的;而弘储当时所面对的禅界已经有了复兴后的短暂繁荣,他不用再像乃师那样"激进",只需采用更加柔和的方式来守持即可,况且其在遗民中的精神领袖角色决定了他必须要兼容各方观点,而在各种僧诤中的"调停者"角色则进一步要求其必须具备圆融的素质,而这些倾向都会表现在他的禅学思想上。

---

① 纪荫:《宗统编年》卷一四,载《卍新纂续藏》第86册,第169页中。
② 纪荫:《宗统编年》卷三一,载《卍新纂续藏》第86册,第300页中。

(二) 圆相说的承续与发展:"十二种日旋三昧"

弘储不仅对"三玄三要"提出了自己的看法,主张五宗融摄,还提出了"十二种日旋三昧"和"六成就""八要门""六不容"的锻禅方法。《南岳单传记》中记载了弘储在住持生平第一座道场夫山祥符寺时弘法的情形:

> 首住常州夫椒山祥符寺,法堂揭五宗要旨,室中出十二种日旋三昧,以验方来。一时东南衲子贤士大夫,目为龙门。①

"五宗要旨"即上述以"三玄三要"等为核心的名言施设,是三峰派所共许的。"日旋三昧"是《法华经》中提到的 16 种三昧之一②,吉藏在《法华义疏》中解释到"'日旋三昧'者,如日天子乘日宫殿,照诸众生,周而复始,旧经名'日轮三昧'也"③,是说清净智慧如太阳日夜周转一般,能够照耀众生,止息无明,它实际上是"法华三昧"的异名之一。弘储借用"日旋三昧"一词,提出了"十二种日旋三昧"这一概念,这是他的首创,但在《南岳单传记》中弘储并没有给出其具体内容为何,在弘储其他现存公开的文献中也没有提到这一术语,但值得庆幸的是,在其嗣法弟子玄符比丘尼④的《灵瑞禅师岩华集》中还保存有关于此一概念的"蛛丝马迹",在《灵岩退翁和尚住祥符日垂问学者五宗门风颂语》⑤中说到"十二种日旋三昧"的具体所指:

藏云室十二种日旋三昧(师注并叙)

金圈抛出,三藏绝诠,玉诰颁来,十方洞鉴,不行意路,言如雷火,当天打破,情关道比,蟾光出海,愿诸达士,共契斯宗。玄符谨志:

○ 生佛未形,如何通信(师云塞却鼻孔);

◐ 条然素洁,试请安名(师云拄却舌头);

☉ 心识不到,别有生机(师云突出难辨);

☼ 迥脱根尘,方堪赞叹(师云岂涉繁词);

---

① 弘储:《南岳单传记》卷一,载《续藏经》第 86 册,第 41 页上。
② 鸠摩罗什译:《妙法莲华经》卷七,载《大正藏》第 9 册,第 55 页上、中。
③ 吉藏:《法华义疏》卷一二,载《大正藏》第 34 册,第 622 页中。
④ 生卒年不详,参见苏美文:《女禅合响:宝持与祖揆之行传考述》,《新世纪宗教研究》2008 年第 1 期。
⑤《宗统编年》中"辛巳十四年"条下,也提到了"藏云室十二种日旋三昧",列出了其具体内容,但纪荫为弘储法孙,在弘储现存其他文献资料未公开的情况下,"十二种日旋三昧"的内容很有可能是纪荫从《灵瑞禅师岩华集》中辑出来的,因为弘储的语录中也未出现此一概念或者内容。

㊂ 旁通一线,许汝商量(师云知音者谁);

㊅ 乍卷乍舒,开遮自在(师云动还翳目);

⑪ 万仞壁立,凑泊还难(师云个中无路);

㊇ 有二岐路,不可不知(师云孰辨奴郎);

㊆ 应物随机,炽然无间(师云此意须明);

㊈ 和合诸尘,不入众数(师云几成独立);

㊉ 披毛戴角,佛眼难窥(师云不妨奇特);

◎ 十字纵横,一真不立(师云可知礼也)。[1]

"藏云室"是弘储在夫椒山祥符寺时的丈室名。这12个符号,有一个共同点,都是由一个圆圈和其他的符号或者文字组成的,弘储的这一发明应该是受其师法藏影响的结果,法藏就曾以圆相说作为接引学人、勘验悟处的方法,此一"十二种日旋三昧"同样也是一种用来接引学人的工具。下面试着对这12个符号做些简单的阐释。第1个符号为两个圆圈交叉相连,弘储的标注是"生佛未形,如何通信",弘储的圆圈代表的应该是众生的佛性理体,禅宗的根本宗义在于佛性本具,不假外求,但当这个佛性还未"形成"时,是没有办法通达的,这时应该"塞却鼻孔",反观自心,在自心中求。第2个符号是一个圆圈里有个"心"字,这个"心""条然素洁",是对佛性有个初步的认识,但还未到完全的悟处,言诠即乖,所以要"挂却舌头"。第3个符号是一个圆圈里有个"智"字,由"心"到"智",对心性有了更进一步的通达。第4个符号是圆圈里有个卍字符,卍字符在佛法代表着智慧光明,此一阶段摆脱了根尘境,取得了"阶段性的胜利",但也还没到佛地境界,不值得赞叹。第5个符号是圆圈左边牵出一条短线,由于对佛性的体认已经达到了一定阶段,伸向圆圈外的短线象征着可以在自心之外有所"商量",外界的信息也不会遮蔽这个佛性。第6个是圆圈中有个"云"字,"云"通"云彩"之"云",对佛性的体悟已经到了任运自在的境界了,玄符认为这时还需要继续体认,"云"在动的时候还会遮蔽眼睛,所以,需要继续静下心来慢慢参悟。第7个是圆圈内有个"山"字,弘储把佛性譬喻成"山",要成功登顶这座"万仞壁立"的佛性之"山"是非常艰难的,有时甚至会面临无路可走的境地。第8个是圆圈中有个"人"字,"人"可以代表着世间的各种欲望、诱惑和抉择,当我们在即将要登顶佛性之"山"时,会有各种闻名利养的"歧路"诱惑,要认得清,真具大慧眼之人才能做出正确的抉择。

---

[1] 玄符:《灵瑞禅师岩华集》卷三,载《嘉兴藏》第35册,第751页中、下。本段引文中括号里的"师"是指的玄符比丘尼,下两大段引文亦同。

第 9 个为圆圈中含一"木"字,"木"本具燃烧性,对于外界的各种诱惑,应当发挥"木"的特性,随时焚毁之。第 10 个是圆圈中有个"女"字,这里弘储应该是用"女"字表征纯洁、纯粹,而并不是指代欲望和诱惑,是用"木"燃烧种种诱惑之后所遗留下的几乎纯净、独立的佛性体。第 11 个是圆圈中一个"尾"字,"尾"字代表尾巴,指动物、畜牲,弘储这里似乎也是用譬喻手法,表明即将"大功告成"的佛性理体好似"披毛戴角"的动物一样,活泼灵动,甚至连佛眼也难以窥视。最后一个是圆圈中有一个十字和两个小圆圈,这代表佛性的圆满,活泼灵动的佛性理体,四方纵横,人法双亡,一真不立,法界圆融,达到了悟道的境地,这个时候就"可知礼也",礼拜上人,由学人成为正式法嗣,开堂传法。

这 12 种日旋三昧,在理解上有些费力,以上的解读只是一种尝试,有一些会显得牵强,但基本的旨意还是比较明确的,就是众生由凡夫证成圣果,体得自心佛性理体的一系列步骤,是上人指导学人由学人证成宗师的方法。弘储提出这样的一种方法,其实不独禅门可以用,其他宗门的学人同样可以使用,这也许就是玄符所说"金圈抛出,三藏绝诠,玉诰颁来,十方洞鉴"的原因。弘储继承了法藏喜欢用圆相来接引学人的方法,但弘储的"十二种日旋三昧"更具普遍适用性,前文说到他不像法藏那样标新立异,以临济先出圆相,凌驾于他宗之上,弘储更具圆融性,这也是为什么法藏提出圆相说会招致挞伐,而弘储提出"十二种日旋三昧"却没有招来特别的非议的原因所在。①

(三)锻禅者的素质、"临机转捩"与"自然疗法":"六成就""八要门"和"六不容"

《南岳继起和尚语录》中记载,弘储在灵岩时还建立了"六成就""八要门"和"六不容"②三说,语录中只录有原文,并未明确提出这些概念,玄符的《灵瑞禅师岩华集》中同样对其进行了注释,以下即根据玄符的注释来略窥弘储的思想。

首先,是"六成就":

> 灵岩上堂云:佛法不是小事,夫说法者,须是六种成就。第一安立成就(师注真妄同源,形名未垂)、第二目前成就(师注尘尘有路,不滞偏方)、第三自己成就(师注荡尽诸缘,照体独立)、第四智智成就(师注卷舒绝待,照用齐行)、第五本末

---

① 以上有关法藏"圆相说"的讨论,参见释见一:《汉月法藏之禅法研究》,《中华佛学学报》1998 年第 11 期。
② 弘储:《南岳继起和尚语录》卷二,载《嘉兴藏》第 34 册,第 287 页上、中。

成就(师注正位方彰,大功无问)、第六平等成就(师注混然忘迹,凡圣迥超)。六种圆具,法法归宗,一种有亏,言言昧旨。上根利智,自然一六互收,浅学初机,切忌循途守辙。卓拄杖(师注自古自今,可凭可据),下座。①

弘储所说的"六成就"是对"说法者"而言的,是一个可以指导学人修行的宗师必须具备的六种"成就",是锻禅者必备的六种素质。第一是"安立成就",通过玄符尼师的注可以知道弘储指的似乎是身体条件的具备,说法者首先要有好的身体条件和精神状态。第二是"目前成就",指的是要对锻禅的种种方法都有准确的把握,不会带偏了方向。第三是"自己成就",诸缘散尽,昭然自立,具备独立的人格。第四是"智智成就",玄符的注释是在形容锻禅者的般若智慧应该是一种云卷云舒、灵动活泼的自由状态。第五是"本末成就",锻禅者不要本末倒置,彰显自己的"正位",但有"大功"时也不要去过问,否则即是舍本逐末。最后一个是"平等成就",说法者应当同学人之间浑然无迹,众生皆具佛性,都有成佛的可能,因而是平等的,要求说法者超越凡圣之界,达到平等一如的境地。弘储还强调,说法者必须同时具备这六种成就,不可偏废,而且无论根器优劣,都必须融摄一六,不可循规蹈矩,偏于一隅。"六成就"说是弘储对说法者而言的,是要求锻禅者必须具备的条件,实际上三峰派都有这样的传统,其法侄晦山戒显(1610—1672年)就曾专门著《禅门锻炼说》,阐明锻禅的各种条件和方法,限于篇幅,这里不再赘述。②

其次,是"八要门":

灵岩上堂云:夫临机转握,共有八门,定乱致平,难拘一法,或奇正之纵横,或阴阳之纷错,九天九地,一死一生,擒贼擒王,射人射马,所以决胜要在临时,神符贵于转换,门门有路,步步通途,过量英雄,不烦指点,自能排身直入,其或不然,灵岩为汝打开八门,拈起拄杖云:第一刹那该摄门(师注逼塞虚空,古今无间)、第二主宾成立门(师注同风敲唱,识者还稀)、第三当机生法门(师注妙应临时,全忘唯啄)、第四予夺自在门(师注纵擒错互,不落寻尝)、第五输机善用门(师注换象抽爻,突出难辨)、第六全提正令门(师注锋轮并运,杀活齐施)、第七诸根普摄门(师注殊道同归,不资余力)、第八太平无象门(师注化机绝朕,尊贵无方)。卓拄

---

① 玄符:《灵瑞禅师岩华集》卷三,载《嘉兴藏》第35册,第751页中。
② 这一问题可参见翁士洋:《灵隐晦山显禅师锻禅思想研究——以〈禅门锻炼说〉为中心》,载光泉主编:《灵隐寺与中国佛教:纪念松源崇岳禅师诞辰880周年》下册,宗教文化出版社2013年版,第563—570页。

杖云：这是那一门众网措逢？下座，旋风打散，归方丈（师注从前汗马无人识，只要重论盖代功）。①

"临机转握"，即是禅宗中所谓的宾主互换，濬沱当年有"四宾主""四照用""四料简"之说，后来的说法都是建立在此基础之上，弘储也不例外。临济认为处理宾主关系的立足点在于"随处作主"，不为万境所惑，"应物现形"，不把物形当真。② 弘储将临济的"四宾主"发展成了"八要门"，这里简单阐释一下：八门中第一、第二和第三门，是说主动迅速夺得"主"的位置，并想出占据主动权的方法来；第四、第五和第六门则是夺取之后"杀活齐施"；最后二门似乎是在说对于"宾"的"注意事项"和"终极目标"，主对宾的选择应当普摄群机，最终没有"宾"可"杀活"就最好不过了。弘储的"八要门"实际上就是"四宾主"中的"主看宾"和"主看主"两种方式的细分呈现。

最后，是"六不容"：

> 以六不容定法禁，上堂曰：腰软背酸难立久，才近绳床瞌睡来，面前大好山，脚下俊衲子，一齐攒簇着，如逼债相似，抖尽肚里零星，究竟收拾，不下再三，无计可施，略与诸人评议。一不得截生死流，二不得踞祖佛位，三不得互分宾主，四不得驰骋问答，五不得曲顺机宜，六不得平怀常实。岂不闻纤芥不留，犹是交争之法。拈拄杖，卓一下，曰：汉家虽有三章约，争似灵岩六不容。③

"六不容"所否定的六项内容，其反面实际上都是禅宗通行的锻禅方法，上述的"八要门"中还讲到要"宾主成立"，而这里却讲"不得互分宾主"，这看似是矛盾的。但事实上，弘储所立的"六不容"并不是禅门"常规"的操作模式，它是锻禅者面对"脚下俊衲子"的"攒簇"，犹如"逼债"，在"抖尽肚里零星""无计可施"的情况下，常用的"套路"已经无法起作用，不需要再依靠这些"技巧"，这时就需要反其道而行之，回归原始自然的方法，可说是对治禅门的"自然疗法"。这在弘储后来的法孙舒州太平选寄远禅师（原直赋法嗣）那也有体现，他说"法随法行，法幢随处建立，不必互分宾主，驰骋问答，自然钳锤，妙密机用高超"④，这可看作对祖师的继承，亦可看作三峰派的宗学

---

① 玄符：《灵瑞禅师岩华集》卷三，载《嘉兴藏》第35册，第751页中。
② 杜继文、魏道儒：《中国禅宗通史》，江苏人民出版社2008年版，第334页。
③ 弘储：《南岳单传记》卷一，载《续藏经》第86册，第41页下。最先记录此"六不容"的当为《南岳继起和尚语录》，两处行文与《五灯全书》中所记有细微差别。
④ 超永：《五灯全书》卷一〇五，载《续藏经》第82册，第630页下。

传承之一。"汉家"的"三章约",在汉月的著作中未见具体的阐明,但猜测其应该是有关身口意三方面的某些约定,这在佛教中是最基本的修持方法,是最原始、最自然的,因而弘储认为这与自己提出的"六不容"很相似,但"六不容"的内容更加具体,它是对之前禅门祖师锻禅方法的一种提炼和总结。

四、余论

明末清初佛教界,尤其是三峰派,都有一种融合的思维方式,法藏表面上融通五宗,但实际上偏于临济,这是他自身经历的局限,但后来的三峰门人,无不是走的融合的路数,弘储倡导的即是"融摄五宗",不仅宗门内部的融合,外部也有显著的三教融合的迹象。明末清初佛教界,以三峰开先导的,都极力看重对嗣法人才的锤炼和培养,这也是三峰派法嗣的著述中特别强调锻禅方法的原因所在,三峰派以复兴禅门为旨归,唯有通过宗义的代代相传、法嗣的薪火传承,才能得以挽救萧条禅门于一隅,这就是明末清初三峰派应对禅门冷落的种种建构与尝试,弘储即是其中重要的代表之一。

弘储对"三玄三要"等临济宗旨的阐释源自于其自身所处的时代环境和角色,他的遗民精神领袖和调停者的角色,使其必然选择走一条柔和、兼容、圆融的道路,这是他禅学思想形成的外部因素。他提出的"十二种日旋三昧""六成就""八要门"和"六不容"等都是对锻禅过程中所必须具备的条件和方法做出的规范和指导,他一方面继承了法藏的传统,另一方面又有自己的体认,这是一种传承中的创新。值得注意的是,除了"十二种日旋三昧"的内容在弘储的语录中没有出现过以外,其他三个概念的具体内容其实已经存在于其语录之中,但并未特别加以强调和形成口号式的概念,以现存的弘储的著作状况来看,这应是弘储的弟子辈所为,从中可以看出,三峰派的后辈开始有总结这些口号式概念的行动,同时似乎也有了建构宗派体系性学说的尝试和努力。

宋元《楞严经》注疏概况之考辨

申 婷*

摘 要： 历史上弘扬《楞严经》并撰疏作注的高僧硕学很多。现当代学者把更多的关注点放在了晚明注疏和由注疏引发的诤论上，对宋元《楞严经》注疏的整体情况则研究较少。其实，明清的注疏很多是建立在宋元注疏的基础上，并予以借鉴和发展的。所以本论旨在通对考察僧传、经录等记载，对宋元《楞严经》注疏的概况，包括见存和失佚注疏的基本情况以及撰疏者的生平、学养、宗派等情况予以考辨梳理，其中也涉及对今已失佚不存的唐代注疏的概况做一明晰，以期对进一步研究《楞严经》注疏义理思想、宋元佛经诠释以及中国佛教思想义理的发展提供借鉴。

关键词： 宋元 《楞严经》 注疏 长水子璿 孤山智圆 天如惟则

考察僧传、经录等记载可知，历史上弘扬《楞严经》的高僧硕学不绝如缕，注疏之数量更是非常之大。然而关注其注疏，宋元以前关于《楞严经》的注解疏释已失佚不存，只能从后世注疏中窥见其部分内容。明清两代关于《楞严经》的注疏最多，尤以明末为盛，从这些注疏中，又能看到其受宋元注疏影响之深。本论所关注的宋元《楞严经》注疏，即是有此承前启后之功用。而观此宋元《楞严经》注疏，亦有"失佚"和"见存"两种情况，现对此予以考辨整理。

---

* 申婷，南京大学哲学系博士研究生。

一、宋元《楞严经》注疏概览

以下拟先从文献学的角度出发,对古籍中记载的宋元《楞严经》注疏加以归纳考辨。关于宋元《楞严经》注疏的疏解品目,在考察诸古籍收录的情况后,发现有钱谦益的《楞严经疏解蒙钞》、通理的《楞严经指掌疏悬示》、高丽义天的《新编诸宗教藏总录》以及《中华大藏经总录》对此做了罗列,现予以详示。

据钱谦益《大佛顶首楞严经疏解蒙钞卷首·古今疏解品目》①所载,宋元《楞严经》注疏有:

表1　钱谦益《楞严经疏解蒙钞》载宋《楞严经》注疏

作者	注疏
真际崇节	《删补疏》
李灵光洪敏	《证真钞》
长水子睿	《义疏注经》十卷
泐潭晓月	《标指要义》
闽僧咸辉	《楞严经义海》三十卷
孤山智圆	《经疏》十卷、《谷响钞》十卷
吴兴仁岳	《集解》十卷、《熏闻记》五卷
桐州怀坦②	《集注》十卷
圆明禅师洪觉范	《尊顶法论》十卷
雷庵正受	补注《尊顶法论》,谓《楞严经合论》
王文公介甫	《楞严经解》
张无尽	删修《楞严》改名《楞严海眼经》,兼采集诸家之解及己说为《补注》
温陵戒环	《楞严经要解》十卷

---

① 钱谦益:《楞严经疏解蒙钞》卷一,载《卍新纂续藏》第13册,第503页中—第504页下。
② 关于此名,《卍新纂续藏》第11册所收《楞严经集注》载名为"思坦",而明末钱谦益《楞严经疏解蒙钞》卷一则载"桐洲法师怀坦《集注》十卷",并言"怀坦,今本讹为思坦"。钱谦益于此指明"思坦"有误,应为"怀坦"。另据宋代志磐《佛祖统纪》卷一七所载"北峰印法师法嗣",其中所列是为"桐洲怀坦法师",未言"思坦"。因为没有更多的资料作为参考,所以此处以《佛祖统纪》和钱谦益《蒙钞》所纠为准,以"怀坦"言之。参见钱谦益:《楞严经疏解蒙钞》卷一,载《卍新纂续藏》第13册,第504页上;志磐:《佛祖统纪》卷一七,载《大正藏》第49册,第234页下。

表 2　钱谦益《楞严经疏解蒙钞》载元《楞严经》注疏

作者	注疏
中峰明本	《楞严征心辨见或问》一卷（《中峰广录》别出）
天如惟则	《楞严经会解》十卷

据清代通理述《楞严经指掌疏悬示》①所载，关于宋元《楞严经》注疏有：

表 3　通理《楞严经指掌疏悬示》载宋《楞严经》注疏

作者	注疏	备注
永明智觉寿	《宗镜》引释	禅师会三宗学者，撰《宗镜录》百卷。折衷法门，会归心要，多取证于《楞严》。所引古释，即悫、振、沇三家之说也
真际崇节	《删补疏》	
携李灵光洪敏	《证真钞》	上二师疏钞，未见全文，略见于《义海》诸录
长水子璿	《义疏》	师传贤首教观，尤精于《楞严》，悟心法于琅琊，受扶宗之咐嘱，依贤首五教，马鸣五重，详定馆陶科判，采集悫、沇、敏、节诸家之解，释通此经，一家奉为准绳
苏台元约	《疏钞》	
道欢法师	《手鉴释要》②	上二师皆禀承长水，《手鉴释要》亦疏钞类也
可度	《笺释》	此释未见，名依灌顶《疏》录
泐潭晓月	《标指要义》	月公与长水，同参琅琊得悟，晚居泐潭道济庵，与其徒标指《楞严》要义。其科节一依长水，取其文之精要，删掇附注
孤山智圆	《疏》并《谷响钞》	孤山智圆用三止三观，贴释此《经》。间有未明，又撰《谷响钞》释疏
吴兴仁岳	《集解》并《熏闻记》	岳师力扶孤山，张皇台观。集崇福已下诸解，而附以己说为私谓。又造《熏闻记》，释自造《集解》

---

① 通理：《楞严经指掌疏悬示》卷一，载《卍新纂续藏》第 16 册，第 9 页中。
② 此处所载《手鉴释要》，恐有误。据钱谦益《楞严经疏解蒙钞》在长水《义疏注经》后有言："禀长水之学者，有苏台元约《疏钞》，宋时盛行于世，今不传。又有道欢法师《手鉴》，及《释要》等，皆钞类也。"或是因为通理见此，而将《手鉴》《释要》合并为《手鉴释要》，然实际上查怀坦《楞严经集注》中关于引用《释要》中的内容，实是怀远《首楞严义疏释要钞》的内容。据此看，《手鉴》和《释要》是两本书，前者是道欢所作，后者是怀远所作，然后都禀长水之旨。对于通理《楞严经指掌疏悬示》所记载，此处予以保留原文所载。而后文在涉及具体内容的时候，会以正确的为准。另外，若有认为此处"手鉴""释要"或是指两本书的，笔者以为，若是此处所引指两本注疏，行文是以"并"放于中间的，亦即"手鉴并释要"，所以可见，通理应该是误当作同一本了。

(续表)

作者	注疏	备注
咸辉	《义海》	咸辉取长水《义疏》、泐潭《标指》，排合经文，附以吴兴《集解》，目为《义海》
法界庵主神智讳可观	《补注》	
云间竹庵	《补遗》	按《蒙钞》云，"南渡已后，禀学台宗者，竹庵可观，得法于车溪，大慧称为教海老龙"，据此则竹庵可观，似是一人，而《补注》《补遗》，或亦一书
北峰印	《释题》	观之嗣为北峰印，总括一经大义，解释名题
桐州怀坦	《集注》	印之后为桐州坦，收集神智《补注》，及北峰《释题》等。诸家皆以敷演台观，辅翼圆岳，开张本宗，显扬祖父而已
洪觉范（寂音尊者）	《尊顶法论》	其意以此经说尊顶法，明见佛性。而传注之家，从而汩之，乃疑为教乘，尝深观之，得世尊意于诸家笺释之外，由是造论
雷庵正受	《论补》	禀承《尊顶》，如方山新论例，厘论入经，名曰《楞严合论》，而自附已见为《论补》
王文公介甫	《定林疏解》	文公罢相，归老钟山之定林，著《首楞严疏解》，略诸师之详，而详诸师之略。洪觉称之，谓其"非智者莫窥也"
无尽居士张观文	《补注》	居士删修《楞严》，改名《楞严海眼经》，兼采集诸家之解，及己说为《补注》
温陵宝胜禅师戒环	《要解》	环师一生掩关，深悟玄理。所著《法华》《楞严》，同名《要解》，以其言约意丰，词畅理诣，披文见经，如指诸掌，与一时封执台宗，谬缠谛观者，迥然自远，其识见有大过人者

表4 通理《楞严经指掌疏悬示》载元《楞严经》注疏

作者	注疏	备注
我庵本无	重治《集录》	元皇庆中，北峰孙我庵本无，依桐州《集注》，重为修治。附以私识，亦山家一家之书也

(续表)

作者	注疏	备注
柏庭善月①	《玄览》	柏庭嗣法月堂,竹庵常命分讲,著《玄览》二卷,疏通大意。谓一家借位,未始定论,亦山家之铮,铮者矣
中峰明本	《征心辩见或问》	幻住受高峰心要,坐断死关,于《金刚》《楞严》《圆觉》各有发明,当以《楞严》小本,付弟子天如曰:"吾于《征心辩见》略示指点,汝当发明全经以终吾事。"
天如惟则	《会解》	列唐、宋九师,附己为十。而不录幻住之解者,以为禅有禅解,经有经义,不欲混为一门,以长后人狂解。九师中刊落长庆《说文》,亦是此意

据高丽义天所录《新编诸宗教藏总录》卷一②载,宋代《首楞严经》注疏有:

表5 高丽义天《新编诸宗教藏总录》载宋《楞严经》注疏

作者	注疏
非浊述	《玄赞科》三卷
智圆述	《显赞钞记》十四卷、《疏》十卷、《谷响钞》五卷、《科》六卷
亡名	《钞》十卷
亡名	《集要钞》三卷
洪敏述	《资中疏证真钞》六卷
子睿述	《义疏注经》二十卷、《科》二卷、《单科》一卷
道欢述	《手鉴》五卷
元约述	《搜玄钞》十二卷(或云《搜微》)
怀远述	《释要钞》六卷
道璘述	《进退合明章》一卷
昙永述	《单科》一卷
法朗述	《注》十卷

---

① 据《佛祖统计》卷一八载:"言已,累足而化。实淳祐元年正月十九日也。留龛七日,貌色鲜白,心顶俱煖。奉全身塔于寺东,为寿九十三。得夏七十八。"参见《佛祖统纪》卷一八,载《大正藏》第49册,第238页中。淳祐是宋理宗赵昀的第五个年号,淳祐元年是1241年。所以善月是南宋之人,非元代人。此处照通理《悬示》录,以下在分析注疏及其撰著者生平时,会将善月归在宋代。
② 义天:《新编诸宗教藏总录》卷一,载《大正藏》第55册,第1166页上。因此录刊行于1090年,故只载有唐、宋注疏。

(续表)

作者	注疏
仁岳述	《集解》十卷、《文句》二卷、《熏闻记》五卷、《说题》一卷、《说题科》一卷、《礼诵仪》一卷
慈梵述	《说题通要》二卷
净源述	《道场修证仪》一卷
王氏述	《新解》十卷

据《中华大藏经总目录》①所载,关于宋元《楞严经》的注疏有:

表6 《中华大藏经总目录》载宋元《楞严经》注疏

记录	注疏
唐怀迪证释,宋子璿集《义疏注经》并《科》,晓月《标指要义》,仁岳《集解》,咸辉排经入注。曾怀总序,王随《义疏序》,惟净上王中丞书,范珣《标指序》,胡宿《集解序》,咸辉《缘起序》。有《极量传》、《义疏跋》、《标指跋》、《义海》绝笔偈、咸辉《后序》、智彬《后序》,排科冠上	《首楞严经义海》三十卷
宋戒环解,及南序,行仪跋	《大佛顶首楞严经要解》二十卷
宋子璿集,王随序,惟净书启,沈元晟跋,德云跋	《首楞严义疏注经》二十卷
宋子璿述	《楞严经义疏注经科》一卷
宋德洪合论并序及后序,正受厘论入经删补并序,彭以明跋	《大佛顶首楞严经合论》十卷
宋怀远录并序	《楞严经义疏释要钞》六卷
宋宗印述,本无略录并序,载于《楞严经集注》卷首	《楞严经释题》一卷
宋思坦集注,元子文后叙,元长叙,契了序,前有科文并排科冠上	《楞严经集注》十卷
宋仁岳述	《楞严经熏闻记》五卷
宋惟愨科,可度笺,科文不载。总目科误作释	《楞严经笺》二十卷
元惟则撰并序,末卷有劝持序	《大佛顶首楞严经会解》二十卷

综上诸录所见,关于宋元《楞严经》注疏总目,各录所记略有出入。概而言之,其一,《悬示》将永明延寿的《宗镜录》归为宋代关于《楞严经》的引释,《蒙钞》将其归为五代吴越时期之注疏,二师均将《宗镜录》归之于关于《楞严经》的疏解品目。其二,在

---

① 蔡念生编:《中华大藏经总目录》卷三,载《大藏经补编》第35册。

《悬示》中所列的宋代苏台元约《疏钞》、道欢《手鉴释要》、可观《补注》、云间竹庵《补遗》、北峰印《释题》，以及元代我庵本无重治《集录》和柏庭善月法师的《玄览》，钱谦益《蒙钞》是以"疏解品目"中补充注解的形式出现，其中道欢撰《手鉴》，而《释要》实是怀远所撰。其三，《悬示》所列"福唐沙门可度《笺释》"、《蒙钞》"疏解品目"未录。其四，高丽义天所撰《新编诸宗教藏总录》，较之《悬示》和《蒙钞》，多列入了非浊述《玄赞科》三卷，智圆述《显赞钞记》十四卷和《科》六卷，佚名《钞》十卷，佚名《集要钞》三卷，怀远述《释要钞》六卷，道璘述《进退合明章》一卷，昙永述《单科》一卷，法朗述《注》十卷，仁岳述《文句》二卷、《说题》一卷、《说题科》一卷、《礼诵仪》一卷，慈梵述《说题通要》二卷，净源述《道场修证仪》一卷。较之《悬示》和《蒙钞》在注疏之后略有关于撰疏者的介绍，高丽义天的《新编诸宗教藏总录》则只列有注疏条目，未见解释，多不可查。其五，《蒙钞》和《新编诸宗教藏总录》列出注疏卷数，部分有出入，《悬示》只列疏目，未涉及卷数。其六，《中华大藏经总目录》中所录关于宋元《楞严经》的注疏，皆是现存的宋元《楞严经》注疏。

二、失佚宋元《楞严经》注疏之考辨

鉴于以上从古籍中所收集的关于宋元《楞严经》注疏总目，因目前部分古籍材料缺失或所载不详细，并未能直接判断所录注疏是否确是关于《首楞严经》之注疏，所以笔者将上文各总目中所录而现今未存，或只能从他人注疏中略见一二的注疏作统一罗列，以防缺漏。今关于宋元《楞严经》注疏佚失未见的有：孤山智圆《经疏》十卷、《谷响钞》十卷①（《新编诸宗教藏总录》另标智圆述《显赞钞记》十四卷和《科》六卷）、携李灵光洪敏《证真钞》（《新编诸宗教藏总录》标为六卷）、真际崇节《删补疏》、苏台元约《疏钞》、道欢《手鉴》（《新编诸宗教藏总录》标为五卷）、泐潭晓月《标指要义》、可观《补注》、云间竹庵《补遗》、慧洪觉范《尊顶法论》十卷、王文公介甫《楞严经解》十卷、张无尽《补注》、非浊述《玄赞科》三卷、元约述《搜玄钞》十二卷、道璘述《进退合明章》一卷、昙永述《单科》一卷、法朗述《注》十卷、仁岳述《集解》十卷（《新编诸宗教藏总录》另录仁岳述《文句》二卷、《说题》一卷、《说题科》一卷、《礼诵仪》一卷）、慈梵述《说题通要》二卷、我庵本无重治《集录》、柏庭善月法师《玄览》以及亡名的《钞》二卷和《集要钞》

---

① 此为《蒙钞》列出，《悬示》未标卷数，高丽义天《新编诸宗教藏总录》标《谷响钞》为五卷，《佛祖统纪》卷十所载为五卷，后文以《佛祖统纪》所载为准。

三卷。

以上是据古籍所录而今却失佚未存或只可在他人注疏中略见一二的宋元《楞严经》注疏。其中,作者事迹未详的注疏有:携李灵光洪敏①《证真钞》、苏台元约《疏钞》、真际崇节《删补疏》、道欢《手鉴》五卷、道璘《进退合明章》一卷、昙永《单科》一卷、法朗《注》十卷、慈梵②《说题通要》二卷、云间竹庵③《补遗》以及亡名的《钞》十卷和《集要钞》三卷。而寻据《佛祖统纪》等古籍的记载,则有如下主要失佚注疏的作者可详:

第一,《经疏》十卷、《谷响钞》五卷,孤山智圆撰。

孤山智圆(976—1022年),字无外,自号中庸子,或名潜夫,钱唐徐氏。8岁受具戒,21岁闻奉先清师传天台三观之道,负笈造焉,抠衣问辨。凡二年清师亡,遂往居西湖孤山,学者如市,杜门乐道,与处士林通为邻友。乾兴元年(1022年)二月圆寂,寿47。崇宁三年(1104年)赐谥法慧大师。其所撰述,《文殊般若经》《遗教经》疏各二卷,《般若心经》《瑞应经》《不思议法门经》《无量义经》《普贤行法经》《弥陀经》等疏及《四十二章经》注各一卷,《首楞严经》疏十卷。世号"十本疏主"。④关于孤山智圆疏释《楞严经》,旁赞云:"(智圆)尝谓《楞严》一经,剧谈常住真心,的示一乘修证,为最后垂范之典。"净觉谓:"其(智圆)得经之深,非诸师所可及也。"⑤智圆法师所撰《楞严经》疏钞,以天台"三止三观"解之,是宋代以天台义理注疏《楞严经》的先驱,后世天台宗仁岳等法师亦受智圆师的影响,以疏解《楞严经》。遗憾的是,智圆法师关于《楞严

---

① 有关洪敏法师,暂未有关于他的生平事迹的详细记载。根据《释门正统》和《佛祖统纪》所作世系表来看,只知其应为天台宗钱塘一系慈光晤恩法嗣。《释氏稽古略》中清楚地说明了他的谱系:"志因传晤恩,恩名著僧史;恩传洪敏、源清;清传智圆(孤山法师)、庆昭;昭传继齐、咸润。境观解行各师其说,四明知礼辞而辟之,衡岳家世斥之为山外宗。"另外,长水子璿虽然弘传华严宗旨来解《楞严》,但是他最初对《楞严》的注意还是受到天台山外大德灵光洪敏的启发。如此可见,洪敏法师与贤首长水与山外孤山都有较近的关系。另外,桐洲坦《楞严经集注》"引用文目"中列"携李(法师讳洪敏)《证真钞》",惟则《大佛顶首楞严经会解》卷首"会解"所引教禅诸师名目"中列"携李法师讳洪敏",所以可从《集注》和《会解》中查看部分《证真钞》内容。
② 考诸古录,关于慈梵法师,有《佛祖统纪》和《释门正统》论及。然《佛祖统纪》卷二一在"诸师杂传第七"中列出"霅川慈梵法师",后文并未有录入其事迹。《释门正统》卷五"仁岳"篇中载:"法嗣慈梵、灵照、乃仁、莹珂,尚能振举玄纲,作人师范。"如此可知,慈梵法师当为仁岳法师的法嗣,但生平事迹等不详。另据《新编诸宗教藏总录》载有关于《法华经》的"读十不二门新注"一卷,慈梵述"。
③ 《楞严经指掌疏悬示》关于云间竹庵的《补遗》和法界庵主可观的《补注》,批注言:"按《蒙钞》云,'南渡以后,禀天台学者,竹庵可观,得法于车溪,大慧称为教海老龙',据此则竹庵可观,似是一人。而《补注》《补遗》,或亦一书。"然,笔者考《蒙钞》虽有此言,但后又谓:"桐洲《集注》,收集神智《补注》,竹庵《补遗》,北峰《解题》。诸家皆以敷演教观,辅翼圆岳,开张本宗,显扬父祖而已。""神智"指可观,此处确是可见是指二师及其两本注疏的。另,桐洲坦《楞严经集注》确在卷首《首楞严经释题北峰印法师引用文目》中,分别列出"法界庵主(法师讳可观)《补注》"和"云间《补遗》"。综上,云间、可观是两人。而《补遗》部分内容,可以从怀坦《集注》中查之。另外,这里可见《悬示》有理解错误,《蒙钞》所说竹庵可观得法于车溪指的就是"竹庵可观"此一人,而非二人。
④ 志磐:《佛祖统纪》卷一〇,载《大正藏》第49册,第204页下。
⑤ 志磐:《佛祖统纪》卷一〇,载《大正藏》第49册,第204页下。

经》的注疏全本现已不存,只能从桐洲坦《楞严经集注》、惟则《楞严经会解》等注疏中查看部分。

第二,《标指要义》,泐潭晓月撰。

泐潭晓月,生卒年不详,据钱谦益《楞严经疏解蒙钞》载:"泐潭禅师晓月,字公晦,得法于琅琊广照,住洪之泐潭宝峰精舍。晚年引退于卢仙山之道济庵。与其徒论《楞严》旨诀,依长水《义疏科》目,掇其要义于科文之下,题曰《标指要义》。时有开士应乾,从师参学,录而藏之,后继东林法席,乃出其文,遗禅林中。"①《建中靖国续灯录·洪州泐潭山晓月禅师》载:"豫章人也。性若天资,聪如神授,六经百子,三藏五乘,凡一舒卷,洞明渊奥。参琅琊广照,密传心印。五百云众,推为上首。后出世四十余年,每日三时发挥宗教,略无少息。其训学徒若此。坐灭道济庵。"②据《续传灯录》卷一二载,晓月禅师有五位嗣法弟子,他们是上蓝居晋禅师、泐潭道律禅师、永安修玉禅师、开先慈觉禅师、荐福宗海禅师。③ 关于泐潭晓月的《标指要义》,钱谦益《楞严经疏解蒙钞》卷一〇收其"《首楞严经》泐潭《标指要义》序"。《首楞严经·义海》篇首有标注"宋泐潭沙门晓月《标指要义》",行文之中注"标"后的内容,当为晓月法师《标指要义》的内容,另卷首录有《标指》序、卷三〇录有《标指》跋文一篇。而且咸辉在《义海缘起序》中言:"《标指要义》,宗眼明白,见彻法源,直截撷掇,不务名相,皆前辈禅讲中珪璋也。"④在惟则《会解》所引教禅诸师名目中也列有"泐潭禅师讳晓月"。所以,虽《标指要义》现不存,但可通过咸辉《首楞严经义海》和惟则《楞严经会解》查看其部分内容。考诸古录,晓月禅师另有撰述《夹科肇论序注》一卷,现存。⑤

第三,《补注》,法界庵主讳可观撰。

可观,字宜翁,华亭戚氏。年16具戒,依南屏精微。师闻车溪声振江浙,负笈从之。建炎初,主嘉禾寿圣,迁当湖德藏,居阅世堂,为《楞严》补注。乾道七年(1171年),丞相魏杞出镇姑苏,请主北禅。淳熙七年(1180年),皇子魏王牧四明用月堂遗书之荐,请主延庆,时已89岁,不二载,复归当湖竹庵。淳熙九年(1182年)二月十九,无疾而逝,寿91。师五住当湖,皆退隐于竹庵。因以为目,杲大慧自径山行化来访当湖,对语终日,敬之曰:"教海老龙也。"可观著有《楞严》说题、集解、补注共四卷,《兰盆》补注二卷,《金刚》通论、事说各一卷,《圆觉手鉴》《竹庵录》各一卷,山家《义苑》

---

① 钱谦益:《楞严经疏解蒙钞》卷一〇,载《卍新纂续藏》第13册,第858页中。
② 惟白集:《建中靖国续灯录》卷七,载《卍新纂续藏》第78册,第684页中。
③ 居顶辑:《续传灯录》卷一二,载《大正藏》第51册,第545页中。
④ 钱谦益:《楞严经疏解蒙钞》卷一〇,载《卍新纂续藏》第13册,第843页下。
⑤ 晓月:《夹科肇论序注》,载《卍新纂续藏》第54册。

二卷。① 根据怀坦《楞严经集注》卷首录有"《首楞严经释题》北峰印法师引用文目",其中有"法界庵主(法师讳可观)《补注》",所以可通过宗印所撰《首楞严经释题》查看可观《补注》的部分内容。

第四,《定林疏解》十卷,王安石撰。

王安石(1021—1086年),字介甫,号半山,北宋思想家、政治家、文学家、改革家。宋慧洪《林间录》卷下云:"王文公罢相,归老钟山,见衲子必探其道学,尤通《首楞严》。尝自疏其义,其文简而肆,略诸师之详,而详诸师之略。非识妙者莫能窥也。"②评价不可谓不高也。钱谦益《楞严经疏解蒙钞》卷首之一《古今疏解品目》也载:

> 王文公介甫《楞严经解》:文公罢相归老钟山之定林,著《首楞严疏义》,洪觉范称之,以谓"其文简而肆,略诸师之详,而详诸师之略,非识妙者莫能窥也"。有宋宰执大臣,深契佛学,疏解《首楞》者,文公与张观文无尽也。文公之《疏解》,与无尽之《海眼》,平心观之,手眼具在。具只眼者,自能了别。蒙不能以宗门之轩轾,辄分左右袒也。③

遗憾的是,王安石关于《楞严经》的《定林疏解》十卷现已不存,今学者张煜于《楞严经集注》等注本中,辑得《楞严经解》百十余条,可供现在欲研究者参考。除了注解《楞严经》,王安石也曾注《金刚经》《维摩诘所说经》,与佛教渊源颇深。

第五,《补注》,张无尽撰。

张无尽,即张商英(1043—1121年),字天觉,号无尽居士,蜀州新津人,北宋后期官僚,与临济宗的僧侣多有交往,尤其是与慧洪禅师交往密切。关于《补注》,据钱谦益《楞严经疏解蒙钞》卷一载:"张无尽删修《楞严》,改名《楞严海眼经》,兼采集诸家之解,及己说为《补注》。"④钱谦益后注言:

> 无尽删修《楞严》,窜易缘起,移置前后,芟除重复,改定圣位,削匿王指河之事,换槃特诵帚之因,信意增减。师心博易,全经面目,抹杀殆尽。越僧慧印谓为妙喜所印赞,公然题目,标为新旧二经。雷庵受师,抗词驳正,累数千言,以大慧《语录》考之,"宋有孙知县者,曾以臆见删改《金刚经》,大慧答《书》,以为敢作如

---

① 志磐:《佛祖统纪》卷一五,载《大正藏》第49册,第227页下。
② 慧洪集:《林间录》卷下,载《卍新纂续藏》第87册,第276页上。
③ 钱谦益:《楞严经疏解蒙钞》卷一,载《卍新纂续藏》第13册,第504页中。
④ 钱谦益:《楞严经疏解蒙钞》卷一,载《卍新纂续藏》第13册,第504页中。

是批判,招引带果,毁谤圣经,当下无间狱"。雷庵之驳《海眼》,即移妙喜答孙尹之《书》,以驳无尽也。用其文而隐其人,不敢以弹驳《海眼》之故,移师于妙喜也。雷庵之用意,亦可谓微而彰矣。推无尽之本病,盖有两端,一则禅人习气,高抬宗眼,脱略教宗。观其论太极邪因,料简《清凉》。数行之中,引疏而遗钞,则于他经可知,一则有宋儒者,学粗心大,庐陵敢非十翼,河南擅更戴记谬妄成风,无尽遂衡加于教典也。吾为此惧,普告来者,妙喜复起,不易斯言。①

通理所述的《楞严经指掌疏悬示》亦言:"愚谓采集《补注》则可,删修《楞严》则不可。乃竟有越僧慧印,谓其为妙喜所印赞,是诚何心哉?赖有雷庵正受,抗词驳正,殊使千载之下,知法者惧矣。"②如此可见,关于无尽居士删改《楞严》并改名《楞严海眼经》的作为,是为众多僧侣所诟病的,而《补注》是在删改之后,采集诸家之言加上自己的言说而成,遗憾的是没有保留下来,现今不存,未知具体内容。关于无尽居士与佛教相关的撰述,《中华大藏经总目录》卷三收录有张商英所撰《护法论》一卷,卷四载有宋张商英述《续清凉传》二卷等。

第六,《玄览》,柏庭善月撰。

法师善月(1149—1241年),幼年时诵习六经,12岁通晓《春秋》大义。后随正觉寺道并出家,15岁受具足戒。越三月,道并示寂,遂往南湖依草庵道因。不久,拜谒梓庵有伦,闻世相常住之旨,益发有省。后礼月堂慧询,聆听如来不断性恶之说,身心豁然达悟,为其法嗣。后往当湖清竹庵来南湖,竹庵后常命其分讲。善月风仪清温、谈论雅正,备受赞赏。所居古柏独秀,遂自号柏庭。淳熙庚子初,主东湖辩利,迁慈溪宝严。绍兴二年(1132年),郡率何公澹,以南湖虚席,亲裁疏劝请,讲道有方,御众有法,13年不易节,缁素以是信之。嘉泰四年(1204年),退隐衍庆精舍,一息十载。嘉定六年(1213年),受郡将陈卿之邀,再归南湖,未逾月,便奉宁宗敕令住持上天竺寺。八年夏,特补左街僧录。十二年秋请辞,归隐城南祖关。绍定五年春,再奉旨住持上天竺寺。端平三年,因罹患眼疾,乃辞职,养老于东庵。淳祐元年(1241年)示寂,世寿93。将入寂,顾左右曰:"人患无实德,为后世称。若但崇虚誉,我则不暇。千载之下,谓吾为柏庭叟,则吾枯骨为无愧。幸勿为请谥,以污我素业。"③据《佛祖通纪》所载,善月著述有《楞严玄览》、《金刚会解》、《圆觉略说》、《楞伽通义》、《因革论》、《简境十策》、三部《格言》、《金錍义解》、《宗教玄述》、《仁王疏记》等。嗣其道者,香林清赐为

---

① 钱谦益:《楞严经疏解蒙钞》卷一,载《卍新纂续藏》第13册,第504页中。
② 通理:《楞严经指掌疏悬示》卷一,载《卍新纂续藏》第16册,第9页中。
③ 志磐:《佛祖统纪》卷一八,载《大正藏》第49册,第238页中。

上首。① 这是《佛祖统纪》对善月法师的详细记载，另有《补续高僧传·善月、净惠二师传》《新续高僧传·南宋余杭上天竺讲寺沙门释善月传》《杭州上天竺讲寺志·柏庭善月法师》等对其的事迹略有记载。而关于《楞严玄览》，现存的只有从宗印法师《首楞严经释题》中查之零星。

第七，《集录》，我庵本无重治。

我庵本无，《新续高僧传·元四明延庆寺沙门释本无传》载：

> 释本无，号我庵，黄岩人，幼从方山宝禅师，于瑞岩剃发进具戒，次依寂照禅师，于中天竺命司笺翰。寂照每深加锥扎，亦有省处。后有舅氏，本习天台教，挽之更衣，见湛堂澄于演福精研教部，寂照惜其去，遂作偈寄之云："从教入禅今古有，从禅入教古今无。一心三观门虽别，水满千江月自孤。"本无后出世，既嗣澄法，仍烧香以报寂照，盖不以迹异二其心也。寂照将入灭时，本无方主延庆，照乃遗书嘱其力宏大苏、少林二宗，余无他说。晚岁迁上天竺，一日无疾端坐而蜕于白云堂。谥曰佛护宣觉宪慈匡道大师。②

《楞严经指掌疏悬示》关于我庵本无重治的《集录》，备注言："元皇庆中，北峰孙我庵本无，依桐州《集注》，重为修治，附以私识，亦山家一家之书也。"③另有《大明高僧传·四明延庆寺沙门释本无传三》《增集续传灯录·杭州上天竺我庵本无法师》《续指月录·杭州上竺我庵本无法师》《上庵杂录》等对我庵本无事迹的记载。

以上是关于宋元《楞严经》失佚注疏部分作者事迹的考察情况，另有宋代仁岳、慧洪觉范法师的事迹，虽二师有注疏失佚未传，但仍有部分留下可查，遂放在下文关于宋代《楞严经》见存注疏作者考察部分予以详述。以下将考察见存的宋元《楞严经》注疏概况。

三、见存宋元《楞严经》注疏之考辨

鉴于上已梳理过从诸录中所收集的关于宋元《楞严经》注疏总目，现即据此考察见存宋元《楞严经》注疏的概况。见存宋元《首楞严经》注疏有：子璿《首楞严义疏注

---

① 志磐：《佛祖统纪》卷一八，载《大正藏》第49册，第238页中。
② 喻谦：《新续高僧传》卷四，载《大藏经补编》第27册，第59页中。
③ 通理：《楞严经指掌疏悬示》卷一，载《卍新纂续藏》第16册，第9页中。

经》十卷和《楞严经义疏注经科》一卷,怀远《楞严经义疏释要钞》六卷,怀坦《楞严经集注》十卷(卷首附宋宗印述《楞严经释题》一卷),仁岳《楞严经熏闻记》五卷,戒环《楞严经要解》二十卷,可度《楞严经笺》十卷,德洪造论、正受会合《楞严经合论》十卷,咸辉《首楞严经义海》三十卷,明本《楞严征心辩见或问》一卷,惟则《大佛顶首楞严经会解》二十卷。现予以详述。

第一,《首楞严义疏注经》十卷(《大正藏》第39册)、《楞严经义疏注经科》一卷(《大正藏》第10册),宋子璿撰。

子璿(964—1038年),俗氏郑,钱塘人,生有异禀,9岁礼普慧寺契宗为师,12岁为沙弥,13岁度具戒。太平兴国中,入秀州灵光寺(即精严寺),依洪敏法师,传贤首教观,探道睹奥,而于《楞严经》尤明隐赜,觉性圆通,辨智渊博,撰《义疏》十卷,并《科旨》二篇,演畅微妙,学者宗之,世号长水。因所居之地,故丞相王公,遂为序以冠其首。厥后登法席,开绣缁褐,无虑30余会。子璿于《金刚经》著《刊定记》,于《大乘起信论》著《笔削记》,又讲《法界观》《圆觉十六观》等,亦无虑数十会。大中祥符六年(1013年),翰林学士钱公易,奏赐号"楞严大师"。宝元元年(1038年)夏四月灭度,瘗塔于城南真如院。后杭州慧因道场主持法师净源,素学于长水之门。元祐元年(1086年),高丽国王子祐世僧统义天,承佛夙记,杭海来朝,请益慧因之室,为长水嗣法孙。① 另钱谦益《楞严经疏解蒙钞》卷首在关于"长水疏主楞严大师子璿撰《义疏注经》十卷"后言:"长水初依灵光敏师,学贤首教观,尤精于《楞严》,已而得悟于琅琊,受扶宗之付嘱,乃依贤首五教、马鸣五重,详定馆陶科判,采集悫、沇、敏、节诸家之解,释通此经,勒定一家,是中修治止观,参合天台,拣辨心识,圆收宗镜,理该教观,文通经论,性相审谛,悟解详明。裴相之赞圭山云:'文广理一,语简义圆,以方长水,良无愧焉。'今兹《钞》略,奉为准绳。期于研照智灯,刊落枝蔓。紫柏有言:'长水疏《经》,为百代心宗之祖。'卓哉斯言,即寂音义学之诃,亦可以息喙矣。"②评价不可谓不高矣。

第二,《楞严经义疏释要钞》六卷,《卍新纂续藏》第11册,宋怀远撰。

《楞严经义疏释要钞》六卷是长水沙门怀远据子璿《首楞严义疏注经》,释其要义,集成钞文的。严格意义而言,此《释要钞》本意并非关于《楞严经》的疏解,而是关于"子璿《疏》"的"钞"。但其主体内容,实不离对《楞严经》之阐释,所以仍列于此,而且其中有子璿《疏》之外的新释。关于怀远的事迹,暂未见诸录所载。只在《首楞严经义疏释要钞》序中,告之此《钞》之缘起。自序言:"长水大师释《楞严经》曰:'义疏者,盖

---

① 钱谦益:《楞严经疏解蒙钞》卷一〇《重修长水疏主楞严大师塔亭记》,载《卍新纂续藏》第13册,第841页下。
② 钱谦益:《楞严经疏解蒙钞》卷一,载《卍新纂续藏》第13册,第503页下。

直以一家要义而消经也。'流通虽久,而《钞》阙焉。一日,门弟子稽首于余请制钞以辅《疏》,余告之曰:'先师所作,若文若义,焕犹日月,何俟于记。'二三子曰:'于师虽明,于某犹昧。'乃不得已,集成《钞文》六卷。既释疏之要义,故以《释要》命题云耳。"①

第三,《楞严经熏闻记》五卷,宋仁岳撰。

仁岳(992—1064年),雪川姜氏,自号潜夫,闻法智(四明知礼)南湖之化,往依为学。因道不合,还浙阳灵山,蒙慈云摄以法裔。后住持过石壁、灵芝、净社、祥符诸寺。自永嘉请居净社,一住十年,大弘法化,以年老还乡,雪守请主祥符,观察使刘从广来奏,命服枢密使胡宿,为请"净觉"之号。晚年专修净业,持律至严,不以事易节。治平元年(1064年)三月二十五,留偈圆寂。嗣法者梵慈、乃仁辈,皆能表表模范一世。师于《楞严》用意尤至,会诸说为《会解》十卷,《熏闻记》五卷,《楞严文句》三卷。张五重玄义,则有《楞严说题》。明修证深旨,则有《楞严忏仪》。复于《咒章》调节声曲以为讽演之法。② 关于仁岳法师所作的《楞严》注疏,唯《熏闻记》全本现存。钱谦益《楞严经疏解蒙钞》第10卷载有《首楞严经吴兴集解序》言:"吴兴大士仁岳,辩才无碍,多闻第一,道力全于正定,智性了于真空,栖神斯文,入佛正解,多历年所,广集言诠。有若资中、兴福、孤山、携李真际诸家之文,即正经之说,传致其上,仍以地著,各以义解,独于己说,标为私谓,总成十卷,题曰《集解》。莫不文义璀璨,华梵宣明,亦犹室中千灯,多光互入。堂下六乐,正声相通,鼓吹大经,藻火圆教。"③钱谦益亦言:"自智者大师,遥礼《楞严》入灭遗记,于是孤山圆师,首先奋笔,思应肉身比丘之识,用三止三观贴释此经。吴兴岳师,力扶孤山,张皇其说。自时厥后,讲席师承,咸以台观部属《楞严》,无余说矣。今按孤山教义分明,文词富有,十部疏主,宜其擅名。然其分配三止,则观网未圆。错解三摩,则义门未确。春前夏满尅定说经,则时教未审,盖亦山外一家之言,非此经通义也。吴兴分卫得悟,若拓虚空,词辨纵横,穿穴经论,妨难侧出结弹繁兴,方诸古人,良多新解,未免自尊己德。下视先贤,未能善自他宗。抑亦招建立过,当其雪谤扶宗,已无上古。岂知灵芝开口,更有后人。此病于今正烦,未能缕指。"④咸辉《首楞严经义海》卷首有"宋吴兴沙门仁岳《集解》",行文中标注"解"的是仁岳《楞严经集解》的内容,怀坦《楞严经集注》中以"苕溪"所言的即是仁岳之解。所以可通过咸辉

---

① 怀远:《首楞严经义疏释要钞》卷一,载《卍新纂续藏》第11册,第79页上。
② 志磐:《佛祖统纪》卷二一,载《大正藏》第49册,第241页中。
③ 钱谦益:《楞严经疏解蒙钞》卷一〇,载《卍新纂续藏》第13册,第842页中。
④ 钱谦益:《楞严经疏解蒙钞》卷一〇《古今疏解品目》,载《卍新纂续藏》第13册,第504页上。另外,钱谦益《楞严经疏解蒙钞》卷一〇在介绍了吴兴法师仁岳之后,评价言:"山家撰《佛祖统纪》,孤山为高论旁出世家,义学之士,有习其说者,指为山外诸师之见。吴兴则斥其(皆)宗,置之杂传,广在《四明》诸文。"参见钱谦益:《楞严经疏解蒙钞》卷一〇,载《卍新纂续藏》第13册,第858页上。

《义海》和怀坦《集注》查看仁岳《楞严经集解》的部分内容。

第四，《楞严经集注》十卷（卷首附宋宗印述《楞严经释题》一卷），《卍新纂续藏》第11册，宋思坦撰。

宗印（1148—1213年），俗姓陈，字元实，号北峰，年15具戒，首谒当湖竹庵，得教观之旨，凡诸祖格言，必诵满千遍。后入南湖修长忏。又往谒象田圆悟演法师，后乃归南湖延庆寺，资教空虚堂，延居座首。其后，宗印住持过正觉、上天竺、超果、圆通、北禅诸寺。宗印常谓讲者须备三法："肃威仪以临大众，提大纲以尽文义，具宗眼以示境观。"宁宗闻师之名声，召入便殿，问佛法大旨，语简理明，赐号"慧行法师"。嘉定六年（1213年），师于松江示寂，世寿66，葬于慈云塔旁。师著有《楞严经释题》一卷，《金刚新解》、述教义百余章等。① 关于宗印的事迹记载，可参见《释门正统》卷七、《佛祖统纪》卷一六、《佛祖历代通载》卷三二、《释氏稽古略》卷四、《补续高僧传》卷三等。而思坦（怀坦）法师，是为宗印法师嗣法弟子，但具体事迹未详，根据钱谦益《楞严经疏解蒙钞》载："南渡已后，禀天台学者，竹庵可观，得法于车溪，大慧称为'教海老龙'，虽其搜剔苦心，未免葛藤满纸。观之嗣，为北峰印，印之后，为桐洲坦、无极度，各有诠释。桐洲《集注》，收集神智《补注》、竹庵《补遗》、北峰《解题》诸家，皆以敷演教观，辅翼圆岳，开张本宗，显扬父祖而已。元皇庆中，北峰孙我庵本无，重为修治，附以私议，亦山家一家之书也。柏庭善月，嗣法月堂，竹庵常命分讲，著《玄览》二卷，疏通大意。谓一家借位，未始定论，斯亦山家之铮铮者矣。经肆流传，更有侗洲《集注》，冯祭酒作序者，多引融室《广注》，知为国初撰集，或桐洲后人托名也。怀坦，今本讹为思坦。"②钱谦益之言，表明宗印、怀坦等一脉天台学者关于《楞严经》之解，俱是为显扬本宗之旨。

第五，《楞严经要解》二十卷，宋戒环撰。

戒环，据《泉州开元寺志》记载，释戒环，温陵人。性简靖，不溽世味，以空寂自颐，而深造道妙。作《楞严经要解》③、《法华经要解》④、《妙法莲华经要解》⑤、《华严经要解》⑥，皆能痛去名相繁蔓，使人无泥枝叶，入佛知见。真发明秘要藏者也，至今学者多宗之。钱谦益《楞严经疏解蒙钞》卷首在"温陵宝胜禅师戒环《要解》十卷"后注言："环师一生掩关，深悟玄理。《法华》《华严》《楞严》，皆有新解。而是经则于台家观谛，胶缠封执之后，解黏释缚，迢然自远。其识见有大过人者，于时称之者，以为长水之

---

① 志磐：《佛祖统纪》卷二一，载《大正藏》第49册，第232页下。
② 钱谦益：《楞严经疏解蒙钞》卷一，载《卍新纂续藏》第13册，第504页上。
③ 戒环：《楞严经要解》，载《卍新纂续藏》第11册。
④ 戒环：《法华经要解》，载《卍新纂续藏》第30册。
⑤ 戒环：《妙法莲华经要解》，载《永乐北藏》第185册。
⑥ 戒环：《华严经要解》，载《卍新纂续藏》第8册。

《疏》,元约之《钞》,文义浩博。学者泛其波澜,益昧元本。《要解》言约义丰,词畅理诣,披文见经。如指诸掌,蒙窃谓温陵之解,以长水为椎轮,暗用其义门,而巧遮其面目初非能绝出于长水也。长水由禅综教,能用文字解脱,故其宗趣深。温陵用禅判教,主于解脱文字,故其宗趣捷。在华严宗中,长水远绍清凉,温陵别承枣柏,斯其所以别与。环师自叙,谓及观璿、月、圆三师,及长庆巘、闽中度、舒王张观文之说,皆不足为准绳。其主张未免太过。而近世学者(明)遂欲宗温陵而挑长水,此则目睫之论也。"①清凉即澄观大师,枣柏即李通玄。通过钱谦益《蒙钞》对温陵《要解》的评价,可以了解温陵的学养背景和解经风格。

第六,《楞严经笺》十卷,宋可度笺。

关于可度法师的生平事迹,暂未在诸古籍中查之。关于《楞严经笺》,《笺首楞严序》言:"有僧可度为之笺分,详略有叙,华梵兼该,岁阳再周,能事方毕。后之观者,应当反梦想之缘气,遗心目之习因,了识精之元,还独妙之本,云驶月运。既息于诸旋,木尽灰飞,亦亡于幻法,秋毫不立,真理自冥。彼求诸佛无漏胜解者,幸精进于斯焉。"②

第七,《楞严经合论》十卷,宋德洪造论,正受会合。

德洪(1071—1128年),即惠洪,字觉范,自号寂音尊者。据《释氏稽古略》载:"郡之彭氏子,年十四父母俱丧,依三峰靓禅师居,日记数千言,览群书殆尽,靓器之。年十九试经于东京天王寺得度。从宣秘讲《成实》《唯识》论。逾四年弃去,谒真净文禅师于庐山归宗,文迁石门,师随行,命掌记室,未久去之。显谟朱公彦守抚州,请开法州北景德,后住江宁府清凉。大慧杲禅师处众日,亲依于师,仰叹其妙悟辩慧。高宗建炎二年五月辛酉,入寂于同安,世寿五十八岁,僧腊三十九夏。太尉郭公天民奏赐'宝觉圆明'之号。师嗣真净文禅师,撰《禅林僧宝传》三十卷、《林间录》,又文集曰《石门文字禅》,流行于世。"③《佛祖历代通载》卷一九、《僧宝正续传》卷二等也有对惠洪法师的记载。

正受法师(1146—1208年),据《嘉泰普灯录总目录·雷庵受禅师行业》载,师讳正受,字虚中,号雷庵,出苏之常熟邵氏。年16,肄儒业,因游邑之慧日寺,与主僧心鉴语,异其敏慧。后礼鉴剃落登具。游方,首见应庵华于天童,机缘不契,回净慈,依月堂昌。正受天资纯正,识见卓超,以阐教弘宗为心。关于正受之著述,《行业》载:"因寂音所著《楞严》,厘正补葺,广为《合论》。继践月堂之属,成《普灯》三十卷。又藏

---

① 钱谦益:《楞严经疏解蒙钞》卷一,载《卍新纂续藏》第13册,第504页下。
② 可度:《楞严经笺》卷一,载《卍新纂续藏》第11册,第886页中。
③ 觉岸编:《释氏稽古略》卷四,载《大正藏》第49册,第887页上。

经四大部,《华严》居一焉。师乃括摘抠要,芟夷冗长,贯八十卷之经,兼四十卷之论,束为三卷。言约理诣,如措诸掌。"①以嘉定改元,岁在戊辰,示微疾,索笔书偈,奄忽而逝,时十一年二十八日也。寿63,腊47。

而关于《楞严经合论》,钱谦益《楞严经疏解蒙钞》载:"石门圆明禅师洪觉范著《尊顶法论》十卷,东吴雷庵正受,如方山新论例,厘论入经,名曰《楞严合论》,而自附己见,为论补。"②《尊顶法论》十卷现今不存。钱谦益关此《合论》言:"寂音谓此经说尊顶法,明见佛性。而传注之家,从而汩之,学者乃疑以为教乘,尝深观之,得世尊意于诸家笺释之外,由是造论,略正纲宗,排斥异说。以无顶顶相法,超见悟明为了知。以止观妙法,称性观照为方便,使人知成佛显决、修行要门,从语言文字三昧,证入自住三摩地,如是而已。其与灵源论法相抵,及其扶宗卫法之苦心,蒙于佛顶枝录,著之详矣。论中妙义,玲珑逗漏,殆如走盘之珠,骇鸡之犀,而援据经论,断章竖义,未能尽厌人心者,亦间有之。如谓'佛顶三摩提,为请法中之一也'。谓'菩萨具足万行,非首楞严具足万行也'。谓'前五识,是第八识相分也'。引《瑜伽》眼识三心,谓'第三心为等流也'。拣长水结归五重,不知是清凉逆推之法,而斥为义学也。若此之类,或然或疑,将《顶论》自有纲宗,或禅解不无影略。世有法匠,自出手眼,刊而正之,无俾疑误后学,斯亦寂音所印许也。雷庵《补注》,禀承《尊顶》。其统《论》曰:'直指之道,非观照所及。如来不能提摄庆喜,令其自见自悟,至如来自到境界,不得已而示,以入三摩提之路,破五阴魔之惑,是为最后垂范。'信斯言也,则此经中宣胜义中最胜义性,总是第二门头。有三摩提,名大佛顶首楞严王,何谓一门超出。观世音从闻思修入三摩提,何以上合诸佛。学人承误,莽荡拨无,恐有空魔入其心腑,未能长饮光之笑,祗足重石门之悲,蒙故不得而不辩也。"③

第八,《首楞严经义海》三十卷,宋咸辉撰。

关于咸辉法师的生平事迹,暂未在古籍中查之。而关于《义海》,钱谦益《楞严经疏解蒙钞》在"闽僧咸辉《楞严经义海》三十卷"后注言:"泐潭晓月禅师《标指要义》与咸辉《楞严经义海》,二书皆长水之流派也。乾道中,咸辉书记,研究《标指》,知月公本依长水也,遂取《疏义》《标指》,排合经文,附以吴兴《集解》,目为《义海》。虽采集众解,一以长水为纲骨。其言曰:'诸师师承不同,得失互见,正相与抑扬圣教,洗荡物情,亦庶乎通人之言矣。'"④《首楞严经义海总序》中也谓,闽僧咸辉,于禅学之余,综

---

① 正受编:《嘉泰普灯录总目录》卷一,载《卍新纂续藏》第79册,第269页上。
② 钱谦益:《楞严经疏解蒙钞》卷一,载《卍新纂续藏》第13册,第504页中。
③ 钱谦益:《楞严经疏解蒙钞》卷一,载《卍新纂续藏》第13册,第504页中。
④ 钱谦益:《楞严经疏解蒙钞》卷一,载《卍新纂续藏》第13册,第504页上。

集多书,圆成大部,题曰《楞严义海》。由是可知,《首楞严经义海》是在采长水之学基础上的一部集成注疏。

第九,《征心辩见或问》一卷(《天目中峰广录》别出),中峰幻住明本撰。

明本(1263—1323年),元朝僧人。俗姓孙,号中峰,法号智觉,高峰原妙之法嗣。杭之钱塘孙氏子。一日诵《金刚经》,至荷担如来处恍然开解,遂从高峰剃落,时年24岁。未几,观流泉有省,即谒峰求证,峰打趁出。既而民间讹传官选童男女,师问:"忽有人来问和尚讨童男女时如何?"峰曰:"我但度竹篦子与他。"师言下洞然,彻法源底。师居无定所,或船或庵,榜以幻住,僧俗争相瞻礼,皆手额曰"江南古佛"。延祐戊午(1318年),仁宗皇帝闻而聘之,不至,制金襕袈裟赐之,号曰"佛慈圆照广慧禅师",院曰正宗。英宗皇帝亦封御香制衣,即所居而修敬焉。先是驸马太尉潘王王璋常使人从师问法,意以为未足,请于上亲往见之,请师升座为众普说。至治癸亥(1323年)八月十四早,写偈辞众曰:"我有一句,分付大众,更问如何,无本可据。"置笔,安坐而逝。寿61,腊37。后七年,天历己巳(1329年)春文宗皇帝赐谥"智觉禅师",塔曰"法云"。元统二年(1334年),复赐号"普觉国师",仍以师所著书30卷,名曰《天目中峰广录》,敕随大藏流行(收于《大藏经》补编第25册)。①《楞严征心辩见或问》一卷,收录在《天目中峰广录》卷一三。关于中峰幻住明本的《楞严征心辩见或问》一卷,钱谦益《楞严经疏解蒙钞》卷首言:"幻住受高峰心要,坐断死关,于《金刚》《圆觉》《楞严》,各有发明。尝以《楞严》小本,付弟子天如曰:'吾于征心辩见,略示指点。汝当发明全经,以终吾事。'此则师《会解》之缘起也。今《会解》列唐宋九师,附己为十,而不录幻住之解,以为禅有禅解,经有经义,不欲混为一门,以长后人之狂慧也。九师之中,刊落长庆《说文》,亦复如是。此则师《集解》之深意,殆非今人所知,蒙故表而出之。"②由此可见,明本临终嘱托天如惟则解读《楞严经》。此后,惟则出《楞严会解》二十卷,此本对明末诸《楞严经》注疏影响颇大。

第十,《大佛顶首楞严经会解》二十卷,元惟则撰。

惟则(1286—1354年),江西吉安人,俗姓谭,号天如。幼于禾山剃发,后得法于中峰明本禅师,为其法嗣。元顺帝至正元年(1341年),来到江苏吴门。至正二年(1342年),门人等集资买地,在江苏吴门建数间茅舍并取名"狮子林"。之后在此处建立禅寺,元顺帝赐名"狮子林菩提正宗禅寺"。此后十余年间,天如惟则以该寺为道场,高提祖印,承先开后。朝廷于1354年赐天如惟则"佛心普济文慧大辩禅师"尊号

---

① 净柱辑:《五灯会元续略》卷三《杭州天目中峰明本禅师》,载《卍新纂续藏》第80册,第506页上。
② 钱谦益:《楞严经疏解蒙钞》卷一,载《卍新纂续藏》第13册,第504页下。

及金襕法衣。① 惟则世寿69,塔全身于水西原。关于惟则的生平事迹,可以参见《五灯会元续略》卷三、《五灯严统》卷二三、清超永编《五灯全书》卷五八、《续指月录》卷八等。此外,在弟子善遇编的九卷《天如惟则禅师语录》中,记载了惟则示众、普说、升座、小参的语录、法语及诗偈、书、铭等内容。关于天如惟则重要著述《大佛顶首楞严经会解》,钱谦益《楞严经疏解蒙钞》卷首言:"则师得法中峰,受小本付嘱,会唐、宋诸家疏解,三年而成此书。南北讲席,师承墨守,垂二百年乃有异议。有人言此天如之《楞严》,非如来所说之《楞严》也。蒙详定此解,其宗印虽本原天目,而教眼则专属天台。孤山、吴兴,主伯亚旅,收温陵为眷属,置长水为附庸,宗趣一成,取舍硕异,宜其传久而敝也。此师根据父祖,一室卧云,于时通人称其随机说法,如月印水。《会解》其最经意之书,自谓若合殊流,同归于海。而数传之后,遂有延津刻舟之叹。信乎?举扬宗说易,诠注佛语难。习禅之家,拂略义解。虽寂音未免遗讥,而况其它乎?"② 钱谦益此言,指明《会解》留给后世不少异议。虽受其师明本之嘱,但其本身教眼专属天台。无论如何,《楞严经会解》都对明清时期台贤诸师疏解《楞严》产生了影响。

以上,笔者系统地梳理了宋元《楞严经》注疏失佚和见存的概况,并对注疏及撰疏者做了简要的介绍。通过介绍,可以看出,宋元《楞严经》的诸注疏,大都离不开对唐代注疏的引用或受到其中的影响。如可度《楞严经笺》卷首标"惟悫科",《楞严经集注》卷首"正经《集注》桐洲坦法师引用文目"下列"兴福(法师讳惟悫)玄赞",《大佛顶首楞严经会解》卷首"《会解》所引教禅诸师名目"下列"兴福法师讳惟悫、资中法师讳弘沇"等,都可见唐代注疏的影子。以故,了解唐代《楞严经》注疏对把握宋元《楞严经》注疏亦是有必要的。遗憾的是,唐代四本注疏皆已不存,只能据现存的材料,对唐代《楞严经》注疏和撰疏者予以简要勾勒。

第一,崇福寺惟悫法师《玄赞》。

释惟悫,据《宋高僧传》卷六《唐京师崇福寺惟悫传》载,俗姓连氏,齐大夫称之后,本凭翊人,官居上党,为潞人也。九岁割爱,冠年纳戒。母氏昆弟归于法门,故悫从其受教。澜漪内湛,葳蕤外发。嗜学服勤,必无倦色。乃辞渭阳寻师肄业,或经筵首席,或论集前驱,或参问禅宗,或附丽律匠。其志渊旷,欲皆吞纳之。年临不惑,尚住神都,因受旧相房公融宅请,未饭之前,宅中出经函云:"相公在南海知南铨,预其翻经,躬亲笔受《首楞严经》一部,留家供养。"③今筵中正有十僧,每人可开题一卷,悫坐居第四,舒经见"富楼那问生起义",觉其文婉、其理玄,发愿撰疏,疏通经义。乃归院矢

---

① 崔韩颖:《元代天如惟则禅师行事考》,《五台山研究》2016年第2期。
② 钱谦益:《楞严经疏解蒙钞》卷一,载《卍新纂续藏》第13册,第504页下。
③ 赞宁:《宋高僧传》卷六,载《大正藏》第50册,第738页中。

誓写文殊菩萨像,别诵名号,计一十年,厥志坚强,遂有冥感,忽梦妙吉祥乘狻猊自憨之口入,由兹下笔,若大觉之被善现谈《般若》焉,起大历元年丙午(766年)也,及将彻简,于卧寐中见由口而出,在乎华严宗中文殊智也,勒成三卷,自谓从浅智中衍出矣。一说,《楞严经》初是荆州度门寺神秀禅师在内时得本,后因馆陶沙门慧震于度门寺传出,憨遇之,著疏解之。后有弘沇法师者,蜀人也,作《义章》开释此经,号《资中疏》,其中亦引震法师义例,似有今古之说。此岷蜀行之,近亦流江表焉。①

关于惟憨《玄赞》,钱谦益《楞严经疏解蒙钞》卷首《古今疏解品目》亦言:"憨公于至德初年,得房相家笔受经函,发愿撰疏,计十一年始下笔,勒成三卷,目为《玄赞》,文义幽颐,盛行西北,实此经疏解之祖也。永明《宗镜》,引憨公论《楞严》六十圣位,深契华严圆融法界之旨。人知长水释《楞严》,用华严宗旨,而不知其原本于憨公也。长水解经首一时,有说法领法四对。《金刚刊定记》云:'此是憨公《楞严》疏意。'故知长水之疏,于《玄赞》采撷多矣。"②由此见,长水《首楞严经义疏注经》亦受惟憨撰疏之影响。

第二,魏公馆陶沙门慧振《科判》。

据钱谦益《楞严经疏解蒙钞》卷首《古今疏解品目》载:"振公初立义例,即此经科判之祖也。资中已下,皆所遵用。长水云:'振公八段,资中显称。吾今从古,依振公判。八段七科,开合之异耳。'北峰七科,温陵五分,标指有别,义门不殊,后人各树门墙,竞标科段。清凉诃为已杂尘飞,徒盈纸墨。今并裁而削之。虽云近师长水,实则远宗馆陶,先河后海,何必改作。振公亦云慧震。"③而据《楞严经指掌疏悬示》所载,慧振科此经为八段,初段显如来藏心,次段明修行方便,三段辨离魔业行,四段示地位阶差,五段出圣教名殊,六段辨趣生异同,七段陈禅那境界,八段示禅境差别。资中以下诸师,多承用之。

---

① 赞宁:《宋高僧传》卷六,载《大正藏》第50册,第738页中。此"一说",钱谦益认为不足援据。他在《楞严经疏解蒙钞》卷一《四经本流布之异》中,先引长水《义疏注经》"时禅学者,因内道场,得本传写,遂流北地,大通在内,亲遇奏经,又写随身,归荆州度门寺,有魏北馆陶沙门慧振,搜访灵迹,常慕此经。于度门寺,遂遇此本,初得科判"。后自言:"长水所据,即赞宁《宋高僧传·惟憨传》文也。按此经初译,在神龙元年五月,大通入灭。在次年二月,译场辍简奏进,与大通道场得本。期月之中,岂能立办? 大通自万历通天元年,于江陵召至东都,凡五年,入灭于天宫寺,那得有随身写本,携归度门,南使之附经入京,憨公之受请得本,皆在开元至德间。今言神龙初写本流布,殊非事实。译人被责,房相不归,本无人奏之事。今云大通在内,亲遇奏经,其谁奏之而谁遇之耶。或者北宗照寂之徒,从内得本,传归度门,而馆陶搜访得之,遂伪传为大同写本也。宁公僧史,良多舛驳。此于《惟憨传》末,别标一说,本非传信之辞。故知其不足援据耳。"大通即指神秀禅师。参见钱谦益:《楞严经疏解蒙钞》卷一,载《卍新纂续藏》第13册,第520页下。
② 钱谦益:《楞严经疏解蒙钞》卷一,载《卍新纂续藏》第13册,第503页中。
③ 钱谦益:《楞严经疏解蒙钞》卷一,载《卍新纂续藏》第13册,第503页下。

第三，蜀资中弘沇法师《疏》。

关于弘沇法师生平事迹，暂未见详细记载。据钱谦益《楞严经疏解蒙钞》卷首《古今疏解品目》载："继崇福而作疏者，资中也，义例则取诸馆陶。古今疏解，惟此三师，导其前路矣。长水疏经，多引沇师旧文，而不举其名，以《义海》诸书，参之今疏，略可考见。其解'奢摩他三法'云'大意与一心三观相应'，此则原本止观，即孤山诸师，用台观解经之祖也。"①如此可见，弘沇是以台观解《楞严经》，孤山、长水等师之注疏都有受其影响。

第四，长庆道巘禅师《楞严说文》。

道巘禅师，据《景德传灯录》卷一二《前扬州光孝院慧觉和尚法嗣》载，师庐州人也，姓刘氏，初参侍觉和尚，便领悟微言，即于湖南大光山剃度，暨化缘弥盛，受请止昇州长庆禅苑。咸平二年（999年）归寂。关于道巘法师的记载，还可查看《联灯会要》卷一〇《道巘禅师》、《五灯会元》卷四《升州长庆道巘禅师》、《五灯严统》卷四《昇州长庆道巘禅师》、《五灯全书》卷八《昇州长庆道巘禅师》、《禅宗正脉》卷二《长庆道巘禅师》等。而关于道巘及其《楞严说文》，钱谦益《楞严经疏解蒙钞》卷首言："巘师以赵州嗣孙，撰此经《说文》，《宗门》引重，《义海》失载，《会解》遂没其名，故其书不传。今于《海眼补注》《大藏一览》等书，采其零义，略钞数则。唐人以禅宗解经者，自长庆始，于振、沇二师之外，别标一宗，即温陵诸师之祖也。"②由此可见，道巘禅师是以禅解《楞严经》的鼻祖，是温陵戒环诸师解经之祖。另外，在《楞严经疏解蒙钞》卷一〇，钱谦益引《宗门评唱》，论及"长庆道巘"："赵州嗣法孙也，撰《楞严说文》，《宗门》引重，注'狂性自歇，歇即菩提'，引楼子和尚经过酒楼，闻'你既无心我便休'之偈，迢然玄解，出于义学之表。"③如此可见，道巘禅师确是以禅解《楞严》。

以上是据现存可查资料对唐代《楞严经》注疏和撰疏者所做的简要介绍。通过梳理，不难发现，虽然唐代注疏较少，但已然是包含台家、贤首、禅宗诸宗门特色而对《楞严经》进行诠释，这对宋代诸家注疏都产生了重要的影响。

另外，在钱谦益《楞严经疏解蒙钞》卷首《古今疏解品目》中，在宋以前的《楞严经》注疏中，除了列举了唐代四师的注解，另还列了五代吴越时期永明寺智觉寿禅师《宗镜录》。钱谦益言："禅师（永明延寿）会三宗学者，集录大乘经论、诸家语录，撰《宗镜录》一百卷，折衷法门，会归心要，多取证于《楞严》。所引古释，即悫、振、沇三家之说也。长水疏经，裁决要义，用《宗镜》为诠准，而寂音《僧宝传》，发明永明撰述，以征心

---

① 钱谦益：《楞严经疏解蒙钞》卷一，载《卍新纂续藏》第13册，第503页下。
② 钱谦益：《楞严经疏解蒙钞》卷一，载《卍新纂续藏》第13册，第503页下。
③ 钱谦益：《楞严经疏解蒙钞》卷一〇，载《卍新纂续藏》第13册，第859页上。

直指为缘起。"①若如钱师所言,永明寿师《宗镜录》中引有唐代惟悫、慧振、弘沇诸师的言说,并对长水等宋代诸师的注疏也产生了影响,然《宗镜录》实为一部集大成之作。慧洪《林间录》卷下有言:"永明和尚以贤首、慈恩、天台三宗互相冰炭,不达大全,心馆其徒之精法义者,于两阁博阅义海,更相质难,和尚则以心宗之衡准平之。又集大乘经论六十部,西天、此土贤望之言三百家,证成唯心之旨,为书一百卷传于世,名曰《宗镜录》。"②当知,《宗镜录》是集合众论、众贤之集大成之作,涉及诸多经论和学者言论,非《楞严经》一经之疏解也。只是或涉及直接引用《楞严经》经文和部分解经者相关之言说,但将其划为《楞严经》之注疏,或为不妥。当然,《宗镜录》受唐代诸师之影响以及对宋代诸师在注疏《楞严经》时或产生的作用,当也是不言而喻的,不可孤立看待。

综合而言,本论通过梳理宋元《楞严经》失佚和见存注疏及其解经撰疏者的情况,以及在此基础上对宋以前,即唐、五代对宋元《楞严经》注疏或产生影响的注疏或著述进行了分析和勾勒,从而可以从宏观角度上对宋元《楞严经》注疏的概况有一个整体的把握。通过考辨宋元见存和失佚注疏,兼之对唐代注疏的涉及,不仅对注疏概况有了了解,即注疏有科、钞、疏、笺、论等形式,可见所解有异,而且通过对撰疏者之介绍,明了了诸师之所承和学养背景等,借此以期对关于《楞严经》解经学的研究有所助益。学者可以在了解宋元《楞严经》注疏概况的基础上,进一步研究关于《楞严经》"解经"中所涉及的注疏义理、宗门影响以及佛经诠释在中国佛教思想发展中所起的作用等。通过以上解析,已然可见"解经"并非单纯的"解"经,其中渗透了撰疏者本人的思想历程,宋元诸解经者或有参详唐人之疏,其中亦有相同相通之处,但更有对前人注疏的"不满"之处,从而展开新的诠释,或言"解经"空间。各注疏的"作者"毕竟不同,所处时代亦有具体年代、政治文化环境、学养宗派环境等的差异,这些差异也构成了宋元《楞严经》诸家注疏"历史语境"的不同。这亦是进一步考察具体注疏之异趣时所需要重视的。

---

① 钱谦益:《楞严经疏解蒙钞》卷一,载《卍新纂续藏》第13册,第503页下。
② 慧洪集:《林间录》卷下,载《卍新纂续藏》第87册,第275页中。

太虚法师的心理学思想及其启示
——基于佛学与心理学的双向思考

王文欣*

摘　要：在近代自然科学产生以来，宗教面临着日益严峻的挑战。自心理学于1879年从哲学母体中脱离而成为独立学科以来，就一直受到哲学与科学的双重牵引，形成了人文取向与科学取向的分裂。太虚作为中国近代佛教界的改革领袖，以其精深的佛学造诣、学贯中西的广博见识和包容开放的心态，将佛学与西方传统心理学、行为派心理学做比较之后进行了辩证的批判，在部分肯定其价值的基础上，构建了佛学心理学的研究框架，提出了以"唯根论"为内容的佛教心理学思想。此外，他还将佛教与中外的梦的理论进行对比，以显示佛学关于心理之详尽。太虚的思想不仅有利于佛学在现代的阐释，也为如何调和心理学研究取向的分裂关系提供了一定的启示。

关键词：太虚　佛学　心理学　唯根论

原始时期的巫术或宗教以绝对的优势控制着社会的话语权，但随着科学的发展，这一优势逐渐减弱。直至现代，科学思维已然成为社会的主流思想形态，已经取得绝对优势并在现代文化中居于主导地位，对宗教构成了前所未有的挑战。[①] 因此，对宗教而言，如何回应自然科学的挑战，成了当务之急。

此外，随着自然科学的发达，许多学科以自然科学为榜样，纷纷从哲学中独立出

---

* 王文欣，山东大学哲学与社会发展学院研究生；研究方向：佛教心理学、哲学心理学。
① 贾林海：《科学与宗教：同源、对立到对话》，《自然辩证法研究》2018年第9期。

来,例如心理学。1879年德国心理学家兼哲学家冯特在莱比锡大学创立了第一个心理学实验室,自此,心理学从其哲学母体脱离,成为一门独立的学科。这既是哲学的科学化,也是科学的哲学化。① 因此,心理学从学科诞生开始,就面临着哲学与科学的双重牵引,主要体现在学科目的和方法的分裂上:哲学涉及思辨方法,为心理学提供了学科动机和目的;科学涉及实证方法,为心理学提供了研究模式。② 所以,如何整合面临分裂的心理学学科,也是心理学界目前亟待解决的问题。

太虚(1889—1947年)是中国近代佛教中的领袖人物。他精通三藏,锐意改革,为中国佛教的教理和教制做出了卓越贡献。不仅如此,更难能可贵的是,他的广博学识不仅限于佛学内部。他广泛地了解中国古代文化、西方文化及科学技术,并结合佛学对这些内容做出了诸多评述。其中,心理学是他多次论及的学科。本文尝试通过分析太虚关于西方心理学、佛教心理学的有关思想,以期对上述两方面问题的解决有所启示。

一、对西方传统心理学的研判

在太虚看来,西方传统的心理学由于没有在心理内容的深度与广度上进行充分详尽的研究,所以被他视为是"浅狭"的。

太虚对西方传统心理学的发展历史进行了分析。他认为,西方传统心理学最先为中古时期基督教所研究的"灵魂之学";而后在文艺复兴时期,由研究具体的灵魂,转变为研究唯心论。此处"唯心"的"心",意指与唯物论的物质现象相对而言的"精神现象";继而又演化为研究主观的"意识"之学。纵观这一发展演变的历程,虽然研究的内容从灵魂变为心,又从心变为意识,但无论如何,始终都是与物质(太虚本人用"肉体""外物""客观"三词来指称)相对的。直至意识心理学,心理学这一学科才成为科学。在太虚看来,对于"意识"的研究,在不同时期也有不同侧重:古希腊哲学时期,侧重知识的研究;至卢梭等人的时期,又特别注重感情的研究,于是知识与感情并列;及至康德、叔本华等,特重于意志,于是意识就由知识、感情与意志三者构成。于是这知、情、意三分法就成了心理学的定例。对于意识的研究,他认为"大抵指成人醒时显

---

① 邬焜:《近代以来认识论的研究趋势》,《自然辩证法研究》2015年第6期。
② 舒跃育:《目的与方法的张力:心理学走向分裂的哲学与历史根源》,《首都师范大学学报(社会科学版)》2018年第4期。

然之心理现象而言"①;等研究到成人的睡眠状态,以及儿童与动物的本能反射作用时,又有了潜意识或阈下意识的概念来填补原有理论的不足;又因为孔德、斯宾塞等人所倡导的社会学研究日渐兴盛,于是开始研究群众心理,有了社会意识、民族意识、国民意识等概念。虽然心理学的研究领域依然众多,但太虚依旧认为这些研究远未穷尽心理的深广。其持此观点的理由,或可从西方心理学的研究对象和研究内容两方面来总结。

在西方传统心理学的研究对象方面,由于研究的是成人意识,所以选取的对象大抵便是成人,而且是凡庸成人,甚至只涉及凡庸成人心理的肤浅部分。下不包括儿童及一切有情类(即一切动物),上不涵盖圣智成人的心理。

在西方传统心理学的研究内容方面,太虚认为,与佛教唯识学的八位心法(即眼、耳、鼻、舌、身、意、末那、阿赖耶等八识)与五十一位心所有法相比,西方心理学在基督教时期所研究的灵魂,是被佛学视为虚妄空名的神我;唯心论哲学时期与意识心理学时期所研究的内容,又大抵只是八识中的第六识(意识)及其相应心所(即全部的51个心所),而且还有诸多遗漏、谬误之处。此外,西方心理学基于观察的研究方法,必然使得其研究内容被限制在常人经验范围内,而对超出这一范围的内容不与研究。

基于以上两方面的考量,太虚便给予"西洋之传统心理学,吾人向视为浅狭,谓其未足尽心理内容之深广"②的评论。

二、对行为学的研判

(一) 对行为学的批判

太虚通过对心理学研究方法演变的阐述,引出并重点分析了行为派心理学。他认为,传统心理学研究成人意识,研究方法是以内省为主,观察为辅;后来因为各人的内省经验不同,不能成为科学的公例,而转向观察,成为观察为主,内省为辅;最后取消内省,只剩观察,以符合物理科学方法。在这种背景下,行为派心理学开始兴起。至太虚撰写相关内容时,由华生创立的行为心理学才有十多年的历史,但由于其研究方法与物理科学的研究方法相符,所以吸引了许多热心科学的人来进行有关的观察

---

① 太虚:《太虚大师全集》第23卷,宗教文化出版社2005年版,第213页。
② 太虚:《太虚大师全集》第23卷,宗教文化出版社2005年版,第212页。

实验,使得行为心理学相较于传统心理学发展更为迅猛,能与传统心理学各派相对抗。太虚指出,行为派心理学以基于物理的"反射作用"和"交替反应"来解释一切心理现象,相当于用基于物理的行为来取代了心理,所以依旧沿用"心理学"的名称是特别不合适的。

对于"心理学"与"行为学",太虚反对行为主义者取消心理学、改称行为学的观点,认为两者可以分界,即心理学与行为学成为两门独立的学科,犹如它们与物理学、生理学、伦理学等学科的关系。太虚以问答的形式,一一反驳了行为学有关取代心理学的观点。

行为派认为心理不能离开行为而存在,行为包括心理,所以不能在行为学之外单独有心理学。太虚反驳道:"行为即动作,凡'有'皆'动',绝无可离行为动作而存在者,则亦应以物理等不能离行为,故别无物理等学。反之,行为派既许对行为学别有生理学等,岂不应许别有心理学耶?"① 另外,从佛学角度看,太虚用诸法因缘而生的理论说明每一种法都必然与其他法有交集。如果执某一法而无别的法,那么可以只有行为学而没有心理学乃至伦理学等其他学科,也可以只有伦理学,没有行为学乃至物理学等其他学科。这样显然并非行为学之意,因此心理学的独立存在有其正当性。

行为派又称物理、生理等有不同于行为的"特有之德"(即特殊性质)②,所以可以独立成学科;但心理就是行为,没有特殊性质,所以改名行为学后就不应再有心理学。太虚引用行为派的言论③中所承认的生命有自觉而物质没有,来说明"自觉"就是心理的特质,有自觉的行为就是心理的行为,"盖凡自觉即是心理,心理虽复非一,若无自觉即非心理"④。并且,"能觉他的心必有自觉,无自觉的亦必不能觉他。诸心所之自觉,即其'自证分';其'能觉'他,即其'见分';被觉之'他',即为'相分'。有自证分及见分及亦可为相分者,则为心理"⑤。

行为派认为他们所谓的行为,专指动物(有机体)的活动,而并非矿物等无机体的行为。动物(有机体)有自觉活动,无机体没有,所以自觉的活动,是动物(有机体)的行为之一。除了动物(有机体)的行为之外,别无所谓的自觉心理。太虚答言,动物有机体,佛学中称为"有情身"。矿物身(无机物)、植物身、动物身三者的区别,不仅在"组织"上,也在"成分"上。就像一个东西含有"咸"这个成分,才能让人感受到"咸";

---

① 太虚:《太虚大师全集》第23卷,宗教文化出版社2005年版,第218页。
② 太虚:《太虚大师全集》第23卷,宗教文化出版社2005年版,第218页。
③ 太虚:《太虚大师全集》第23卷,宗教文化出版社2005年版,第216—217页。
④ 太虚:《太虚大师全集》第23卷,宗教文化出版社2005年版,第219页。
⑤ 太虚:《太虚大师全集》第23卷,宗教文化出版社2005年版,第219页。

一物含有"自觉"的成分，才能有自觉。矿物身无自觉，动物身有自觉，这自觉成分就是心理研究的对象。伴随或不伴随自觉成分的行为，就是行为学研究的对象。心理学与行为学各有研究对象，各成学理，因此不可以行为学而取消心理学。

在研究对象的客观性上，行为派认为他们秉持科学的方法来进行研究，可贵之处就在于研究对象的客观性，可以以实验的方法进行观察，但把自觉心理视为主观的、不客观的。自觉既不能作为实验观察所需的客观对象，也不在可知范围内。对于这样一种不被可知的对象，就无法成立一个专门研究它的学科。太虚则认为，正如前文所提到过的那样，有自觉的既能觉他，也能被觉，这就是能被知的客观。并且，首先，从主客观界定标准来看，如果以"自有情身"为主观而其余为客观，那么客观就应该是"他身"而不是"自身"，可行为派的研究对象是"自有情身"，于是就自相矛盾了。其次，如果行为派承认自身也是客观的，那么，与客观相对的主观指的又是什么呢？太虚认为，主客观是相对待而立的，没有主观就没有所谓的客观，从"客观自身"的存在可以推出"主观自心"也是存在的。"自有情身"既然可以从主观转为客观，则"自有情心"亦然。再次，在行为派看来，如物质般恒续存在的才是客观的研究对象，像自觉的心理那样飘忽不定、内省互异的，不能成为科学研究的对象。但太虚认为，虽然心与心所的确多有不恒常、不连续，但有为诸行亦是刹那生灭的。且从刹那生灭的相续观之，心、心所也有恒续之处可做研究。最后，太虚用自证分、可知见分来说明自觉心理是在可知范围内的，并认为佛教观心法可以作为科学察验的对象。进而，太虚以比相对论更早的牛顿力学更为准确为例，来说明微隐的行为比粗显的行为更难求知，但不应因此就退而求其易者。佛教知他心之法，虽然是异于常人的变态心理，但能使人的心理更为健全，且人人可修得。如果只认为客观的色法可知，而不知兼有主客观的心理也可知，甚至否认其存在，这种行为就像在光中看见诸像却说只有诸像没有光，既狂且愚。

（二）对行为学的褒扬

虽然太虚对行为学有诸多驳斥，但他依旧辩证地肯定了行为学对心理学的裨益。总的来说，他认为就广义的行为而言，心法不离于行为，那么研究行为，至少也能研究到部分心法；就狭义的行为而言，所谓意行既然是心的行为，而且身行和语行也关系到心理，那么从身体的行为研究心理，也是一种方法，但也并不是唯一的方法。然后，他具体从消极的裨益和积极的裨益两方面进行论述。消极的裨益有二。第一，向来讨论身心关系时，要么认为心理发生于心脏，要么认为心理发生于头脑，近代的心理学更是倾向后者。但行为派认为心理作用，关乎全身内外的反应活动，可以摧破偏执于头脑或心脏的说法。第二,国外(欧洲、印度等地)自古以来的部分宗教及哲学家,认为人身中有类似神我的灵魂;即便是发展到意识心理学的传统心理学,也带有此色彩。中国后代的佛教徒,也用房子与主人、皮带子与猴子等比喻来形容身体与灵魂的关系。而行为派从全身内外的种种活动来说明心理,有利于破除此类错误认识。积极的裨益也有二。第一,传统心理学大抵只说明了第六意识的一部分,对于依色根(即肉体)而活动的前五识,说明甚少,尤其对依身根而活动的身识缺少研究。行为派用全身生理结构的活动来说明心理的关系,对于身识的说明有极大的意义;而刺激反应说,则对前五识必须与根尘接触才能起心理作用的教义进行了阐发。在"感觉""印象"等内容上,行为派也研究得最为详尽。第二,西方的传统心理学,少有能说明第七末那识、第八阿赖耶识的,只有潜意识说、隐德莱希说等稍稍涉及,但有不少错误。阿赖耶识执持身根为自体,而行为派着力于从有机体的全身进行观察实验,是可以察见肉身与阿赖耶识隐秘的流行活动变化的。

总的来说,太虚认为行为学从全身的生理结构来进行观察实验的方法有利于部分地证明唯识学中关于心理的描述,因此颇为赞誉。不过他也提醒说"不应执着此为唯一之方法"[①],而应该运用多种方法来进行研究。

三、佛教心理学

正如上文所见,太虚对心理学有诸多批驳。不仅是行为派,生机派、联念派、完形派等也皆被批判。可太虚并非全盘否定,而是认为应该"取其众长,去其偏执,更进而为佛教心理学之研究,庶其有渐明'心理真相'之可能"[②]。他认为虽然心理学是近代科学中重要的一部分,但是因为成立较晚,所以还未大成。并且,他从佛教本位的角度出发,认为佛法广博幽深,无所不包,无须后世之人来班门弄斧。但处于时世现实的考量,还是要与科学相结合来宣扬佛法。佛法广大,但归结于一心,对此阐述甚为详尽,正好能补充心理学的不足。太虚的佛教心理学思想主要可以从研究分类和唯根论两方面来考察。

(一)佛教心理学的研究分类

太虚将心理学的研究分为情、想、智三类。

[①] 太虚:《太虚大师全集》第23卷,宗教文化出版社2005年版,第225页。
[②] 太虚:《太虚大师全集》第23卷,宗教文化出版社2005年版,第227页。

情的心理学。所谓"情",太虚解释为"遂生系爱"。也就是说,因异熟报而生的生命,与生俱来就束缚着爱——也就是贪欲,以依附于末那识的我痴、我见(《太虚大师全集》中误写为"我执")、我慢、我爱四惑为中心。《楞严经》中按照"想"与"情"的轻重比例来区分众生境界的高低。因此鬼道、畜生道、人道、天道乃至受了一分戒的一分菩萨,都包含有一定比例的情,只是多与少的区别罢了。在《瑜伽师地论》中所论及的四种真实中,此为"世间真实",也就是世俗常识。这一类的心理学,既要明确末那识的我痴、我执、我慢、我爱四惑,同时还必须显明末那识内执持的阿赖耶识,以及末那识外所依的前六识,还有与之相对应的心所、相分色法、分位假法等。如果能把这一类的心理学研究透彻,就已经不是当时世俗心理学家所能望其项背的了,更何况想与智的心理学。从研究对象来看,此类心理学研究的是世人已知或未知的一切动物。

想的心理学。所谓"想",太虚解释为"慕胜求真"。也就是说,不满于生活的现状而求更高远的状态,或不信任虚幻的世界而求真实等,就是"想"。这种心理以第六识的作用最强,人、天、菩萨皆有,但程度不同。在瑜伽四真实中属于"道理真实",由观察开始,通过逻辑、经典等进行理论论证。为了探求真理的哲学、科学就属于"想"。"想"是转"情"为"智"的枢纽。从研究对象来看,此类心理学研究的是一切修学佛法的三乘贤圣。

智的心理学。所谓"智",太虚解释为"如实现知"。也就是说,现证诸法实相的无分别的智慧,"即净分之八识与五遍行、五别境、十一善心所为体"[①]。这是菩萨与佛共同具备的,但佛所证得的"智"更为究竟、极致。在瑜伽四真实中,是"净智真实",由智证得。从研究对象来看,此类心理学研究的是阿罗汉、辟支佛、佛陀的心理。

太虚又认为这三类心理学可以合成两类。情的心理学与想的心理学合一,因四惑染杂,成凡庸心理学;智的心理学与想的心理学合一,因四智清净,成增上心理学。

(二)唯根论

太虚引用"无始时来界,一切法等依。由此有诸趣,及涅槃证得"[②]一语,来说明世间出世间的一切法都依于无始以来就种下的种子;世间法与出世间法都是基于心(或阿赖耶识)而证得的。因此,作为世间法的心理学、行为学与出世间的佛法是关系深切的。所谓"行为",就是科学中所谓的有机体(佛法中所谓的有根身)受到外界刺激而产生反应的活动。所以行为派认为除了这种反应活动外,没有别的心理作用的

[①] 太虚:《太虚大师全集》第23卷,宗教文化出版社2005年版,第210页。
[②] 《成唯识论》,载《大正藏》第31册,第14页上。

存在。就像思想和语言都是行为,差别只在有声与无声。如果从这个角度看,人的身体死亡,那么心也就随之而灭。如此,佛家的"生死轮回"理论就说不通了。没有生死轮回,就没有涅槃,这也就意味着佛教的立教根基不复存在。

  对此,太虚的观点是:行为是行为,心理是心理,行为不可取代心理。其理由是:有机体(或者成为根身)是由五阴和合而成的。五阴中,既有物质的色阴,也有精神的受想行识等四阴。所以,有机体是精神与物质的结合,不可将精神废除。而所谓"生死轮回",其实就是五阴相续流转,那么也就有解脱流传的涅槃之法。太虚通过《楞严经》进行了说明。《楞严经》与《华严经》《楞伽经》《解深密经》等不同的是,《楞严经》讲七大而其余经典讲六大。七大,就是在原地、水、火、风、空、识这六大中的"空"与"识"之间,加入一"根"。这个根大,不仅是指物质,也包括前五识的现量、同时意识、末那识和阿赖耶识。所以他说"生死涅槃,皆惟六根"①,应是根据《楞严经》中的"汝欲识知俱生无明,使汝轮转生死结根,唯汝六根更无他物"②,可以据此形成"唯根论",扩大有机体的行为,也可以说生死涅槃唯有机体,以此即可调和与行为派的矛盾。他又说《大佛顶经》(即《楞严经》)中大意云"根尘同源,知识虚现……知识之用,起于六根"③,大抵是指《楞严经》中的这一段话:"根尘同源,缚脱无二,识性虚妄犹如空花。阿难!由尘发知,因根有相,相见无性,同于交芦。"④六根与六尘同源,根身与器界都是陀那识的变缘;陀那识同具杂染与清净;独头意识的本性如空花般虚妄不真实;由尘发知,就是由环境刺激而引发行为反应,就是由物体刺激而发现感觉知觉的知识历程;因根有相,就是由有机体的反应而产生思想知识等相,就是因神经反应而产生时空经验中的切面、片段;根与尘、相与知见都无本性,如同相互交叉倚靠的芦苇。他又说"知见立知即无明本,知见无见斯即涅槃"⑤,应是引自《楞严经》中:"知见立知,即无明本;知见无见,斯即涅槃、无漏真净。"⑥在知见上再立一个知见,这就是无明的根本;明白此知见功能本来就是无所见,那就是涅槃、无漏的本然清净。由此,可去除独头意识中的比量与非量,而能获得诸识现量,因此对七大中的根大尤其关注。就这唯根论而言,太虚认为上述根、尘、相、知见等的关系,如同行为学描述的行为与心理学描述的心理,可见佛法中亦有类同的理论。于是,行为派反对精神心理的观点就不成立,佛法的生死涅槃之说依旧可以成立。

---

① 太虚:《太虚大师全集》第23卷,宗教文化出版社2005年版,第230页。
② 《大佛顶如来密因修证了义诸菩萨万行首楞严经》,载《大正藏》第19册,第124页中。
③ 太虚:《太虚大师全集》第23卷,宗教文化出版社2005年版,第239页。
④ 《大佛顶如来密因修证了义诸菩萨万行首楞严经》,载《大正藏》第19册,第124页下。
⑤ 太虚:《太虚大师全集》第23卷,宗教文化出版社2005年版,第231页。
⑥ 《大佛顶如来密因修证了义诸菩萨万行首楞严经》,载《大正藏》第19册,第124页下。

四、关于梦的研究

太虚列举了中国古代哲学、现代科学以及佛学三个领域中关于梦的研究,并进行了比较。

(一) 中国古书的梦说

太虚列举了中国古代文献中关于梦的一些内容。《周礼·六官》中记载了春官所属的太卜掌握有三种卜梦的方法:致梦、觭梦、咸涉。《列子·周穆王》中说梦有六种:"一曰正梦,日有所思夜有所梦;二曰噩梦,惊奇异状的梦;三曰思梦,对于某种事特别思想的梦;四曰寤梦,清明的梦;五曰喜梦,非常欢喜的梦;六曰惧梦,非常惧怕的梦"①,也有关于阴阳之气的强弱与梦境内容的关系。《灵枢经》中云:"厥气客于心,则梦丘山烟火;客于肺,则梦飞扬,见金钱之奇物。"②太虚指出中国素来重视"气",就算是梦也喜欢用"气"来解释,觉得"气"所凝聚的位置与梦的内容、构成原因、状况等有关。此外,还有一种比较有学理根据的,那就是汉朝王符《潜夫论》中讲的梦有直、象、精、想、人、感、时、反、病、性十种,且未来能发生什么,都是心理或生理原因造成的。

(二) 现代科学的梦说

1. 梦的特征

太虚按照当时的科学研究,认为人在觉醒时,神经系统组织相互联络,能按照人的意志去行动;当人疲劳时,神经系统就失去了统治能力,进入睡眠,于是常常做梦。关于梦的特征和人的身心器界在醒时与梦时的区别,他列举了五种理论。第一种是化自他身。所谓"化自他身",就是说在梦中会有自身及其他个体的存在,并且还能梦到许多人共同活动,如同醒时一般。这是最常见的梦。第二种不自觉身,就是在梦中意识不到自己而只意识到身外的环境。第三种是不合事实,就是说在梦中能产生与现实经验、日常认知不相符的事情。第四种是时空约束,也就是人在梦中能超越现实中时空的限制,做出超越时空的行为。第五种是物体移换,也就是梦中可以将自己变

---

① 太虚:《太虚大师全集》第 23 卷,宗教文化出版社 2005 年版,第 245 页。
② 太虚:《太虚大师全集》第 23 卷,宗教文化出版社 2005 年版,第 245 页。

作其他东西,或者其他事物可以任意移换位置。

2. 梦的构成原因

在梦的产生原因方面,太虚分成了生理的、心理的的和弗洛伊德(原文为"弗洛德")三类。生理原因方面有三种学说。第一种是威廉·冯特(原文为"文德")的细胞惰性说,认为人在清醒时生理状态、机能正常,细胞相互之间能发生强有力的联络,受到脑中枢的统率;但在睡眠时陷于惰性,缺少中枢的统一控制,因此产生梦。第二种是脑神经及反应说,认为人在清醒时,感官受刺激,就会由传达神经将信号传达到脑神经,然后脑神经做出相应反应;但在做梦时,脑神经的反应不能与感官上所受的刺激相当,所以产生千奇百怪的梦。第三种是贝内克(原文为"裴奈楷")的潜病预现说,认为人在睡眠时脑神经统治力消失,所以使得某些身体内已经存在的病的倾向在梦中得以显现,于是人们就会梦到自己得病。

心理原因方面有两种学说。第一种是观念复起说,认为一切观念都存在人的脑中,是否复起显现取决于观念原有势力的强弱。如果一个观念原有势力就很强大,那么即便在人清醒时都不能支配它,更何况在睡梦中。第二种是想象说,认为人在醒时可以结合旧观念形成想象;在睡梦中,意识虽然没有支配能力,但是有时忽明忽暗,可以以半意识形成想象,也就是梦境。

太虚认为在近代的心理学家中,弗洛伊德对梦的说明最多,因此讲到梦就特别要提到弗洛伊德。在弗洛伊德的学说中,人在意识之下还有潜意识,在自我之外还有社会我。人类因社会、风俗、法律等的束缚而无法完全按照自己的欲望行事,因此就有部分欲望被压抑到潜意识中。在清醒时,人的现意识会比较好地控制潜意识;但当人进入睡眠后,意识松懈,导致潜意识的内容显现出来,就形成了梦。但即便如此,有部分违背伦俗的潜意识也不会完全按照本来的意愿展现在梦中,而是会通过伪装的方式展现,于是就有了梦的显义和隐义。显义是化装,隐义是真意,所以要关注对梦的隐义的探索。对弗洛伊德而言,他认为潜意识希望得到满足的就是性欲,并用此解释一切梦。

(三) 佛学的梦说

太虚以佛教唯识学为依据,对梦进行了分析。

1. 梦的含义

佛学中认为众生有眼、耳、鼻、舌、身、意、末那、阿赖耶等八识。梦是第六识,也就是意识在睡眠时的心、心所相应活动。第六识有有漏、无漏之分。诸佛圣人的意识是无漏的,平常人类的意识是有漏的。在有漏的意识中,又可分为五俱意识和独行意识。前者是指与前五识同时而起的意识,只有在清醒时才有;后者指不与前五识同时生起而单独生起的意识。独行意识又可分为三种:其一是散位独行意识,指清醒时心力分散而非集中统一的意识;其二是定位独行意识,指经过修定功夫而增加了许多超越力量的意识;其三是梦位独行意识,指睡梦时前五识不起现行,只有第六意识的情况。也就是说,梦是睡眠时意识的现起活动,有了梦位独行意识的见分、相分就有了梦。

2. 睡眠与梦

梦是在睡眠中形成的,所以太虚认为要了解梦,也需要了解睡眠。通常的睡眠,是指生理而言的;但在佛教中,则是指睡眠心所,是心理的。他引用《成唯识论》中的说法:"眠谓睡眠,令身不自在昧略为性,障观为业。谓睡眠位身不自在心极暗劣,一门转故。昧简在定,略别寤时,令显睡眠非无体用。有无心位假立此名。如余盖缠心相应故。"① 也就是说,睡眠状态中,虽然心极其昏暗,心之作用微弱,但睡眠还是有其主体和作用的,就像"盖缠"一样,有与心相对应的心所。意识与睡眠心所共起活动,就形成梦。

3. 梦的来源

至于梦的来源,在诸多佛典中均有提及,太虚以《毗婆沙论》为例,列举了其中的五种。第一种是"诸病",是由身体四大不调产生生理的病症而引起的梦,比如身体冷则会梦到水,身体温暖则会梦到火。第二种是"思惟",也就是说,人的内心有所求,情感和思想就不安宁,于是就生梦,这与前文所述的心理方面的两种学说略同。第三种是由于"曾更",也就是过去的经历所留下的习气在梦中重演。第四种是"当有",就是未来将要实现的事情,先在睡梦中出现了。第五种是由"他引",就是由他人的心力引起的,比如远在外地的子女会常常梦见母亲。

4. 其他内容

关于梦位意识与其他七识和五根的关系,太虚认为做梦本身是第六意识睡眠相应心、心所的活动,但第六意识与眼识乃至末那识、阿赖耶识及五根都有间接关系。在佛学中,人的经验印象是存储在第八识中的,而第八识与第七识永不相离,所以"曾更"和"思惟"的梦与第七识、第八识有关。不过与前五识所依的五根的关系并没有十分明显,但比如磨墨的声音能影响到梦到舂米,可见与前五根也有一定的间接关系。

关于梦的空有性质,佛典中有三种说法。一般经论认为梦是空无的,且多用梦来讲空。一切有部认为除了自我是空以外,其他一切法都是有。但《二十唯识》认为梦

---

① 《成唯识论》,载《大正藏》第 31 册,第 35 页下。

是非空非有、即空即有。《二十唯识》以梦来比喻天地世间万物都是唯识所现,都是如幻如化没有实体的。但是这样的话,就会使得清醒时的世界与梦中的世界完全无分别。所以,太虚认为应该进一步讨论梦与醒觉。

太虚对比了梦与醒觉两种状态,认为梦位的意识比醒觉时的五俱意识更为薄弱。并且,醒觉的根身器界是由第八识变现的,梦时只是有第六意识睡眠相应心、心所活动而已。两者在范围大小上完全不同。而且经典上将醒觉时的人生比作梦,这"梦"是可以通过训练修证破除无明成为大觉的,就像睡眠可醒一样。但是睡眠后的醒与破除无明后的大觉可是天壤之别。

总的来说,太虚认为中国古籍中的梦说缺乏科学依据,没有系统组织,不如西方的学说;但西方的梦说虽然在每小部分或许有明确的研究,可是没有涉及"当有""他引"的梦;而佛学上梦的五种成因,前三者与中西学说略同,后两种与中国学说略同,但佛学上的理论有独到之处,更为完善。

五、太虚心理学研究的启示

太虚通过对西方传统心理学、行为派心理学的辩证研判,结合《楞严经》、唯识思想等佛学内容,提出了佛教心理学的研究框架及唯根论思想。这对佛教在现代社会如何回应科学的质疑,以及心理学学科如何整合哲学取向与科学取向的分裂均有启示。

(一) 对佛教的启示

在太虚的那个时代,科学已在社会中占据上风。面对科学理性的强大质疑,若坚持以直觉式的或情感式的方法进行回应,显然效果不佳。太虚则是选择学习、思考科学知识,并与佛法比较,而后站在佛教本位的立场上给予辩证地批判,并同时阐释佛法。比如本文中所论述的心理学,太虚梳理了西方心理学的发展历史,指出了传统心理学及行为派心理学在研究对象、研究方法等方面的缺陷,并根据《楞严经》、唯识思想等佛学内容建立了佛教心理学的研究框架和唯根论思想。虽然这些理论来自佛教经典,但在解释时多有心理学的用语或对比心理学的理论、概念。相较于纯粹的佛学而言,心理学作为现代科学中的一门学科,在知识上更为大众所知,在情感上更为大众所接受。因此,以这样一门学科的语言(在一定程度上)来介绍、解释佛学,更有利于佛学的传播。反之,若单纯地讲解唯识法门,可能即便是教内人士,也多有无法坚持者。

正如太虚自己所言：

> 至世间法则迁流无常；因乎时分而生种种差别，众生之心亦因之而有种种之殊异；若不随顺世间巧施言说，以应其时而投其机，则宜于此者或失于彼，合于过去而不合于现在，故佛法有适化时机之必要！①

也就是说，由于时代的变化，众生的心性也随之变化。因此，佛法要根据时代的不同、众生心性的不同通过不同的方式进行宣说。并且，如果不重视适化时机，那么佛法的妙用就无法展现；如果只讲求适化时机而不顾是否符合佛理，那么就失去了佛法的正体。所以，他认为契合佛理与适化时机应并重而不可偏废。

对于我们当今的世界，科学较之百年之前更为发达，在社会中占据的力量也远为强大。在这种情况下，佛教界出于度化众生的菩提心，更应跟随这一变化，主动学习、思考科学知识，在讲解佛法时适宜地运用科学知识，以使世人更为准确地理解佛教的思想，而非一味自高自大地偏执于佛法，不肯"纡尊降贵"。

（二）对心理学的启示

太虚从当时心理学的研究内容和研究对象等方面出发，指出了其中的不足（写于上文第一节末，在此不多赘述）。其中部分内容，如儿童的意识、圣者智者的意识等，已经通过教育与发展心理学、心理传记学等学科或研究方法进行了扩充，但也并非都被心理学主流所接受（如心理传记学）。其余的内容，如唯识学有而心理学没有的内容，目前也并未进入主流的研究视野中。因此，这些方面的研究或可对当今的心理学有所启示。这是关于学科内研究细节的问题。

从学科整体来看，太虚对行为派只研究所谓"客观"的学科思维甚为不满。其实不只对于行为派或心理学而言，他对于一般的科学家、哲学家均有此批判，认为他们"不知以现实为出发点而建设其研究之体系，只知掠取前人析观所得的成分为构思之基础"②。他引用友人卫中博士的话，认为当时的科学教育"务使物质现象中之自然成分尽量灭绝，而陷物质活动于死无生气而后止者也。其实验室之工作，殆无非致物质活动于生地，而后取其零星片段之物质，假由上而下之解释。此之为法，与夫真科

---

① 太虚：《太虚大师全集》第1卷，宗教文化出版社2005年版，第109页。
② 太虚：《太虚大师全集》第23卷，宗教文化出版社2005年版，第236页。

学家之由下而上（按即由现实而到析观所得成分），先之以领略自然感受印象（直观所知），而后阐明物质之形性者，全然反背"①。同理，在心理学中，只取身心感受刺激而产生的反应为研究对象，排斥其他任何心理现象，是"僭妄"之行。所以，心理学的研究，"当从人的现实为出发点而研究之"②。他建构佛教心理学的框架，建立唯根论的理论，就是认为佛法中既包含了智者圣人（佛、菩萨等）的观察、思考的结论，又有实修实证，是心理研究的不二之选。因此，或能够以佛学的世界观为目的和价值，以佛学中关于心理的内容为待验证的问题，通过科学的研究范式或佛教的修行体验而验证之。

不过，太虚也并没有全盘否定当时已有的心理学研究，如上文中他所说的行为派的裨益。另外，他认为，如果心理学的各个学派能"去其执一端而排全体之僭妄"③，那么在人生科学中也能有其地位与价值。

在心理学学科分裂的情况下，哲学提供了学科的研究目的，以彰显人的价值和意义为目的，强调问题中心；科学提供了学科的研究方法，试图以科学化的实证研究方法和程序来获得自然科学的认同，强调方法中心。④ 于是，有学者提出心理学的整合不必采取一统模式，即不必学科内全员意见一致、接受某些规则、方法、程序作为研究规范、研究准则，而是应该采取研究方法、研究模式合作、互补的多元化整合。⑤ 因此，太虚在百年前所言"去其执一端而排全体之僭妄"，确有意义。

---

① 太虚：《太虚大师全集》第23卷，宗教文化出版社2005年版，第236—237页。
② 太虚：《太虚大师全集》第23卷，宗教文化出版社2005年版，第237页。
③ 太虚：《太虚大师全集》第23卷，宗教文化出版社2005年版，第237页。
④ 舒跃育：《目的与方法的张力——心理学走向分裂的哲学与历史根源》，《首都师范大学学报（社会科学版）》2018年第4期。
⑤ 叶浩生：《有关西方心理学分裂与整合问题的再思考》，《心理学报》2002年第4期；叶浩生：《当代心理学的分裂与学科的多元化整合》，《社会科学》2011年第7期。

徐复先生经学思想初探*

李 开**

摘 要：徐复先生是近现代著名的语言文字学家和经学家，是章黄学派的传人。学界目前对其在训诂、校勘等领域的成就多有研究，但其在现代经学领域的学术成就尚未被重视。本文抉发徐复先生训诂学著论中的经学研究条例，研论徐著《〈訄书〉详注》中的经学史思想，并在客观世界中言经学，探寻将经学指向社会现实的途径，以彰显徐复经学思想的社会实践理性。

关键词：徐复 经学条例 经学史 经学思想

徐复先生（1912—2006年）是语言文字学家，也是从语言文字学走向现代经学的经学家。[①] 1979年9月在全国高校训诂学师资培训班上，洪诚先生（1910—1980年）主讲训诂学，徐复先生讲解了章炳麟经学史名篇《清儒》。洪先生是从训诂学走向"三

---

* 本文系2019年国家社会科学基金后期资助重点项目"上古汉语时期的语言哲学"（项目批准号：19FYYA003）的阶段性研究成果。本文是作者应邀在江苏省语言学会2019年9月常州会议上的主旨演讲稿，会后又据相关专家的意见做了修改。

** 李开，男，南京大学文学院特任教授，澳门科技大学特聘教授，文学（语言学）硕士，哲学博士。

① 历史学家蒙文通（1894—1968年）曾以廖平、康有为皆"近代今文学大家"，即研究今文经学的近代经学家。蒙文通还认为，清末改制，以西学范畴中学，将《易经》归哲学，《诗经》归文学，《尚书》等归史学，肢解了经学整体，导致经学的边缘化（柳诒徵、钱锺书亦持同样见解）。蒙文通本人是现代经学家，进而把研究经学的成果引入史学，成为史学家。参见《光明日报》2019年7月29日第11版报道：刘复生：《蒙文通："明道"之学》，http://news.gmw.cn/2019-07/29/content_33034400.htm。同样，章炳麟、黄侃是近（现）代经学家，章、黄的大弟子如陆宗达、洪诚、徐复等人由小学入经学，成为现代经学家，又以经学回馈小学，成为语言文字学大家。

礼"学的,徐先生则从训诂学走向经学。训诂学与礼学、经学,从来都是密不可分的。① 但从学术研究之需看,又不得不分。

一、从训诂学走向现代经学

现代经学的一个重要特点,就是吸收东汉以来,特别是清代乾嘉以来的古文经、今文经的学术传统,将旧时代的经学改造成现代人对传统学术的诠释,改造成对现代科学文化与传统学术文化的结合,直至改造成与现实社会改革与建设的需要相结合。哲学家波普尔(1902—1994年)提出了三个世界的划分:物理世界("第一世界")、精神世界("第二世界")、客观知识世界("第三世界"),后者包括了一切精神产品,如语言、文学艺术、社会学、神学、科技等,因任何理论系统和表达都离不开语言,故通常又可称第三世界为"语言世界"。三个世界相互作用,并以第三世界为最高层次的世界,它在起源上是人造的,在发展上有更多的主体性,但它始终保持与物理、精神世界的联结,始终具有客体性。② 对科研人员来说,波普尔说:"一个科学史家或一个对科学感兴趣的哲学家,一定在很大程度上是第三世界客体的研究者。"③训诂学本身属于语言世界的一员,它的解经功能即经学目标也存在于语言世界,质言之,训诂学走向现代经学的根本性逻辑指向是语言世界。如果把经学看作第一世界、第二世界的直接反映,训诂学是第三世界,第三世界与第一、第二世界的关系正可说明训诂学与经学密不可分的关系。有了这个哲理性认识,与传统训诂学密不可分的现代经学就好解释了。此外,不仅从理论上看,经学与训诂学有共同的逻辑指向和"你中有我,我中有你"的密切关联,从学术史看,两者的结合也有其历史的必然性。清初学者顾炎武提倡"经学即理学",即以经学批判理学,取代理学,其批判过程、取代途径只能是小学。顾炎武说:"读九经自考文始,考文自知音始,以至诸子百家之书,亦莫不然。"乾隆年间的戴震则进一步提出"以字通辞,以辞通道",辞是经书言辞,道是经学之道,两句话都是讲从小学走向经学,舍此别无他途。有人说以哲学看待经学则经学亡,又云以小学看待经学则经学存。经学与训诂学既是一分为二的,又是合二为一的。清代

---

① 训诂学与传统学术研究有着天然的、密不可分的联系,除了训诂学走向礼学、经学研究以外,学术界还有从训诂学走向现代诠释学、走向语言文字文化学、走向现代语言文字学等案例。但训诂学是其基础,是其核心工具。
② 参见夏基松:《波普哲学述评》,黑龙江人民出版社1982年版,第213—230页。
③ 卡尔·波普尔:《波普尔思想自述》,赵月瑟译,上海译文出版社1985年版,第258页。

公羊学的过去已标志着"经学时代结束",成为"经学时代结束之前的壮观的一幕"。①以章太炎、黄侃、洪诚、徐复先生等为代表的现代经学的造诣、贡献、理据、逻辑起点和指向始终存在于哲学家波普尔的第三世界,即语言世界之内。不必一提到徐先生的经学,就思忖着要寻找徐著中有没有直接指向客观世界的类似康有为《大同书》一类的托古改制、维新图强的文字。徐复先生早期的训诂名篇中就训诂与经学并存于语言文化诠释之中,已有若干经学条例、逻辑。

经例一:在研究《说文》字篆和古文中,既释读古文字音形义,又征信经典,形成《说文》、经书互证例。1936年发表的《镏攽劉畱四字释》和《补证》两文,汰除臆说如《说文》不收"劉"字一是从刀有杀义,二是杀义不当汉家姓,避讳而无"劉"字,以"镏"代之云云,徐老为廓清迷雾,以章炳麟《书〈洛阳续出三体石经〉后》有《尚书·君奭》"咸劉厥敌"四字,章说以从刀之"劉"为篆文,从又之"劉"为古文,乃知《说文》"镏"字下,只是不录重文"劉"字,此与许书体例无碍,与避讳事无关。徐以章氏说"最为憭(按:明白)然,足以解众家之纷糅矣"。徐著为释"镏"字为古"劉"字引《玉篇》《说文》,更引《左传·成公十三年》《礼记·月令》为证,释"攽""劉"二字引金文、《尚书》为解,释"畱"字引《尔雅》等。许书解经,除了字篆形体并音义与古经用字息息相关之外,还引经多多②,徐著释"镏"即"劉"的古字,做法例同许书求本义,引群经,成立条例,指向群经。

经例二:汉藏语词被汉语吸收以后,词语研究可考其汉藏语语源,并可进而以汉语词法裁度例。不消说,词汇研究是语言世界的重要组成部分,且词义与经义并无过分深宽的鸿沟,经义往往被包含在广袤的语义中,它们都在语言世界中。此条例似纯语言学的语例,实际具备经例价值。且视语言学研究方法、学理逻辑为经,亦不堕经义,升华其旨。1944年徐著《歹字源出藏文说》一文,认为汉语中原有表好坏意义的"傣",读 dǎi,《玉篇》"多改切",后来完全被八思巴文蒙元词语"歹"替代。徐考"歹"字始行于《元典章》"管匠造作,或好或歹","送纳鹰鹞,如歹,徒叫耗费支应"等语,宋代以前绝无。蒙古人所造,何关藏文?徐谓:蒙古人初无文字,元世祖忽必烈中统元年(1260年)命国师八思巴氏造字,八思巴氏据藏文字母造出新的拼音文字,"歹"字即藏文三十字母之第九个字母"斤"(音多改切)的同音字,形体则"斤"的笔势变化形体。

---

① 陈其泰:《清代公羊学》,东方出版社1997年版,引言第3页。
② 例如中华书局1963年影印版《说文解字》引《尚书·洪范》有69页下、85页下、126页上、129页上、258页上。马宗霍著有《说文引经考》可供参照核对,马著今有科学出版社1958年版、学生书局1971年影印版。

究否如此,可继续研究①,但方法上重在与八思巴字的形体比对,尤其重在汉藏语同源字追寻,则是崭新的汉学研究思路。如今,八思巴字研究、汉藏语同源字研究均已成为东西方学者共同耕耘的专学和显学,徐先生20世纪40年代"歹"字字源、语源研究,确乎"导夫先路"。

经例三:以"补释""补疏""正诂""臆解""正解"等为标题语,索求经、史、子、集中漏解、难释之古词语确解,以求经典义的相互证发和精准施解例。《尔雅补释·释诂上》"厖,有也"条,徐著以郝懿行释厖与蒙通为是,但郝尚未及"有"。徐著:"今谓厖又与龖通。《说文·有部》龖训兼有,谓兼并而有之。"徐著引《诗》《易》《周礼》以证《释诂》,徐著云:"《诗·周颂·酌》:'我龙受之。'毛传:'龙,兼和也。'和即兼有之义。又《易·说卦》:'震为龙。'虞翻、干宝,龙作駹(读 máng,额白的黑色马或杂色马)。《周礼·考工记》:'上公用龙。'郑众读龙。是厖与龖龙通也。"徐著引《诗》、毛传、《易传》、虞翻注疏、干宝注疏、《周礼》、郑众注等与《尔雅·释诂》互相证发。更重要的是,按徐复先生的说法,《诗》、毛传、《易传》、《考工记》的"龙"字,绝非"龙虎"的"龙"字,而是近"龙"字形的"龙"字,"龙"字为形近借字欤!《诗》《易传》等可因徐著而获精准施解。徐著《论稿》②中多此经例。

经例四:由上例推广为经、史、子、集四部综合互诠,但重点指向三部典籍词语训释,本身即三部典籍之经例,又以三部内的相关学理间接或直接通经例。《〈后汉书〉臆解补》"肆勤"条:《周燮传》"常肆勤以自给",李贤注"肆,陈也"。徐著:"肆字训陈,其义犹隔。《尔雅·释言》:'肆,力也。'力谓尽力。王充《论衡·命禄》:'命贫以力勤致富。'肆勤正力勤之义。"徐著引后汉诸子证史,并纠旧注。《庄子》外篇《田子方》:"䵑斛不敢入于四境。"陆德明释文:"䵑,音庚。李(颐)云:'六斛四斗曰䵑。'司马彪本作䵑䤂云:'䵑读曰锺,䤂读曰臾。'"徐著内容丰富,一称司马彪作䵑䤂为是。二解"䵑"字当为"釜"字,釜亦量名。三说《庄子》原本作"釜䤂",并说作"䵑䤂"之由来。四明釜容六斗四升,为量之小者。五据《说文》可知"䤂"亦量名。䤂,通作庾。六据《小尔雅·广量》可知"二釜有(又)半曰庾"。七据史书证说,一引《三国志》及裴注,二引《晋书》以说魏晋人仍"釜庾"连说,亦即"䵑䤂"。八评司马彪说可商:"司马彪本䵑读曰锺,锺为大容器,十倍于釜,且其说未考字源,无以征信。今取小量义。"可知徐说正为经典不易之论。集部例可举徐著《读文选续札》例。张衡《东京赋》:"龙雀蟠蜿,天马半汉。"薛综注:"天马,铜马也。蟠蜿半汉,皆形容也。"徐著确切:"半汉,形容怒

---

① 参见徐文堪:《张永言〈语文学论集〉读后》,《中国语文》1993年第1期。文章提到"歹"字的来源于蒙古语之说并不充分,需另行研究。
② 徐复:《徐复语言文字学论稿》,江苏教育出版社1995年版。

貌。"据证确凿:"为怫(pèi)汉之音转。"且《广雅·释诂二》有"怫汉"一词,释为"怒也"。又《说文》"怫"字下引《诗·小雅·白华》"视我怫怫","怫,恨怒也"。张衡赋"半汉"亦马发怒义。徐引史书作旁证,《汉书·第五伦传》:"鲜车怒马。"李贤注:"怒马,谓马之肥壮,其气愤盈也。"徐云,此"与张赋半汉之义正合"。集、经、史、传、注融为一体。既为集部纂说范铸,亦指向经、史义域典要。《晚稿》中撰及史、子、集部的文字,多可入于此经例而包含之。①

经例五:径以训诂例为经例。训诂与解经同在语言世界相表里,几密不可分,又密而可分,且当分。徐著《后读书杂志》②的"序言"说:"书中阐述训诂笺注,可以归纳为四事:一、考雅训;二、明代语;三、通假借;四、征实物。"雅训,犹言正解。《盐铁论·周秦》"虽有庆忌之健,贲育之勇"有谓"健当作捷",徐按:"《广雅·释诂二》:'捷,健也。'二字互训,不当云健当为捷矣。"意思是说,《盐铁论》"健"字本身不误,不烦改字,只是"健"字的正解是"捷"义。代语,替代之语,如以方言说法替代之。《文选·陆机〈文赋〉》:"彼琼敷与玉藻,若中原之有菽。"徐按:"'敷'即'华'字。"即古"花"字。徐引《尔雅·释草》"华,荂"郭璞注:"今江东呼华为荂,音敷。"荂、敷古读重唇。徐说:"陆机晋吴人,故用江东语入文矣。"假借例,如《晏子春秋》"非所与熙也","熙"借为"嬉",徐老明其"为楚人相嘲笑之词"。征信于实物例,《汉书·霍光传》:"黄肠题凑各一具。"颜师古引苏林曰:"以柏木黄心致累棺外,故曰黄肠。木头皆向内,故曰题凑。"徐老征之《中国画报》1984年4月号载《罕见的古代墓葬》对"黄肠题凑"实物的说明,纠正颜注"致累棺外"当作"累致棺外"方合。上述"训诂四事"的体式是普遍性的,研读经史子集皆适用,当可径直以为经例。又徐著书名,犹言"后续于《读书杂志》"。《读书杂志》③为清王念孙名著。子王引之有《经义述闻》④以群经训诂校勘为职事,《读书杂志》则以史、子、集部的训诂校勘为指归,两著皆经典,亦皆经学著论。徐老历时60多年铸就《后读书杂志》(1932—1996年),体例、内容范围一仿念孙,且实际撰著时亦多引用经书,如校《新序·思务》引《易》有"窥其户,阒(qù,寂静)其无人,□□□□治之耳"句,原注:"文缺四字。"徐老据《淮南子·泰俗》引《易》有"无人者,非无众庶也,言无圣人以统理之也",补《新书》引《易》四字为"言无圣人"。又《战国策·齐策六》:"今楚、魏交退,燕救不至。"徐老谓:"交退"即"交绥"。《左传·文公十三年》:"乃皆出战,交绥。"杜预注:"古名退军为绥。"又据《说文》"夊"字,楚危切,"夏"

---

① 参见徐复:《徐复语言文字学晚稿》,江苏教育出版社2007年版。
② 徐复:《后读书杂志》,上海古籍出版社1996年版。
③ 王念孙:《读书杂志》高邮王氏四种之二,江苏古籍出版社2000年版。
④ 王引之:《经义述闻》高邮王氏四种之三,江苏古籍出版社1985年版。

"夑"等字的偏旁,退义,为"交绥"之"绥"的本字。由徐著书名、体式、内容范围、引经等,无不可知徐老矢志不渝,踵成清代朴学、经学大师之志趣。径直以《后读书杂志》训诂例为经例,当无疑义。

二、经学史思想举要

徐复先生自20世纪70年代中期即开始撰著《〈訄书〉详注》,2000年12月出版。继后又有《补遗》两万言(2007年7月刊出),可知徐先生赴功《訄书》研核几40年。不消说,上述从训诂学勾稽出的经学条例,《详注》备焉;而经学史思想,《详注》必焉。《訄书》本身直接经史,《详注》拱日星绕,亦无不经史子集题,故卓荦显著之例比比而有之。

上古明堂,是人类由穴居野处的蒙昧、野蛮时代进入摩尔根文明时代的最重要的历史产物,故王国维著《明堂庙寝考》①详论之。章氏《客帝匡谬》"明堂、大微,不司其勋",徐注:"明堂,宣明政教之地。《孟子·梁惠王下》:'夫明堂者,王者之堂也。'"又及"大微",徐注:"大微,亦作太微。本古代星官名。见《史记·天官书》。此指帝王之所居。"徐注强调古代帝王,引上古晚期《孟子》所引述以证其真实可指称。"太微"亦强调中华帝王。徐注与章著彼时"匡谬"有清"客帝",于今则彰显中华文化共同体之爱国精神是一致的。

纪年是历史的选择性端点,于中华研史之重要,自不待言,故章氏《客帝匡谬》"昔者《春秋》以元统天,而以春王为文王",徐注:"《春秋》,孔子所作鲁国编年史。《公羊春秋·隐公元年》:'春,王正月。元年者何?君之始年也。春者何?岁之始也。王者孰谓?谓文王也。'"又下文别注徐引《晋书》:"《左氏》辞义赡富,自是一家书,不为主经发。《公羊》附经立传。于文为俭,通经为长。"以《左传》与《公羊传》进行比较,言各自经学特色甚明。

《訄书》首篇《原学》,徐注言《訄书》初刻本、重订本、今本首篇不同,亦经学史例。篇名徐注:"原,文体名。推究本原而论述之。学,指世界各国的学术及其流行的各种学说。"章文涉及古希腊柏拉图、斯多葛学派、培根、卢梭等,徐注无不详备,最后归于引《尚书》而注续之。这无疑是章、徐现代学术的开放气派和器局,亦现代经学思想之大端。《原学》末称"多观省社会,因其政俗,而明一指也",徐注:"指,旨意。本作恉。

---

① 参见王国维:《观堂集林》第1册,中华书局1959年版,第123页。

《尚书·盘庚上》:'王播告之脩(施行),不匿其指。'《说文》:'恉,意也。'"

徐复力主划清经学史上的今、古文界限。章氏《订孔》:"六蓺者,道、墨所周闻","异时老墨诸公,不降志于删定六蓺,而孔氏擅其威"。徐注一说"六蓺"即"六艺",指六经,含《易》《礼》《乐》《诗》《书》《春秋》六部经典。二说章氏"道、墨所周闻"是"针对今文家康有为提出的'六经皆孔子所作'的批驳语"。三引刘师培《论孔子无改制之事》云"当明六经非孔子所作",长言大文,史据充分,"足证孔子之前,久有六经"。四得出结论,刘师培"其言与章先生同为古文家说"。又注:"周闻,普遍知道。"强调道家、墨家均知六经事,犹重申章氏古文经立场。

肯定历史上的儒法兼容说以为治事之用的做法。章氏《儒法》讲到子产、诸葛亮以儒法并用的功劳,称"儒者之道,其不能摈(排斥)法家,亦明已",徐注引章氏《菿汉昌言》(四)主张"儒术杂申、韩",时人讥议章氏"不醇",徐说:"《孟子》言'无法家拂士,国恒亡。'未尝摈法家也。"捍卫了章氏合乎史实的结论,体现了章、徐共同的学术史主张:儒、法曾经兼容以利国事。

学术变迁的历史必然和经学史含义的包含和升华有关。章氏《学变》述汉晋学术五变,一变于扬雄《法言》;二变于王充《论衡》;三变于汉末至三国诸葛亮辈"以其道见诸行事,治法为章",因此"魏衰而说变";四变于曹操任法后,自孔融起以循天性,简小节,终至"礼法浸微,则持论又变其始";五变于阮籍、嵇康"崇法老、庄、玄言自此作矣"。徐著一一为之注。章说、徐注"五变",无不汉晋学术史,亦无不经学史,"玄言"下徐注:"本师蕲春黄先生《汉唐玄学论》:'嵇、阮、王弼诸人,本原老庄以立论,既翼汉世儒生之固,亦与黄、老不同,此道家之一变也。'"徐注引黄侃之说升华了第五变的经学含义甚明。

章氏著《清儒》是公认的清代经学史,徐注:"清儒,概述清代乾嘉学派讲究训诂考据的经学派系。主要分吴学惠栋、皖学戴震两大支。他们对古籍研究,有较大贡献。"徐注系解题,点出《清儒》的经学史特质,固与章著全文一致。徐先生还主持将《清儒》制成现代汉语的《绎义》[①],起到普及章氏经学史的作用。《绎义》的《小引》与《清儒》徐注解题一致,还开宗明义说"《清儒》一文,撰于1900年八国联军侵华后一年",以不忘国耻,激发爱国主义情愫甚明。

有关清代经学史的内在逻辑条例和研究方法。《清儒》称俞樾著《古书疑义举例》"各此条列",徐注:"条列,即条例。"章氏称"世多以段(玉裁)、王(念孙)、俞(樾)、孙(诒让)为经儒,卒最精者乃在小学,往往近名家者流",徐注:"名家,以正名辨义为主。

---

① 参见徐复:《章先生〈訄书·清儒〉绎义》,载《徐复语言文字学晚稿》,江苏教育出版社2007年版。

考据家皆从《尔雅》《说文》入手,而亦以考订六书(文字),正名辨物为臬极(最高标准)。古人以字为名,名家综核名实,必以正名析词为首,故考据之文,亦出名家。"犹言小学属名家,考据学属逻辑学。

人物缔造历史,言人物即言史,清代经史小学家即清代经学史。《清儒》屡屡言清儒,徐注赓续,各各多引章氏并诸家而说其研经特点,形成经学史观止。如从清代"家有智慧,大凑于说经"说起,清初经学家顾炎武按章氏说由"古韵始明,其后言声韵训诂者禀焉",徐注称"其学主博学有耻,敛华就实"。章氏说阎若璩"定东晋晚书为作伪,学者宗之",徐注称阎其年二十读《尚书》古文"即疑其伪","沉潜三十余年,乃尽得其症结所在",又有《四书释地》,于古地理"尤精审"而"贯通"之。章氏说张尔岐"始明《仪礼》",徐注"其学以笃志力行为本"。以上是乾嘉之前的经史,章氏评之为"草创未精博",多"宋明谰言"。

乾隆朝始,"学著系统",吴始惠栋,"其学好博而尊闻",皖南始戴震,"综形名,任裁断",徐注惠氏"熟贯诸经,尤邃于《易》",令《易》"千秋复旦";注引刘师培说戴氏"彰析名物,以类相求,参互考验,而推历审音,确与清廷立异"。章氏治经学史弥缝绵密,称先栋之何焯(何义门)、陈景云、沈德潜已"皆尚洽通,杂治经史文辞",徐注何义门"长于考订,多蓄宋元旧椠,参稽互证,有名于时";注陈景云(少章)从何焯游,"博通群籍,深于史学,长于考订";注沈德潜年将七十而成进士,乾隆称之为"老名士"。栋父惠士奇章说其"揖志经术,不惑于謏闻(謏,读 xiǎo;謏闻,即小名声)",徐注说其任广东学政时"以经学倡"。章氏举栋弟子江声、余萧客,"大共笃于尊信,缀次古义,鲜下己意",徐注江声"精小学",萧客"教授乡里",皆有传世之作。章说吴派之王鸣盛、钱大昕"亦被其(惠栋)其风,稍亦发舒",徐注两氏皆嘉定人,王居苏州30年,"键户著书不辍",钱则"精研群籍",于经史文义,音韵训诂等"无不洞晰疑似"。章言"教于杨(扬)州,则汪中、刘台拱、李惇、贾田祖,依次兴起",徐注汪中"治经宗汉学",刘"精研《三礼》,不为虚词穿凿",李"治经通敏,尤深于《诗》及《春秋三传》",贾"喜治《左氏春秋》","以名节自矜"。章言萧客弟子江藩"复缵续(惠栋著)《周易述》",徐注著其"博综群经,尤熟于史事",尤彰其《汉学师承记》,亦著论有清经学史。

皖派戴学的源流传承。章言戴震受学所自江永,"治小学、礼经、算术、舆地,皆深通",徐注永"博通古今,专心《十三经注疏》,而于《三礼》功力尤深"。戴之乡里同学金榜,徐注"治礼宗康成(郑玄)";程瑶田徐注"粹于经学,精心名物考订";后学凌廷堪,徐注其慕江、戴,"贯通群经,尤深于礼";后学三胡,胡匡衷徐注"于经义多所发明",胡承珙徐注"治经尤深《毛诗》",胡培翚徐注"其学长于《礼经》";戴震教于京师,从其问业者任大椿,徐注"通《礼经》,尤长名物";卢文弨徐注"官京师时,与东原交善,始潜心汉学,精于雠校";孔广森徐注"少受经于戴震,为《三礼》及《春秋公羊》之学";章说弟子"最知名者"有段玉裁、王念孙。段"为《六书音韵表》以解《说文》,《说文》明";念孙"疏《广雅》,以经传诸子转相证明,诸古书文义诂诎者皆理解";授子引之,"为《经传释词》,明三古辞气,汉儒所不能理绎,其小学训诂,自魏以来,未尝有也"。徐注段玉裁"师事戴震,讲求古义,尤精小学",小学、经学无不精审无比,全书名《经韵楼集》,经与韵并蒂,经学与小学重胝,有是也!今已有《段玉裁全书》四巨册出版,继后又有《段玉裁年谱长篇》问世,为研究段氏经学、小学提供了一线资源。① 徐注王念孙"少受业于戴震,通声音、文字、训诂之学","对古韵分部自成一家";徐注王引之"传父经学、小学而推广之",著论"以精博称"。高邮王父子著作,20 世纪 80 年代已由中国训诂学会主编,徐复先生董理其事而出版《高邮王氏四种》,亦学界之大业盛事。章说俞樾、孙诒让"皆承念孙之学",俞之《古书疑义举例》"辨古人称名抵牾者,各从条例,使人无所疑眩,犹微至",徐注俞樾"一意治经,以高邮王氏为宗";徐注孙诒让"穷经著书,垂四十年",并引章氏《太炎文录·孙诒让传》"诒让学术,盖龙有金榜、钱大昕、段玉裁、王念孙四家,其明大义,钩深穷高过之"。

其余如浙东学派,自万斯大、斯同兄弟至黄以周;江淮间桐城派自方苞、刘大櫆至阴受其义的恽敬等人;常州学派庄存与至宋翔凤;今文经学派魏源、龚自珍至廖平,晚有番禺陈澧;经疏著者李林松、张惠言、孙星衍、陈奂、刘文淇、陈立、刘宝楠、邵晋涵、郝懿行、焦循等人,章氏无不一一列述之,徐注无不一一补叙之,使其羽翼振翅,各能其翔,各得其宜。

徐注之于章著,犹《论语·八佾》子夏问何以为美,孔子答曰"绘事后素"。章著《清儒》于前,徐详注于后;章绘就清代经学史长卷,徐补缀其质素材料文献资料因无数;章著展示了一个时代的画廊,徐注处处勾勒出画面的白底(素)背景使成完美。说徐注再造,或章炳麟及其再传弟子徐复先生共同铸就了清代经学史,亦不为过。

三、现代经学理念中的实践理性

以上麋集在语言世界内,小学、经学同宗同源同在,由训诂言经学,要是在客观世界中言经学,则徐复先生的经学思想同样得到彰显。

---

① 赖永海主编:《段玉裁全书》,江苏人民出版社 2015 年版;王华宝:《段玉裁年谱长编》,江苏人民出版社 2016 年版。

抗日战争时期,师生同以读经治学心系国难。《师门忆语》(1981年)称:"'九一八'事变后,日本侵略军加紧进攻,(黄侃)先生忧国贴危,心情十分沉重。"讲解《诗·小雅·苕之华》"人可以食(人吃人),鲜可以饱",毛传"治日少而乱日多",黄"即凄怆哽咽,听者无不动容"。1935年9月徐再度考入金陵大学国学研究班深造,开学时谒师于量守庐新居,甫一见面"即言时局危急,当时时以国家民族为念,顾黄之业绩可师也"①。

以科学态度读书治学,以科研成果贡献社会。《徐复先生谈读书与做学问》(2002年)讲到读书治学应有的态度,云:"多疑善问,则能发现问题,开拓思想,解决问题,作出成绩。"在谈到向老师当面请教时,认为这样做"更能了解老师的学术研究及其思想体系";还讲到要"老师的书要认真地读",读懂了才能传承"老师的学问、学术思想"。针对《黄侃日记》引《书·微子》"自靖,人自献于先王",伪孔传"各自谋行其志,人人自献达于先王,以不失道",徐老张皇治学之幽渺在于"谋践行其志",而志在"不失"治天下之大"道"。徐老说:道德、文章、学问是立身的根本,三者又是紧密联系不可分割的。② 徐老的相关论述,实在是经国济世,矫治当今学界不良风气的一帖良药。

在奔向训诂学与经学合二为一的语言世界的途中,除了前述认可从训诂学系统分离出经学条例、经学史思想外,还不时回眸客体世界,看到直接服务于客体世界,体现现实关怀经学理念,这在一大批序作、讲词中可得而窥。例如,讲词《纪念许慎,振兴中华》(1985年,合作)提出"使先哲的精神和成就成为振兴民族精神的重要动力"③。高邮王氏四种本《经传释词·弁言》(1985年)说:"近世文法之学盛行,词类划分……所分益细,穷极研几,前途正未可量,甚愿学界同人毋没王氏开创之功,平心以求之,以收相得益彰之效。"④殷殷之嘱,诚为学界良言。在为大弟子吴金华《古文献研究丛稿》所写的序言中,重申20世纪80年代为蒋礼鸿先生《义府续貂》写的《识语》,讲及治小学者须知"四事":"一曰研究词义,须注意时代特点;二曰求解通假字,须掌握声韵规律;三曰字书韵书中之僻字僻词,须求得贴切用例;四曰校勘古书,须审慎有据。""四事"不仅是对学术规范、规律的普遍性揭橥,而且蔼然师长,"即之也温",正令世之学人受教无穷。此序言经史理念,科学思想时时逸出,有云:"上来所言各事,非谓所解必是,要欲明比合、会通之旨耳。"将具体言事与普遍抽象的必然相区分,并以综合思考为思想方法之要。至于在行将到来的新世纪前的历史责任,徐老说:

---

① 徐复:《徐复语言文字学论稿》,江苏教育出版社1995年版,第303页。
② 徐复:《徐复语言文字学晚稿》,江苏教育出版社2007年版,第441页。
③ 徐复:《徐复语言文字学晚稿》,江苏教育出版社2007年版,第478页。
④ 王引之:《经传释词》,江苏古籍出版社2000年版。

"世纪行将更新,不失旧学之精义,勇于前途之开拓,实吾侪当务之急。"由序言之声而暮鼓晨钟,时代号角,学者之心声、之志趣宏愿,可知矣。又如徐老《重印〈清经解、清经解续编〉序》(2005年3月)①,讲到如何研究清代经学,"首曰辨学术流派",而流派的命名当以"中国学术之传统",或以"学派创始者""所处的时代""所在地域""学派之特征",研究时应注意到"各时各地";"次曰摒门户之见",强调"实事求是""客观公正之心""兼收并蓄""以期学术之进步";"再次曰求推陈出新",认为"世纪开元,文化昌盛,开阔视野,拓展领域,推陈出新,发展学术,此其时矣";"最末曰《经解》之文献价值","之于我国学术史研究,其价值亦不待言矣"。可知高文岸言,无不由清代经学的学术源流,而最终学术指向在于当下。此研经之学理逻辑,自然也是经学本身的逻辑,彰显了徐复先生经学思想中的实践理性。

---

① 参见阮元、王先谦编:《清经解 清经解续编》第1册,江苏凤凰出版社2005年版。

天人之学：
《太平经》的医易思想研究

李亚飞　张其成**

摘　要：天人之学是《太平经》医易思想的主要特征。易学哲学建构了气化的世界，也为《太平经》从天人整体发挥医易思想提供了理论基础：首先，阳气、阴气与中和之气分别构成天地人三气，使天地人三才一气周流，成为统一的整体；其次，太阳、太阴、中和三气不仅分别感应身体的不同部位，还决定了人的寿命长短；再次，自然、社会与人一气相通，三者在气的升降秩序上保持一致，所以要身国同治，才能实现太平治世；最后，象的实质乃是气，《太平经》也以易学的象思维诠释身体的气学与藏象说。

关键词：《太平经》　医易思想　三才　气学

《太平经》是早期道教的经典，主旨是实现身、家、国、自然间的有序和谐以致太平，医易思想是其天人之学的重要内容。据传《太平经》本就具备治病功能，该经的序文提到于吉因病重而求于帛和，帛和授其不仅能治病，还能普度众生，使乱世得以太平的《太平经》。《太平经》既吸收汉代的医学思想，又深受《周易》哲学以及汉代经学，特别是《易纬》的影响，故以医易共通的气化论为理论根基，以易学取象比类、类比类推的方法以及感应说解释自然与生命的存在状态、运动的规律与疾病的机理，力求实

---

* 本文系中国博士后科学基金面上资助项目"易医思想研究"（项目批准号：2019M660577）的阶段性研究成果。

** 李亚飞，北京中医药大学国学院博士后，北京师范大学中国哲学博士；研究方向：中医哲学、道家道教哲学。张其成，北京中医药大学国学院教授，博士生导师；研究方向：中医文化、医易思想。

现身体阴阳和谐的太平理想。在《太平经》医易学的视域下,不仅身体与自然同气互感、气化同构,身体与国家还是互相联系的有机整体。《周易》的"太和""中正"思想也体现于该经所论身体的阴阳之气与太和之气的关系上。另外,诠释生命的象思维与藏象说,也是医易思想的重要体现。

一、三才统一的整体观

《周易》和汉代易学以天地人三才作为相互作用的有机整体探讨天人之学。《易传·系辞下》言:"《易》之为书也,广大悉备。有天道焉,有人道焉,有地道焉。兼三才而两之,故六。六者非它也,三材之道也。"①此句鲜明地提出天地人的三才之道,并把三才各两分而成六数,以"六爻而成卦"②的六爻卦象象征天地人的三才之道,形成"三才成卦"说。依据《易纬·乾凿度》"天有阴阳,地有柔刚,人有仁义"③的说法,天道内含阴阳之道,主宰阴阳之气的变化,地道顺应天道的阴阳而有柔刚,人道则合天地的阴柔、阳刚而有仁义之道。三才虽各有自身的运动规律,但"一阴一阳之谓道"④的天道显然是最高的法则,是人道遵循与推演的依据。《易纬·乾凿度》"易有六位三才,天地人道之分际也"⑤,也继承了《周易》"三才成卦"说,讨论天地人的三才之道。"六位之变,阳爻者制于天也,阴爻者系于地也"⑥,则讲天气、地气对于阴阳二爻、二气的主宰地位。三才统一的思想也未忽视人的主体性,视人、自然与社会为相互促进与制约的开放性系统,并且,三才之道只有人才能开显。《泰卦·象》"天地交,泰。后以财成天地之道,辅相天地之宜,以左右民"⑦,也指出作为人格典范的君王起到裁成天地之道,辅助自然变化,使之合乎时宜的能动作用。

《太平经》也继承《周易》与汉代易学的三才说。"形体有三名,天、地、人"⑧,也视天地人为自然中最重要的存在。"多头疾者,天气不悦也。多足疾者,地气不悦

---

① 周振甫:《周易译注》,中华书局1991年版,第273页。
② 周振甫:《周易译注》,中华书局1991年版,第281页。
③ 林忠军:《〈易纬〉导读》,齐鲁书社2002年版,第86页。
④ 周振甫:《周易译注》,中华书局1991年版,第235页。
⑤ 林忠军:《〈易纬〉导读》,齐鲁书社2002年版,第86页。
⑥ 林忠军:《〈易纬〉导读》,齐鲁书社2002年版,第86页。
⑦ 周振甫:《周易译注》,中华书局1991年版,第46页。
⑧ 王明编:《太平经合校》(上),中华书局1997年版,第19页。

也"①,也遵循易学同气相求、同气相感的气论,并把"物以类相感动"②的感应说附以人格好恶。上为阳,下为阴,上者附上,下者亲下,故天之阳气感应头部阳气,地之阴气感应足部阴气,是天地的太过之气(风气、湿气等)危及身体,引起阴阳失调的疾病。"又人生皆含怀天气具乃出,头圆,天也;足方,地也"③,也把天地人视为统一的整体,不仅头足与天地的上下位置具有一致性,而且它们在"圆""方"的形象上也可类比。人由天气化生的观念也是《太平经》把人、自然"一分为三"的"三一为宗"思维模式的体现。从生成论的角度讲,人生于元气"共凝成一"④的天气,元气作为阴阳未分的整体之"一",化生的本源,凝聚为天之阳气,"分而生阴成地,名为二也"⑤,元气分化则出天地的阴阳二气,再由"上天下地"⑥的阴阳二气的氤氲交感,使"阴阳相合施生人,名为三也"⑦。可见,元气为"一",阴气、阳气以及人气(和气)分"一"而为"三"的"三一"理论,是以气化的宇宙生成论进一步对易学三才之道做出气学的理论支撑与阐释,既说明元气是三才的根本,生化万物的本源,又具体指明人是由天地阴阳二气的和谐交感化生。

人身的精气神既是三才之道的具体体现,也是"三一为宗"思维的直接运用。"三气共一,为神根也。一为精,一为神,一为气。此三者,共一位也,本天地人之气。神者受之于天,精者受之于地,气者受之于中和,相与共为一道。故神者乘气而行,精者居其中也。三者相助为治。"⑧从广义层面讲,精气神都是由元气这一"神根"之气所生,元气分则生天气、地气与中和之气(人之气)。天气生化人之神,人之精受之于地气,人之气则源自天地间的中和之气。"气生精,精生神,神生明。本于阴阳之气,气转为精,精转为神,神转为明。欲寿者当守气而合神,精不去其形,念三合以为一,久即彬彬自见。"⑨阴阳之气和合才能生精,精得蓄养方化神,神得涵养则生明。欲得长寿者就应该"守气而合神",促成精气神三者互相转化,维持身体的阴阳和谐,使三者凝聚为一体而充盈于身。总之,不仅天地人三才是相互联系、作用的整体,而且人身的精气神也是三才关系的一部分,人与自然都是由气化流行生成的有机整体。

---

① 王明编:《太平经合校》(上),中华书局1997年版,第23页。
② 王明编:《太平经合校》(上),中华书局1997年版,第34页。
③ 王明编:《太平经合校》(上),中华书局1997年版,第36页。
④ 王明编:《太平经合校》(上),中华书局1997年版,第305页。
⑤ 王明编:《太平经合校》(上),中华书局1997年版,第305页。
⑥ 王明编:《太平经合校》(上),中华书局1997年版,第305页。
⑦ 王明编:《太平经合校》(上),中华书局1997年版,第305页。
⑧ 王明编:《太平经合校》(下),中华书局1997年版,第728页。
⑨ 王明编:《太平经合校》(下),中华书局1997年版,第739页。

《太平经》阴阳交通和合的观念最为直观地体现了咸卦取象"天地感而万物化生"①的寓意,也是三才和谐关系的具体表现。咸卦上卦为泽,为少女,是阴柔之象;下卦为山,为少男,是阳刚之象。咸卦并不局限于表意山泽之气的交通,还可推扩为象征男女、天地的阴阳二气的交感化生。咸卦强调天地的作用时,人的主体地位也没有被忽视,不仅上下卦可视作少男、少女或夫妇的交感生情,而且隐喻"圣人感人心而天下和平"②,圣人与群众心心相通相感,并以男女之情所推扩出的"一阴一阳之交孚也"③,阴阳的几微显现万物阴阳离合的真机。咸卦所表达的天地阴阳二气的交感说以及泰卦的阴阳交媾之论,无不与《太平经》"夫男者,乃天之精神也。女者,乃地之精神也。物以类相感动"④,"气者,乃言天气悦喜下生,地气顺喜上养;气之法行于天下地上,阴阳相得,交而为和,与中和气三合,共养凡物,三气相爱相通,无复有害者"⑤所述观念契合。咸卦与泰卦都是上卦为阴、下卦为阳的结构,不仅表达了只有"天气下生""地气上养",才能使阴阳二气交通和合而化生和气的观念,天气、地气分别"悦喜"下生、上养,还表明《太平经》继承《周易》"以情应物"而与世界打交道的方式,以"一种生命意向的实现活动"⑥打通自我之"情"与万物之"情",为我们推出一个情的世界。从医学的角度来讲,"人有五脏化五气,以生喜怒悲忧恐"⑦。"情"与"气"相通,"情"由"气"所生,"情"能够引导"气"的运动,不良的"情"只会打破"气"的常态,只有"众情"间的"相爱相通",才能使身体阴阳之气的升降出入和谐有序,免除疾病的危害。

　　《太平经》以气化论具体诠释《周易》及易学的三才说。不仅人身部位的形象与天地之象类似,而且天地人的气化状态也具有一致性。在"三一为宗"的思维模式下,天地人作为三才,在宏观上构成互相影响的有机整体,在本根处则统一于元气,并且三才在气息的升降上也具有一致性。同时,人身也作为三才集聚的统一整体,象征着三才气息升降出入的运动方式,而精气神也与三才气化同构,表达着此人身三气的生成与和谐状态。

---

① 周振甫:《周易译注》,中华书局1991年版,第111页。
② 周振甫:《周易译注》,中华书局1991年版,第111页。
③ 焦循:《易学三书》(上),李一忻点校,九州出版社2010年版,第84页。
④ 王明编:《太平经合校》(上),中华书局1997年版,第34页。
⑤ 王明编:《太平经合校》(上),中华书局1997年版,第148页。
⑥ 张再林:《中国古代身道研究》,生活·读书·新知三联书店2015年版,第49页。
⑦ 马莳:《黄帝内经注证发微》(上),中医古籍出版社2019年版,第45页。

二、三气太和的养生观

《太平经》的阴阳哲学所讨论的元气、阴气、阳气、和气的运动变化规律,包含丰富的医易思想。阴阳哲学是易学的重要内容在汉以前就被认可,如《易传》说"一阴一阳之谓道"①,《庄子》也言"易以道阴阳"②,都认为阴阳之道是《周易》的应有之义。更不用说汉代的孟喜、京房等又将易学的阴阳五行学说系统化,自觉运用阴阳五行的气学解释与运用易学。如《京氏易传》"阴生阳消,阳生阴灭。二气交互,万物生焉"③,就以阴阳的消长互通作为易学的理论基础。《太平经》也深受汉易的影响,《后汉书·襄楷传》言"其言以阴阳五行为家",也以易学的阴阳五行学说解释自然、社会、身体的现象及其变化的原因。《太平经》"然《易》者,乃本天地阴阳微气,以元气为初"④,更是直接以元气、阴阳之气作为《周易》气论的基本内容。

《太平经》阴气、阳气的另一种称谓是太阴、太阳,元气、太阴、太阳、中和之气的交互关系同样是其医易思想的重要内容。《太平经》太阴、太阳的名称源自《周易·系辞上》"易有太极,是生两仪,两仪生四象,四象生八卦"⑤的宇宙生成论。《易纬·乾凿度》也说:"庖牺氏画坤卦,有四象变理。"⑥在易学中,关于太阴、太阳与少阴、少阳的气论构成了四象说,但在《太平经》中太阴、太阳则等同于两仪的阴阳。"元气有三名,太阳、太阴、中和"⑦,即是把此"三名"等同于阴、阳、中和。所以,元气的生化作用,及太阴、太阳的"更相感动"⑧生成了世界万物。"太阴、太阳、中和三气共为理,更相感动,人为枢机,故当深知之。皆知重其命,养其躯,即知尊其上,爱其下,乐生恶死,三气以悦喜,共为太和,乃应并出也。"⑨人作为三气的"枢机",具有调和太阴、太阳之气以致中和的能动作用,只有尊崇在上的太阳之气,爱护在下的太阴之气,乐于养生,恶于伤生,推扩好生之情,并投入炼养阴阳二气的养生实践,才能使二气调和,释放和气长养生命的潜能。《太平经》重视炼养生命所达至的阴阳调和的太和、中和状态,重视致中和之气在养生中的关键作用,很明显是受到《周易》太和、中正思想的影响。

---

① 周振甫:《周易译注》,中华书局1991年版,第235页。
② 郭象注:《庄子注疏》,成玄英疏,中华书局2014年版,第556页。
③ 卢央:《京氏易传解读》(下),九州出版社2004年版,第458页。
④ 王明编:《太平经合校》(上),中华书局1997年版,第272页。
⑤ 周振甫:《周易译注》,中华书局1991年版,第248页。
⑥ 林忠军:《〈易纬〉导读》,齐鲁书社2002年版,第123页。
⑦ 王明编:《太平经合校》(上),中华书局1997年版,第19页。
⑧ 王明编:《太平经合校》(上),中华书局1997年版,第18页。
⑨ 王明编:《太平经合校》(上),中华书局1997年版,第18页。

疾病则是太阴、太阳、中和之气的动态平衡被打破的结果。尽管《太平经》解释疾病时掺入超验的神学维度,但理性精神仍十分突出,对疾病的成因做出了比较客观的分析:

> 多头疾者,天气不悦也。多足疾者,地气不悦也。多五内疾者,是五行气战也。多病四肢者,四时气不和也。多病聋盲者,三光失度也。多病寒热者,阴阳气忿争也。多病愤乱者,万物失所也。多病鬼物者,天地神灵怒也。多病温而死者,太阳气杀也。多病寒死者,太阴气害也。多病卒死者,刑气太急也。多病气胀或少气者,八节乖错也。①

头疾、足疾与其说是天地之气不悦的感应,不如说是太阳、太阴之气的渗乱导致。《太平经》阐释五内(脏)疾病时,则不满足于太阴、太阳这种宏观的论域,而是引用易学的五行说具体阐述脏腑的生理状态。五行指阴阳运动的五条道路及五种气息的交互作用的方式,把五脏配属五行也就具体显现了五脏气息的交互方式和自身的功能属性。脏腑的五行之间维持生克的平衡是中和健康的状态,一旦"五行气战",则五脏的关系多对立而少统一,就会内生疾病。作为易学天人感应的一部分,四肢也与四时相配,春夏分有太阳之气,秋冬分有太阴之气,四时阴阳之气不调和,则生风寒暑湿燥火等非时邪气,四时邪气就会侵害四肢,造成疾困。另外,日月星三光属天气,与人的头气相感应,三光不和失度,则"多病聋盲"。而阳气亢,则生太阳杀气,易致热病、温病,阴气太过则生太阴害气,多致寒病。"刑气太急"多是四时不正的疫气,多有传染性且病程发展迅速,致死率高。而八节之气的太过与不及,同样会生气胀或少气的疾病。

人的寿命也决定于太阳、太阴、中和三气。元气是人身的先天之气,是生命存在的根本,由元气生化的太阴、太阳、中和的后天三气,则不断滋养元气,防止元气迅速耗散。所以,后天三气主导寿命的长短。《太平经》关于寿命之数的规定与《庄子·盗跖》所论"人上寿百岁,中寿八十,下寿六十"②的内容十分相似:

> 凡人有三寿,应三气,太阳太阴中和之命也。上寿一百二十,中寿八十,下寿六十。百二十者应天,大历一岁竟终天地界也。八十者应阴阳,分别八偶(隅)等

---

① 王明编:《太平经合校》(上),中华书局1997年版,第23页。
② 郭象注:《庄子注疏》,成玄英疏,中华书局2014年版,第520页。

应地,分别应地,分别万物,死者去,生者留。六十者应中和气,得六月遁卦。遁者,逃亡也,故主死生之会也。①

《太平经》把人的寿命对应于三气。其中上寿一百二十是应天气的太阳之命,寿命属于"大历一岁",是天地规定的界限,表明人完全实现了生命的潜能。中寿的八十应地气的太阴之命。八十应地之八隅(方)是以《周易·说卦传》所论八卦与时空变化相统一的论述为根据,以《易纬·乾坤凿度》卦气说的八卦方位说为具体摹本,隐喻生命的成长过程:

帝出乎震,齐乎巽,相见乎离,致役乎坤,说言乎兑,战乎乾,劳乎坎,成言乎艮。万物出乎震,震东方也。齐乎巽,巽东南也,齐也者,言万物之絜齐也。离也者,明也,万物皆相见,南方之卦也。圣人南面而听天下,向明而治,盖取诸此也。坤也者地也,万物皆致养焉,故曰:致役乎坤。兑,正秋也,万物之所说也,故曰:说言乎兑。战乎乾,乾,西北之卦也,言阴阳相薄也。坎者水也,正北方之卦也,劳卦也,万物之所归也,故曰:劳乎坎。艮,东北之卦也。万物之所成终而所成始也,故曰:成言乎艮。②

震生物于东方,位在二月。巽散之于东南,位在四月。离长之于南方,位在五月。坤养之于西南方,位在六月。兑收之于西方,位在八月。乾制之于西北方,位在十月。坎藏之于北方,位在十一月。艮终始之于东北方,位在十二月。③

太阴之命的八十应阴阳与地之八隅,对应了八卦的八个方位与其表达的生长壮老的生命历程。其中,生命萌生在东方的震位,对应正春的嫩阳和人的幼年、少年阶段;整齐地成长在东南的巽位,对应春夏之交与人的青少年之交;苗壮于南方的离位,对应正夏的太阳与人的壮年;保养于西南的坤位,对应夏末秋初与人的壮年与中年之交;成就于西方的兑位,对应正秋与中年阶段;渐衰的身体内部和气疏离,使得阴阳斗争激烈,对应于西北的乾位、秋末冬初与中老年之交;维持生命存在的阳气衰败,否定生命的太阴之气凝重而多疾苦,这对应于北方的坎位、正冬与老年;"阳动而进,阴动而退"④,阴极则阳生,元气耗散的死亡之阴气与重新聚集的新生之阳气接续出现,循

---

① 王明编:《太平经合校》(上),中华书局1997年版,第22—23页。
② 周振甫:《周易译注》,中华书局1991年版,第282页。
③ 林忠军:《〈易纬〉导读》,齐鲁书社2002年版,第79页。
④ 林忠军:《〈易纬〉导读》,齐鲁书社2002年版,第82页。

环往复,这一阶段对应于东北的艮位,为冬末春初与死生之交。这就把人的生灭过程与时空的变化阶段一一对应。具体到一年的月份,阴阳二气的消长也是循环运动的过程,决定万物的生长成藏。阳气始生于十月(对应乾位西北方、地支的亥),至十二月形成(艮位东北方、丑),于四月达到盛壮(巽位东南方、巳)。阳极生阴,至六月(坤位西南方、未)阴气形成,十一月(坎位北方、子)达至鼎盛。阴极生阳,阴阳二气又开始此消彼长的循环,决定四季的变化。

下寿的六十应中和气的中和之命,"得六月遁卦"既因六月位于四季之中位,与得中和气的土行相配,也因孟喜、京房把建未之月六月配属遁卦。遁卦是表象十二月的十二消息卦之一,它的初六、六二爻皆为阴爻,表示阴长阳消,生命的否定性因素增长,生机活力的衰弱,故下寿与遁卦相配。

总之,人体与天地人三才气化同构,与四时之气也同步相谐。是"气"贯通于天地人之间,把自然打通为一个整体。其中,太阴、太阳、太和三气的和谐流转是保证整体有序协调的根本前提,一旦三气太和的状态被打破,则表现为生命的疾困纠缠。疾困的人不仅应反省自身的行为,还当注重养生保健,摆脱疾病造成的烦恼。

三、身国同治的医世观

《太平经》借鉴易学的气化论,认为万事万物都由气所构成,天人之间同气互感,生命运转与国家运行在气化论上保持同一节奏。由于自然之气、社会之气与人气的互相感应,以及天气、地气、人气的上下升降位置与身体的上下部分、君臣民的上下等级具有可类比的结构与功能,所以必须身国同治,才能使三气太和,实现太平治世的理想。

《易传》以及汉代易学《易纬》,都以乾坤二卦及其所代表的天气与地气,象征天地、君臣民与夫妇子。《周易·说卦传》"乾,天也,故称乎父。坤,地也,故称乎母"[1],是以纯阳之卦的乾卦法象天气,纯阴的坤卦法象地气,再通过乾坤二卦变爻变卦,产生震、巽、坎、离、艮、兑六子卦。所以,乾坤隐喻天地的氤氲交媾,以和气化生人与万物。在乾上坤下、阴升阳降的自然哲学基础上,《易传》作者又加上价值哲学的立场。《周易·系辞传》"天尊地卑,乾坤定矣。卑高以陈,贵贱位矣"[2],就以天居高远与地

---

[1] 周振甫:《周易译注》,中华书局1991年版,第284页。
[2] 周振甫:《周易译注》,中华书局1991年版,第230页。

处脚下的自然之象引申出"天尊地卑"的观念,进而为政治与家庭伦理相统一的合法性建立哲学根基。《周易·说卦传》"乾为天,为圜,为君,为父"①,"坤为地,为母"②,坤卦的《文言》也说坤卦象征"地道也,妻道也,臣道也"③。总之,乾代表天气,象征君父,坤地象征臣妻,他们"皆辄顺天道,不可违化"④。君父、臣母的尊卑地位都有天道的根基,具有无可争议的可类比性。《易传》还从宇宙生成论的角度论证尊卑的天道:"有天地然后有万物,有万物然后有男女,有男女然后有夫妇,有夫妇然后有父子,有父子然后有君臣,有君臣然后有上下,有上下然后礼义有所错。"⑤天地、万物、男女、夫妇、父子、君臣这种依次生成的方式,从时间先后的角度论证了文明逐渐成熟的历程,由此引申出由个体到家庭,由家庭到国家的家国同构的生成方式,具有一定的客观性。易学同样重视身体的气化结构与升降秩序,因家国是由作为基本单位的个体的生命所构成,个体生命的健康与否,直接影响到家国能否和谐稳定。《周易·说卦传》"乾为首。坤为腹"⑥以"近取诸身"⑦的取象方式用八卦言形体,乾为首表示"阳尊居上也"⑧,坤为腹以示"阴广容物也"⑨。同样,《易纬·乾坤凿度》也以八卦"配身",以"乾为头首,坤为胃腹"⑩,并提出取象法用、"养身法颐"⑪的效法颐卦的养生之道。

受到乾坤的阴阳氤氲沟通,使天地自然与身国和谐观念的影响,《太平经》也以"三气相通"的和谐状态作为身国同治的理想实现。《太平经》以天气、地气的和谐交通作为身国同治的理想实现,并更加突出人的主导作用。与易学一样,"君导天气而下通,臣导地气而上通,民导中和气而上通"⑫,同样把尊贵的君主与天气相感,处下位的王臣感应地气,民是三才中的人,感应中和气。君主引导天气下通,臣引导地气上通,民引导和气上通,从而形成了天地交泰之象:

> 故君臣民当应天法,三合相通,并力同心,共为一家也。比若夫妇子共为一家也,不可以相无,是天要道也。此犹若人有头足腹,乃成一身,无可去者也;去

---

① 周振甫:《周易译注》,中华书局1991年版,第285页。
② 周振甫:《周易译注》,中华书局1991年版,第285页。
③ 周振甫:《周易译注》,中华书局1991年版,第16页。
④ 林忠军:《〈易纬〉导读》,齐鲁书社2002年版,第135页。
⑤ 周振甫:《周易译注》,中华书局1991年版,第295页。
⑥ 周振甫:《周易译注》,中华书局1991年版,第284页。
⑦ 周振甫:《周易译注》,中华书局1991年版,第257页。
⑧ 张景岳:《张景岳医学全书·类经附翼》,中国中医药出版社2014年版,第778页。
⑨ 张景岳:《张景岳医学全书·类经附翼》,中国中医药出版社2014年版,第778页。
⑩ 林忠军:《〈易纬〉导读》,齐鲁书社2002年版,第122页。
⑪ 林忠军:《〈易纬〉导读》,齐鲁书社2002年版,第122页。
⑫ 林忠军:《〈易纬〉导读》,齐鲁书社2002年版,第152页。

之即不足,不成人也,是天地自然之数也。①

只有三气相通,才能"并力同心,共为一家也"。君臣民具有向心力,各引与自身相感之气,使三气沟通无碍,才能使家国太平,成为和谐的整体。《太平经》把这种天人同治的和谐关系比作人的头足腹的统一,显然受到"乾为首,坤为腹,震为足"的易学思想影响。太阳、太阴、太和三气共同作用于自然、家国与身体,任何一方气息升降的失调都会影响其他两方的和谐,三者是气化流行的有机整体。所以,身体必须与君臣民、天地人的气息运动协调一致,才能身国同治,调谐病态的气机失和,实现身体健康的内治与家国太平的外治结合。为突出天人为气化的有机整体,《太平经》还以脉为例,认为它随气运动,持脉视其往来度数就能感知四时五行得失,了解身体气机的盛衰,并认为其原理与治国安民的道理一致:

> 脉乃与天地万物相应,随气而起,周者反始。故得其数者,因以养性,以知时气至与不也,本有不调者安之。古者圣贤,坐居清静处,自相持脉,视其往来度数,至不便以知四时五行得失,因反知其身盛衰,此所以安国养身全形者也,可不慎乎哉!②

察脉就能够感知时气,可能深受《易纬·通卦验》的影响。《通卦验》的卦气说把二十四节气与手足十二经脉的脉气一一对应,脉的盛虚取决于二十四节气的太过与不及。节气的异常引起脉失和的同时,也能引发相应的疾病,因为天人同气相感,阴阳二气不可"当至不至"③,也不能"未当至而至"④。《太平经》同样认为脉与天地万物都由气所构成,时气的往来皆有度数可循,是以"四时五行得失"⑤作为客观尺度,所以感知脉气不仅可知身体之气的盛衰,还能体察自然之气的太过与不及。《太平经》在《通卦验》天人同气说的基础上,还把脉气与国家的气数相感应,脉气同样能表现国家的安危。总之,无论是治国还是治身,都要符合"天地自然之数"⑥,以易学的"气数"为准则养性,以黄老的"清静无为"为行为方式,才能安国、养身。

---

① 王明编:《太平经合校》(上),中华书局1997年版,第150页。
② 王明编:《太平经合校》(上),中华书局1997年版,第180也。
③ 林忠军:《〈易纬〉导读》,齐鲁书社2002年版,第280页。
④ 林忠军:《〈易纬〉导读》,齐鲁书社2002年版,第280页。
⑤ 林忠军:《〈易纬〉导读》,齐鲁书社2002年版,第280页。
⑥ 王明编:《太平经合校》(上),中华书局1997年版,第150页。

四、诠释生命的象思维

《太平经》借鉴易学的象思维,认为"人者,乃象天地"①,考察具体的事物的现象,运用类比、直观、象征的方式表达现象世界的意义。"象者,气也。"②人取象涌现于自然界的各种现象,以意象创造卦象是为了表达气的运动状态与规律,而天气、地气、人气是自然界最具重要的三气,三气的对立统一交织着千变万化的世界现象,所以三气是《太平经》象思维主要诠释的对象。受到易学象思维以及汉代天人感应说的影响,《太平经》也自觉地运用象思维和感应说表达气化的生命存在状态。

首先,帝王效法天、地、人、物的不同之象治理国家,会使自我与人民得到长短不同的寿命。《太平经》"天治者,其臣老,君乃父事其臣,师事其臣也"③,其隐含之意是作为天子的帝王,法象天(乾)气下降的谦卑之象,善待有德的群臣,把群臣尊为天(乾)的上位。君以臣为父师事之,则能够使君臣"合策而平天下也"④。而"象天治者(君)",又具备了天的"仁好生不伤"⑤的生生之德。"天以安平为欢,无疾病,以上平为喜,故使人民皆静而无恶声,不战斗也。各居其所,则无病而说喜"⑥,是说天的"安平""无疾病"所现的喜象使人民无疾病而欢喜,这就既突出天气和顺对于身体的有利影响,也隐喻作为天子的君王也要观天象以明人事,法象天气的和平与生养的作用,促成国家的长治久安,不仅使人民健康长寿,自己也将作为"象天者独老寿,得天心"⑦。"象地治者"⑧的君主低于象天而治的境界,因其"友事其臣"⑨,以自己为天(乾)的上位,把臣作为朋友,使其处于"阴顺"的地(坤)位,最终只能使二者"同志同心"⑩而治国,得到并不完美的"顺善而成小伤"的"小伤生"⑪的结果。因地气生养生命是以自身能量的流失为代价,所以君主也作为"象地者小不寿,得地意"⑫。君主法象人而治的效果又次于法象地治。君主使臣的地位卑下,"象父生其子,子少未能为

---

① 王明编:《太平经合校》(上),中华书局1997年版,第294页。
② 林忠军:《〈易纬〉导读》,齐鲁书社2002年版,第154页。
③ 王明编:《太平经合校》(上),中华书局1997年版,第196页。
④ 王明编:《太平经合校》(上),中华书局1997年版,第196页。
⑤ 王明编:《太平经合校》(上),中华书局1997年版,第197页。
⑥ 王明编:《太平经合校》(上),中华书局1997年版,第200页。
⑦ 王明编:《太平经合校》(上),中华书局1997年版,第198页。
⑧ 王明编:《太平经合校》(上),中华书局1997年版,第196页。
⑨ 王明编:《太平经合校》(上),中华书局1997年版,第196页。
⑩ 王明编:《太平经合校》(上),中华书局1997年版,第196页。
⑪ 王明编:《太平经合校》(上),中华书局1997年版,第198页。
⑫ 王明编:《太平经合校》(上),中华书局1997年版,第198页。

父作策也,故其治小乱矣"①。人治取象不良的父子关系,即臣子年少,未能为君父作策,又"苟中而已,不为君计也"②,"得中和之气,和者可进可退难知,象子少,未能为父计也,欺其父也"③。因为君主法象人的和气不坚守正道,为了私欲不履行"为父计"的义务,导致国家小乱,君臣善争斗,民不聊生,所以"象人者寿减少"④。君主最低级的治理是法象万物而治。"跂行者无礼义,万物者少知,无有道德。夫跂行万物之性,无有上下,取胜而已,故使乱败矣。"⑤没有礼仪规范的万物所禀赋的是杂乱之气,只会争强取胜,败乱国家,所以"象万物者死,无时无数也"⑥。总之,君主作为天地人的最关键一环,取象境界的高低,不仅决定社会的治乱,也是人体寿命长短的关键要素,寿命的长短不仅与自然环境相关,还受到人为因素的重要影响。是天地人三才之气的相互作用,使整体内部复杂多变。

其次,《太平经》的《八卦还精念文》还以易学的时空方位与五脏对应,主要以四象配五脏之气。心为阳中的太阳,肝为阴中的少阳,脾为阴阳的中和,肾为阴中的太阴。修道者念诵含有这些内容的文字,则能够除病长寿。

"少阳有气,与肝共位,甲乙寅卯,青色相类。万物之精,前后杂出,仁恩心著。勇士将发"⑦,是把肝气与少阳的时空之象相应,认为二者共居东方的震木之位,属木的青色,并把十天干的"甲乙"与十二地支的"寅卯"相配。少阳对应的季节是春天,是阳气初生之象,象征万物的精气杂出。"仁恩心著"是把儒家五常之意的仁与震卦、木行相配,《易纬》说:"八卦之序成立,则五气变形。故人生而应八卦之体,得五气以为常,仁、义、礼、智、信是也。夫万物始出于震。震,东方之卦也,阳气始生,受形之道也,故东方为仁。"⑧这是把震卦之气或木气主生发受形与仁者的好生之德相类比,《太平经》显然也受到以卦气、五行配属五常说的影响。"勇士将发"是隐喻"肝为刚脏"主升发、主动的阳刚特性。所以修炼者念视这些文字能够促进体内的少阳之气升发,使体内的"光(玄明内光)若日之始出",身体也"百病除愈,增年三倍"。⑨

太阳是阳气盛大之象,与心气相类。"太阳盛气,与心相类,丙丁之家,巳午养

---

① 王明编:《太平经合校》(上),中华书局1997年版,第196页。
② 王明编:《太平经合校》(上),中华书局1997年版,第196页。
③ 王明编:《太平经合校》(上),中华书局1997年版,第197页。
④ 王明编:《太平经合校》(上),中华书局1997年版,第198页。
⑤ 王明编:《太平经合校》(上),中华书局1997年版,第197页。
⑥ 王明编:《太平经合校》(上),中华书局1997年版,第198页。
⑦ 王明编:《太平经合校》(上),中华书局1997年版,第338页。
⑧ 林忠军:《〈易纬〉导读》,齐鲁书社2002年版,第81页。
⑨ 王明编:《太平经合校》(上),中华书局1997年版,第338页。

位"①,又把火气至盛之时的十天干的丙丁与十二地支的巳午对应心气。"睹之,百邪除去,身日以正。宜意柔明大,不可强求"②,是把邪归为阴气,把日气归为盛阳(太阳)之气,阳盛则驱散阴邪,所以身体正气充足。阳气至盛易散,走向自身的相反面,所以《易纬·乾凿度》以离卦喻"阳得正于上,阴得正于下,尊卑之象定,礼之序也,故南方为礼"③。太阳之气对应于离卦、火行,离卦虽盛,却没有诉诸刚强的武力,而更强调人文之礼,所以养生也要法象离象,柔养心神,防止盛极而衰才能使阳气"明大","见字而寿,光若日中之明"④。

  中和是土气的阴阳调和之象,也是脾之气。"中和之气,与脾相连,四出季乡,乃返还戊己。中居辰戌,丑未为根"⑤,是以脾土主四时,认为四季和每个时辰都有土气。以月份的戊己为土的本位,源自长夏是戊己之季,不仅居四季之中位,而且是土气主时的观念。具体到十二时辰来讲土的时位,则丑未为土的根位,辰戌为土的中位。以丑未为土之根是因丑时为阳气初发之时,未时是阴气初长之时,二者都是中和阴阳的脾气根生之时。而辰时已经度过了阳气初长的阶段,阳气逐渐盛大,却又未至午时阳气盛极而衰之时,所以辰时是阳气居中;戌时则是由阴气初长的未时而来,此时阴气渐盛,却未至极盛的子时,所以戌时是阴气居中。辰戌是阴阳二气发展的中间阶段,所以二者是阴阳调和的脾气"中居"之时。"举顺之而思其意,还以治其病,精若黄龙。而见此字,其病消亡,增年五倍。令人顺孝,臣爱其君,子爱其父"⑥,是要求念睹上述文字者,能够领悟其要旨来指导治病。"精若黄龙""增年五倍"是借用易学的观念解说治病的效果,因为《周易》乾卦把六爻比作"六龙",把坤卦"上六"爻喻为"龙战于野"⑦,以坤卦的六五爻居中象征"君子'黄'中通理"⑧,以正色的黄色隐喻君子居正位的美德,而易学又以五行的土色为黄,所以《太平经》以"黄龙"比喻脾气调和、精气充盈的状态。土行之数为五,故脾土之气充盈,能使寿命增加至"五"的倍数。"令人顺孝"是把爱养己身之道推扩为"顺孝"之道,《洪范》有"土爱稼穑"之说,《太平经》则把土行滋养万物之象类推为臣子奉养、顺孝君父的事象。

  少阴与秋天、黄昏的时象对应,其阳气渐藏,阴气渐长,"其气敛降的态势,正与肺

---

① 王明编:《太平经合校》(上),中华书局1997年版,第338页。
② 王明编:《太平经合校》(上),中华书局1997年版,第338页。
③ 林忠军:《〈易纬〉导读》,齐鲁书社2002年版,第81页。
④ 林忠军:《〈易纬〉导读》,齐鲁书社2002年版,第81页。
⑤ 王明编:《太平经合校》(上),中华书局1997年版,第338页。
⑥ 王明编:《太平经合校》(上),中华书局1997年版,第338页。
⑦ 周振甫:《周易译注》,中华书局1991年版,第14页。
⑧ 周振甫:《周易译注》,中华书局1991年版,第17页。

五行属金,其气肃降之象同"①。"少阴之旬,与师精并,灵扇出气,位属庚辛。申酉义诛,猾邪盗贼不起,邪不得害人"②,是以肺气的少阴象表征肺部的功能。《黄帝内经·五味》:"其大气抟而不行者,积于胸中,命曰气海,出于肺,循喉咽,故呼则出,吸则入"③,就以"气海"表达肺聚积一身之气,司呼吸的作用。《太平经》则以"与师精并,灵扇出气"的物象做隐喻。"师"可能意指脾、心的精气传送到肺的过程,"庚辛"是指秋天兑金的时气,"申酉"则主要指西方、黄昏之时的金气、兑卦之气,这些时气都与肺气同气相应。《易纬·乾凿度》:"兑,西方之卦也,阴用事,而万物得气宜,义之理也,故西方为义。"④西方的兑金有肃杀之气,象征着阴事,而义者,宜也,兑金之气肃降使万物之气各得所宜,所以《太平经》说"申酉义诛,猾邪盗贼不起,邪不得害人",以天人一体的整体观,不仅透彻分析生理、病理、气象的自然哲学,还将生命、自然、人事相贯通,力图实现自然哲学与价值哲学的统一。

太阴与坎卦相配,象征冬季、子夜的时气,是阴中的太阴。《太平经》说:"肾盛之气,增年百倍。极阴生阳,其国大昌。常而思之,不知死亡。阴上阳起,故玄武为初始。龙德生北,位在东方,故随其后。朱雀治病,黄气正中。君而行之,寿命无穷。"⑤这是以易学的时空结构为模型,以太阴、坎卦象征"极阴生阳",既说明肾虽为阴脏,却内涵生发的阳气,存思这些义理,则使肾气盛而"不知死亡",也喻指国家根基稳固,国运兴旺。以太阴之肾而言,阳气潜藏于阴气之中,在阴气的基础上才能升发,故以代表北方水行的玄武之象象征肾阳之气的初起,以东方青龙的木气生于北方玄武的水气类比水能生木,阳气升发的阶段。南方的朱雀与心皆属火行,为同气相感,"朱雀治病"的观念可能与先秦流传下来的扁鹊等神医能够治病有关。"黄气正中"则是源自土气居时空中位的观念。

《太平经》认为在时空之中,脏气、五行之气、卦气等是动态和谐感应的整体,只要人的思想观念与行为方式顺应这种规律,就能长寿。所以,《太平经》认为"升执其平","思精而不止"⑥,保持人气与时气的动态平衡,使"八卦在内,神成列行,白虎在后",就能够使"邪气消亡",获得"延年之纪"。⑦

最后,《太平经》以十二消息卦象对应的十二地支与十天干诠释胎孕的内涵,还以

---

① 潘毅:《寻回中医失落的元神1:易之篇·道之篇》,广州科技出版社2013年版,第53页。
② 王明编:《太平经合校》(上),中华书局1997年版,第339页。
③ 马莳:《黄帝内经注证发微》,中医古籍出版社2019年版,第1078页。
④ 林忠军:《〈易纬〉导读》,齐鲁书社2002年版,第81页。
⑤ 王明编:《太平经合校》(上),中华书局1997年版,第339页。
⑥ 王明编:《太平经合校》(上),中华书局1997年版,第339页。
⑦ 王明编:《太平经合校》(上),中华书局1997年版,第339页。

乾坎艮震的方位解释受孕于腹部的道理。《八卦念精文》言："玄明内光,大幽多气,与贤同位,壬癸之居。亥子共身,周流相抱,极阴生阳,名为初九。一合生物,阴止阳起,受施于亥,怀妊于壬,藩滋于子。子子孙孙,阳入阴中,其生无己。思外洞内,寿命增倍,不可卒致,宜以长久。"①这是受孟喜的十二消息卦气说以及京房的纳甲说影响,以天干、地支相结合阐释生命的孕化,也隐含坤、复二卦的卦气。"玄明内光"多天气的生气,并且遵循"天一生水",水气是生命生化的本源的观念,所以构成生命精微的"玄明内光"居于玄幽的壬癸水位。而天施地养,地支的"亥子"分别对应坤、复二卦,象征着天气的"内光"赋予地气,使"极阴生阳""阳入阴中",纯阴的地气得到初生的阳气,《太平经》以阳爻的"初九"代表此生命的初生"怀妊"阶段。阳气赋予的生命自子时始生,到巳时阳气隆盛,生长到极致,至午时阴气初生,阳气始衰,亥时则阴气极盛而无阳,生命衰亡,而生命否定之气中就潜藏着积极之气,极阴则阳生,自子时复生,生命又开始了新一轮的循环,生生不息。

《太平经·三者为一家阳火数五诀》则以八卦的部分象位与人体相应,具体解释胎儿身体部位的排列。"初生属阳,阳者本天地人元气。故乾坎艮震,在东北之面,其中和在坎艮之间,阴阳合生于中央。故凡怀妊者,在头下足上,中腹而居。"②从生成论角度讲,阳气本于天地人共有的元气,主生养成就生命。乾坎艮震四卦气与象位,则象征生命的初始阶段。乾卦居西北,坎卦居正北,艮卦居东南,震卦居正东,《太平经》则笼统地称此四卦位居东北。坎艮居四卦的中位,故得"中和"之气,《太平经》借用该中和象位阐释胎孕中婴儿的身体分布。胎儿之所以头在下、足在上,是因腹部对应坎艮的中和之位(居微),头足则居两端,头在下对应于乾卦之位,震在上对应于足部之位。

《太平经》运用医易的象思维阐释胎孕中婴儿的身体方位,并引申发挥,阐释万物生命生成的普遍原理。"微在中和之下。阳合者生于最先发去,出其形气,投于他方者,此主天地人三气初生之处,物之更始,以上下不可有刑杀气居其中也。置其德气阳气,乃万物得遂生;如中有凶气辄伤。故出其刑去之也。"③阳气主生养,相较于阴气的被动,阳气是处于主动的一方,所以阳气调和则率先出其身体,投于孕育生命的母体之处,与母体的阴气结合,从而开启了新生命的历程。这是以雄方为主体隐喻雌雄交媾化生生命的过程,此过程也并非一帆风顺,时而会有阻碍的因素,即凶气的伤害,所以要主动消除这些不利因素。

---

① 王明编:《太平经合校》(上),中华书局1997年版,第338页。
② 王明编:《太平经合校》(上),中华书局1997年版,第676页。
③ 王明编:《太平经合校》(上),中华书局1997年版,第676—677页。

总之,在天人同构的视域下,《太平经》具体运用了易学的时空象位逻辑阐释生命现象。与具体现象相结合的医易之学,并非脱离生活的抽象之学,而是以与身体对应的卦象解释生命的现象与原理,以生活的体验为思想的缘发境域,从而获得关于天道的体悟。《太平经》医易学以易释医的思路对后世道教医易学的发展中起到了重要的引领作用,《周易参同契》《黄庭经》等无不是沿着这条路数继续发展道教医易学的思想。

五、藏象说的神学化:存思体内神

藏象说既指脏腑的精气状态表现于外的气象,也指脏腑与自然之气相感应之象。该说自觉运用易学取象比类的思维,以阴阳五行之气阐释脏腑之象的内涵,使复杂的藏象表现得以被认识。《太平经》同样重视藏象说所表达的生理、病理,还神化了《内经》依照脏腑功能类比官职的功能,把五脏六腑神学化,形成了五藏神、身体神,并按照五行之色,画出五脏神的画像以便于存思。

《太平经》认为疾病与脏腑神离散有关。具体来讲,脏腑神"皆上天共诉人也,所以人病积多,死者不绝"[①]。其中,"故肝神去,出游不时还,目无明也;心神去不在,其唇青白也;肺神去不在,其鼻不通也;肾神去不在,其耳聋也;脾神去不在,令人口不知甘也;头神去不在,令人眴冥也;腹神去不在,令人腹中央甚不调,无所能化也;四肢神去,令人不能自移也"[②]。这是运用了医学理论诠释身神与身体的联系。肝主目,肝气亏损、耗散则目不明;心主血脉,血之华可反映在口唇的颜色上,心血不足则唇青白;肺开窍于鼻,肺气不畅,则鼻窍不通;肾开窍于耳,肾精亏损,则易耳聋;"土生甘,甘生脾"[③],"土主稼穑,稼穑作甘"[④],脾土所生的气味为甘,甘味入脾经,脾使味觉能够辨知甘味,脾不足则"不知甘";头部供血不足或经络不通畅则眩晕、昏冥;腹部是肠胃所居,肠胃不调则无力运化谷物;四肢灵活,痉挛则不能自由移动。《太平经》在这些医学原理的基础上,做出了神学化的拓展,认为身体之神主宰着身体功能的正常运转,一旦身神离去,则身体功能会出现障碍。

《太平经》提出存思悬挂五藏神之象,令游散于外的藏神归还的方法。藏神本应

---

① 《三洞珠囊》,载《道藏》第 20 册,文物出版社 1988 年版,第 303 页。
② 《三洞珠囊》,载《道藏》第 20 册,文物出版社 1988 年版,第 303 页。
③ 马莳:《黄帝内经注证发微》,中医古籍出版社 2019 年版,第 49 页。
④ 张志聪:《黄帝内经集注》,中医古籍出版社 2015 年版,第 30 页。

存在于体内,在人神安气定的时候能够保持藏神安居于脏腑的状态,一旦精神散乱,则藏神不但"游不以时","还为身害"①,所以《太平经》设计了追还藏神的方法。首先不仅要斋戒以示虔诚,使身心纯洁无瑕,还要选择洁净的空室,要求空间的素净,因为"夫神、精,其性常居空闲之处,不居污浊之处也"②。如果"不斋不戒,精、神不肯还反人也"③。"悬象香室中"④是建立存思之神与人身沟通的媒介:

> 使空室内傍无人,画象随其藏色,与四时气相应,悬之窗光之中而思之。上有藏象,下有十乡,卧即念以近悬象,思之不止,五藏神能报二十四时气,五行神且来救助之,万疾皆愈。男思男,女思女,皆以一尺为法,随四时转移。春,青童子十,夏,赤童子十,秋,白童子十,冬,黑童子十,四季,黄童子十二。二十五神人真人共是道德,正行法,阳变于阴,阴变于阳,阴阳相得,道乃可行。⑤

这是具体地讲述存思的对象、人神沟通的方法与治病的原理。存思者随藏象的五行与四时之色而画像,将画像悬置于窗户明处而存思十方之乡的诸神。《太平经》卷七二的《斋戒思神救死诀》载:"此四时五行精神,人为人五藏神,出为四时五行神精。"⑥这些五藏神与四时五行精神实为一体,都随时气运动,只不过有身体内外之分,所以五脏神能报送二十四时气。其中,春季、夏季、秋季、冬季分别应十个肝神青童子神、心神赤童子、肺神白童子、肾神黑童子,由他们具体报送每季的时气。"二十五神人真人"⑦是指:"其近人者,名为五德之神,与人藏神相似;其远人者,名为阳历,字为四时兵马,可以拱邪,亦随四时气衰盛而行。"⑧五脏各有这些五方之神拱卫正气,所以为二十五神。存思者存思藏神、五行神、五德之神、阳历,使其或重新聚集于脏腑,或拱卫于身体周边。人与他们沟通,感知时气的变化,从而使自身的太过或不足的阴阳之气各有损益,与时气协调一致,达到"万疾皆愈""阴阳相得"⑨的效果。

《太平经》的存思体内神,存想神之气象治病的方法,深刻影响到魏晋南北朝道教存思、斋醮的仪式。其存思法不仅影响早期天师道存思招引天兵、鬼卒等治病的仪

---

① 王明编:《太平经合校》(上),中华书局1997年版,第14页。
② 《三洞珠囊》,载《道藏》第20册,文物出版社1988年版,第303页。
③ 《三洞珠囊》,载《道藏》第20册,文物出版社1988年版,第303页。
④ 《三洞珠囊》,载《道藏》第20册,文物出版社1988年版,第303页。
⑤ 王明编:《太平经合校》(上),中华书局1997年版,第14页。
⑥ 王明编:《太平经合校》(上),中华书局1997年版,第292页。
⑦ 王明编:《太平经合校》(上),中华书局1997年版,第14页。
⑧ 王明编:《太平经合校》(上),中华书局1997年版,第292页。
⑨ 王明编:《太平经合校》(上),中华书局1997年版,第14页。

式,还对上清派的存想体内精气的形象引导养生修炼具有重要影响。这些教派不再悬置神像作为存思的有形实体,而是依靠内在的冥想,从而使身体内外的神灵整合为一体。

另外,《太平经》的医易思想还应包含承负观念,认为疾病是承负家族的过错所致。承负观念演化自《易传》的"积善之家必有余庆,积不善之家必有余殃"[1]。《太平经》"力行善反得恶者,是承负先人之过,流灾前后积来害此人也。其行恶反得善者,是先人深有积畜大功,来流及此人也"[2],其论与佛教因果报应作用于个人前世、今生、往世不同,承负观念还可把因果报应的链条扩大到家族成员,祖先的善恶同样可以受应于其子孙。《太平经》举例说"胞胎及未成人而死"的原因是"承负先人之过"[3],这就给予疾病、死亡等灾厄以超验维度的解释。

《太平经》的医学思想以易学的思维模式诠释生命的运动方式,建立了人、自然、社会三位一体的医易思想,全面讨论疾病与养生。《太平经》不仅注意到身体与自然在气的作用下是相互影响的有机整体,而且认为社会因素同样也是影响身心健康的重要方面。另外,虔信的状态也对身体气的运动产生积极影响。在同气的作用下,身体、心灵、自然、社会等方面的要素有机结合,至少在哲学理念上建立了超前的生态医学,对于当代治疗疾病、养生保健的方法论仍具有重要启示。

---

[1] 周振甫:《周易译注》,中华书局1991年版,第16页。
[2] 王明编:《太平经合校》(上),中华书局1997年版,第22页。
[3] 王明编:《太平经合校》(上),中华书局1997年版,第23页。

俞樾《尚书》学研究及其得失

赵成杰

摘　要：俞樾为晚清著名朴学大师，所著《春在堂全书》五百余卷，其《群经平议》中《尚书》四卷为清代自《经义述闻》后最重要的《尚书》学成果之一。本文以《尚书平议》为核心，并搜集其他补遗成果，论析俞樾《尚书》学研究方法，其中"二重证据法"多为人所忽。前人多责俞樾好言通假，对其成绩多不经心；本文将俞樾《尚书》研究得失分别详加讨论，认为其文字训诂所得尤多，值得珍视。

关键词：俞樾　《尚书》学　《春在堂全书》

俞樾(1821—1907年)，字荫甫，号曲园，浙江德清人，道光三十年(1850年)进士，历官翰林院编修、河南学政等职，晚年主讲杭州诂经精舍，为晚清著名朴学大师。俞樾出身于一个知识分子家庭，父祖虽科场不顺，然皆有所撰述。① 俞樾自幼便从父母读书，四书等多能成诵，九岁时即萌生著述之志，"剪纸为书册之形，自为书而自注之"②。少时所习为俞氏中年后治学奠定了良好的基础，其尝谓"中年以后博览古今书籍，……清夜不寐，偶一寻绎，其了然在信目间。背讽犹得十之六七者，皆童时所诵

---

* 本文系国家社会科学基金西部项目"清人笔记所见《尚书》类文献整理与研究"(项目批准号：18ZXS005)、国家社会科学基金重大项目"中国古代类书叙录、整理与研究"(项目批准号：19ZDA245)的阶段性研究成果。

** 赵成杰，文学博士，历史学博士后，同济大学人文学院助理教授；主要从事《尚书》学研究。

① 俞樾：《宾萌集》卷五《先府君行述》，载《春在堂全书》，光绪九年重订本。按，后文所引《春在堂全书》相关文献皆出此版，不另注明。

② 俞樾：《春在堂全书录要·序》。

习也"①。至咸丰二年(1852年),俞氏任翰林院编修之职,数年中得职务之便,"兰台之藏,龙威之秘,涉猎所及不为不广矣"②,为后续研究工作再次打下基础。纵观俞氏少时读书历程,并未师从著名学者,学问皆自修而得。

一、引言

咸丰五年(1855年),俞樾简放河南学政,后二年即因割裂试题案为人弹劾而免官,从此摆脱官场俗务,"无簿书填委之劳"③。咸丰八年(1858年),38岁的俞樾于苏州购地建置"曲园",于此"闭户发箧,取童时所读诸经复诵习之,于是始窃有撰述之志矣"④。早岁"溺于词章"⑤的俞樾至该年夏天,始宗高邮王念孙、王引之父子治经,其《曲园自述诗》谓"此是研求经义始,瓣香私自奉高邮",并注云:"是年夏间无事,读高邮王氏《读书杂志》《广雅疏证》《经义述闻》而好之,遂有意治经矣。"⑥其《上曾涤生爵相》亦谓:"每念国朝经术昌明,超逾前代,诸老先生,发明古义,是正文字,实有因文见道之功。而樾所心折者,尤在高邮王氏之学。"⑦此后十年间,俞樾规模王氏父子,先后撰成《群经平议》《诸子平议》《古书疑义举例》三书,成为他的代表著作。此三书为俞氏的精力所萃,其云:"此后天假之年未即委化,或精力尚强,不妨续有所作。否则,涵养性真,为道日损矣。"⑧梁启超谓俞氏:"私淑石臞父子,刻意模仿,《群经平议》模仿《经义述闻》,《诸子平议》模仿《读书杂志》,但他并非蹈袭,乃应用王家的方法,补其所未及。"⑨对此俞氏三书,其弟子章太炎评云:"治群经不如《述闻》谛,诸子乃与《杂志》抗衡。及为《古书疑义举例》,剌察觿理,疏紾比昔,牙角大见,绁为科条,五寸之椝,极巧以展,尽天下之方,视《经传释词》,益恢郭矣!"⑩俞樾学问广博,后数十年除了如其所说的补续两《平议》外,撰述繁多,主要有《第一楼丛书》30卷(含《古书疑义举例》7卷)、《俞楼杂纂》50卷、《曲楼杂纂》50卷、《春在堂杂文集》43卷、《茶香室经

---

① 俞樾:《春在堂杂文集》卷二《汪莲府兵部六十寿序》。
② 俞樾:《春在堂杂文集》卷二《汪莲府兵部六十寿序》。
③ 俞樾:《春在堂杂文集续编》卷三《金眉生六辛图序》。
④ 俞樾:《群经平议·序目》,载《续修四库全书》,上海古籍出版社2002年版。
⑤ 俞樾:《春在堂尺牍》卷二《与沈吉斋》。
⑥ 俞樾:《曲园自述诗》。
⑦ 俞樾:《春在堂尺牍》卷二《上曾涤生爵相》。
⑧ 俞樾:《春在堂尺牍》卷一《又与子高》。
⑨ 梁启超:《中国近三百年学术史》,上海古籍出版社2013年版,第227页。
⑩ 章太炎:《俞先生传》,载《太炎文录初编》,上海人民出版社2014年版,第217页。

说》16卷、《春在堂随笔》10卷等,其著作合辑《春在堂全书》共计486卷。未收入《春在堂全书》的著作,尚有《荟蕞编》20卷、《耳邮》4卷、《俞曲园先生日记残稿》1卷等数种。①

俞樾学术研究成果很多,主要是围绕经学展开的,其自谓"著书垂五百卷,说经者居其半"②。而其经学研究的主要内容则是字词训诂、校勘和文句断读。曾昭旭谓俞樾治学"主休宁戴氏一派,而近取高邮王氏"③。俞氏治经,同戴震一样强调由训诂而通义理,而其义理阐述则以今文公羊学为主④,此于其朴学考据中亦时隐时现。

俞樾的学术成绩很大,但至今对其进行研究的论著却不多见。曾昭旭所撰《俞曲园学记》对俞氏的生平和总体学术有简要的评述。王其和所撰《俞樾训诂研究》⑤以俞氏《群经平议》《诸子平议》《古书疑义举例》等著作为研究对象,对其训诂学进行了较为系统的考察。对于俞氏的经学研究,主要有罗雄飞所著《俞樾的经学思想与经学研究风格》一书,对俞氏的公羊学思想、学术方法和地位有较详的论述。吴华所撰《〈尚书平议〉训诂研究》⑥对《群经平议》中俞氏的《尚书》训诂有分门别类的研究,并辨其得失。此外还有《俞樾〈诸子平议〉研究》《俞樾〈古书疑例〉的训诂价值》《〈古书疑义举例〉文例研究》等学位论文。

俞樾的《尚书》研究在其经学研究系统中占有重要的地位,上述吴华论文仅是对《尚书平议》中所涉《尚书》训诂的论析,此外俞氏还有许多《尚书》观点值得讨论。本文拟对俞氏《春在堂全书》所及《尚书》论点进行全面的分析,让俞氏的《尚书》学研究面貌更加清晰,并以此充实《尚书》学研究史。

二、俞樾《尚书》研究的方法

俞樾的《尚书》研究论著很多,散布在《春在堂全书》各处。曾昭旭指出:"曲园治《尚书》,训诂而外,论其史事大义者颇多,其绪论散见于《湖楼笔谈》《宾萌集》《尚书平议》《茶香室经说》及《达斋说》等书之中。"⑦由于俞氏治经的方法和著述形式均依高

---

① 曾昭旭:《俞曲园学记》,中华书局(台湾)1971年版,第70页。
② 俞樾:《春在堂诗编》卷二二。
③ 曾昭旭:《俞曲园学记》,中华书局(台湾)1971年版,第20页。
④ 罗雄飞:《俞樾的经学思想与经学研究风格》,电子科技大学出版社2014年版,第87—130页。
⑤ 王其和:《俞樾训诂研究》,齐鲁书社2011年版。
⑥ 吴华:《〈尚书平议〉训诂研究》,扬州大学硕士学位论文,2016年。
⑦ 曾昭旭:《俞曲园学记》,中华书局(台湾)1971年版,第87页。

邮王氏父子，故于《尚书》并无疏释全经之作，而仅就其疑难进行辨析。

俞氏的《尚书》研究主要从训诂角度展开，以《尚书平议》4卷180条为核心。因《平议》撰述较早，后多有补订之文，主要散见于《诂经精舍自课文》《湖楼笔谈》《达斋书说》《群经剩义》《读王氏〈稗疏〉》等中。另外，一些序言、尺牍中亦有零星见解，如《姚巽园先生〈禹贡正诠〉序》《于邰香草所校书序》《与沈吉斋》等。而《古书疑义举例》一书多有关于《尚书》的论断，则主要是自《尚书平议》中摘出。

俞氏治群经、诸子的方法，基本也在《尚书》研究中加以运用。可略分为以下几种。

（一）必通假借

古书多借字，如不破其读而循其本字读之，则往往似是而非。俞樾于《上曾涤生爵相》中云："读古人书，不外乎正句读、审字义、通古文假借，而三者中通假借尤要。"①其于《群经平议》的序言中亦有相同表述。俞氏在《〈说文考略〉序》中亦点明"通古文假借"的重要性，其谓：

> 识字之难，不但辨别其形声，而尤在通古文假借之例，与古今文义异同分合之详。不然读《历书》而不知"注"之为"咮"，则天文昧矣；读《禹贡》而不知"河"之为"荷"，则地理淆矣；读《戴记》而不知"道"之为"襌"，则服制疑矣；读《周官》而不知"濯"之为"祧"，则庙制失矣。福阳、傅阳即偪阳也，明津、盟津即孟津也，无二地也；伯翳、柏翳、伯繄即伯益也，逢门、蜂门、蓬蒙即逢蒙也，无二人也；春秋之邾国，战国之邹国也；《左传》之陈氏，《国策》之田氏也；《孟氏易》有齐卦，即晋卦也；古文《尚书》有《柴誓》，即《费誓》也。不知其所以通，异义于是乎蜂起，而在通知古音、古义者，则固无疑于其间也。此其人所谓识字者也。②

在俞氏的《尚书》校释中，"通古文假借"是使用最多的方法，其于《尚书平议》卷二"古我前后……不浮于天时"即云"读古书者当依声而求字，勿逐字而求解"③。

---

① 俞樾：《春在堂尺牍》卷二《上曾涤生爵相》。
② 俞樾：《春在堂杂文三编》卷三《〈说文考略〉序》。
③ 俞樾：《群经平议》之《尚书平议》卷一，载《续修四库全书》，上海古籍出版社2002年版，第57—58页。按：后文所引《尚书平议》相关文献皆出此版，不另注明。

(二) 重视条例

戴震一派学者治经,"每发明一义例,则通诸群书而皆得读"①。高邮王氏父子治学亦有很深的文法观念,杨树达谓:"其书虽未能成为系统整然之文法学,而文法学材料之丰富与精当,未有过之者。盖王氏父子文法观念之深,确为古人所未有,故其说多犁然有当于人心也。"②俞樾宗此,治经时尤其重视对文例的归纳。俞氏所著《古书疑义举例》,即为绅绎、归纳古书条例而成,其中涉及《尚书》者共有 20 余处。

(三) 经子互证

在经典的校诂中,素来有以经证经和经史互证的方法,而俞樾另拈出以子证经之说。其于《诸子平议》的序言中指出:

> 圣人之道具在于经,而周秦两汉诸子之书,亦各有所得,虽以申韩之刻薄,庄列之怪诞,要各本其心之所独得者而著之书,非如后世剽窃陈言,一倡百和者也。且其书往往可以考证经义,不必称引其文而古言古义居然可见。③

《尧典》之"纳于大麓",桓谭《新论》云"昔尧试舜于大麓者,领录尚书事",读"大麓"为"大录",陈乔枞考此为西汉今文夏侯说。④《管子·大匡》有"臣禄齐国之政"之语,俞樾读"禄"为"录",并据之谓《尚书》今文"大录"之说古已有之。⑤又《康诰》之"哉生魄",伪《孔传》释为"始生魄,月十六日,明消而魄生"。《法言·五百》云"月未望则载魄于西,既望则终魄于东",俞樾据此定伪《孔传》解"哉生魄"之误。⑥

(四) 二重证据

所谓"二重证据",指以地下材料与传世纸上之材料合证,古人早已有了此种新证的研究实践,只是尚未形成一种自觉的意识和学术方法。至晚清出土文献大量涌现,王国维有睹疑古过甚之风,正式提出"二重证据法"之说以补弊救偏⑦,转移一时之风

---

① 梁启超:《清代学术概论》,上海古籍出版社 2005 年版,第 37 页。
② 杨树达:《中国文法学小史》,载《积微居小学述林全编》,上海古籍出版社 2007 年版,第 632 页。
③ 俞樾:《诸子平议》,中华书局 1956 年版,"序"第 1 页。
④ 陈乔枞:《今文尚书经说考》,载《续修四库全书》,上海古籍出版社 2002 年版,第 95—96 页。
⑤ 俞樾:《诸子平议》卷二,中华书局 1956 年版,第 30 页;此说又见《诂经精舍自课文》之《"纳于大麓"解》。
⑥ 俞樾:《诸子平议》卷三五,中华书局 1956 年版,第 694—695 页。
⑦ 王国维:《古史新证》,清华大学出版社 1994 年版,第 1—3 页。

气。清代中期开始，金石学勃兴，许多学者考据时都会偶引出土文献相互参证。如俞樾的学术偶像王念孙在论证《老子》"夫佳兵者不祥之器，物或恶之，故有道者不处"之"佳"为"隹"（唯）之误时，即引金文"唯"字作"隹"加以证明。① 而俞樾对地下材料的价值亦格外看重，虽然他并未系统地将金石材料运用到学术研究当中，但对此类新证的呼吁和实践亦颇为可贵。其序吴廷康《慕陶轩古砖图录》云：

> 余经生也，欲通经训，必先明小学，而欲明小学，则岂独商周之钟鼎、秦汉之碑碣足资考证而已？虽砖文亦皆有取焉。《诗·江汉》篇"肇敏戎公"，《传》曰"公，事也"，盖读"公"为"功"，故训"事"，《后汉书·宋阂传》正作"肇敏戎功"可证也。而砖文书某年月日立功亦有作"立公"者，如云"兴宁二年七月廿三日立公"是也。"功""公"通用，可证经义者一。《易·丰·象传》"丰其屋，天际翔也"，郑康成、王肃、虞翻本"翔"皆作"祥"。孟喜以恶祥说之，盖古字古义如此，今作"翔"者，假字耳。而砖文"吉祥"字亦有作"吉翔"者，如云"赤乌七年造作吴冢，吉翔位至公卿"是也。"翔""祥"通用，可证经义者又其一。《庄子》云道在瓦甓，夫文在即道在，斯言洵不虚矣。②

地下材料的用字习惯、书写习惯以及辞例等往往能和传世文献相互印证，上述引文即从用字习惯角度与经义合证。俞氏在校释《尚书》中，亦数用此"二重证据"之法。如《尚书·尧典》"巽朕位"之"巽"，《史记·五帝本纪》作"践"，俞樾著《尚书平议》初从之③，又疑"巽"或当读为"纂"。其后于《吴平斋〈两罍轩彝器图释〉序》中云：

> 余尝著《群经平议》解《尚书》"巽朕位"，谓"巽"为"纂"之假字，及读薛尚功《钟鼎款识》有宰辟敦三，其文并云"用馔乃祖考事"，则固尝假"馔"为"纂"。……古彝器铭词之可宝贵如此，吾人欲读古书，安可不观古器哉？④

此说又见于《春在堂随笔》卷一。⑤ 是其得睹金文辞例及用字始确知"巽朕位"之

---

① 王念孙：《读书杂志》，江苏古籍出版社2000年版，第1010页。
② 俞樾：《春在堂杂文集续编》卷二《吴康甫〈慕陶轩古砖图录〉序》。
③ 《尚书平议》卷一，第38页下。
④ 俞樾：《春在堂杂文集续编》卷二《吴平斋〈两罍轩彝器图释〉序》。按：金文"用馔乃祖考事"之"馔"，陈汉平亦读为"纂"，训为"继"，未知俞樾早有此说。参见陈汉平：《屠龙绝绪》，黑龙江教育出版社1989年版，第190—192页。
⑤ 俞樾：《春在堂随笔》卷一。

"巽"当以读"纂"为是。

(五) 取长从善

俞樾解经以汉儒之说为主,并博采众说,择善而从。其于《沈肖岩〈田间诗学补注〉序》中自述校释群经的指导思想,谓:

> 余治经不专主一家之学,意在博采众说,择善而从。尝谓三《礼》之学,名物制度,后儒推测终不如汉儒近古所得为多;《春秋》三传微言大义,汉儒亦有所受之,未可一概扫除,抱遗经而究终始;《易》经尤以汉学为是,后世杂以道家邪说,创分先后天,不经甚矣! 虽紫阳颇用其说,未感苟同;独至《诗》之一经,则发抒本乎性情,音节纯乎天籁,此何必拘拘于齐、鲁、韩之异同,毛、郑、孔之得失,汉学、宋学之门户哉!①

《尚书平议》中除独抒己见外,多从《史记》等汉儒之说;亦有采择后儒之说者,如于《洪范》"建用皇极"之"皇",舍伪《孔传》"皇,大"之训,从《蔡传》"皇,君也"之说。②《金縢》"予仁若考"句,俞樾即舍伪《孔传》之说而推衍王念孙的观点,读其为"予佞若巧"。③ 又如《禹贡》"东迤北会于汇"之"汇",俞樾从其弟子吴承志之说读为"淮"④,其后曾运乾亦有相同说法⑤。再如《康诰》"告女德之说于罚之行"与《多方》"不克敬于和"之"于",俞樾本孔广森《经学卮言》、王引之《经传释词》之说视为连及词,训为"与"。⑥

三、俞樾《尚书》研究的成就

俞樾《尚书》研究内容丰富,创获颇多,依其内容可略分为考定文本、释证制度、古文辨伪、厘析学术几类,其中对文字的考辨是俞氏研究的主要部分。此择要分类简析如下。

---

① 俞樾:《春在堂杂文集续编》卷二《沈肖岩〈田间诗学补注〉序》。
② 《尚书平议》卷三,第68页。
③ 《尚书平议》卷三,第71—72页。
④ 俞樾:《曲园杂纂》卷二《达斋书说》。
⑤ 曾运乾:《尚书正读》,中华书局2015年版,第80页。
⑥ 俞樾等:《古书疑义举例五种》,中华书局1956年版,第83—84页。

(一) 考定文本

俞樾的《尚书》文本考定工作,可分为以下八个方面:

1. 破假借

早期典籍多用假借字,"改本字读之,则怡然理顺;依借字解之,则以文害辞"①,前文已举俞樾据金文读《尧典》"巽朕位"之"篡"的例子,再举数例如下。

《尧典》"归格于艺祖"之"艺祖",伪《孔传》解为"文祖",训"艺"为"文"。后之学者多从"文祖"之说。俞樾不同意此说,其理由有三:"艺祖"前后皆有文祖之名;"艺"训为"文",非古训所有;《尚书大传》《史记·五帝本纪》作"祢祖",与"文祖"之训不侔。俞樾认为"艺"当读为"埶",训为"近"。"艺祖"即近庙,亦即父庙。其说云:

> "艺"当读为"埶","埶"从执声,古"艺"字止作"埶"。……是故,以"艺"为"埶",实以"执"为"埶",古文以声为主,省不从日,亦犹以"哥"为"歌",以"臤"为"贤"之例也。《国语·楚语》"居寝有埶御之箴",韦注曰:"埶,近也。""埶"之义为"近","祢"之义亦为"近",襄十三年《左传正义》曰:"祢,近也",于诸庙父最为近也。隐元年《公羊传疏》引旧说云:"祢,示旁尔,言虽可入庙是神示,犹自最近于己,故曰祢。"……字亦通作"昵",《高宗肜日》篇"典祀无丰于昵",《释文》引马曰"昵,考也,谓祢庙也"。然则以"埶"为"祢",犹以"昵"为"祢"。……自后世以"尔"字加"示"作"祢",遂为定名,而"埶""昵"之名皆废矣。又安知此经"艺"字为"埶"字之假借乎? 今破"艺"为"埶"以申明焉,说明今古文文异而义同。②

大克鼎(《集成》2826)和番生簋(《集成》4326)中相当于典籍"柔远能迩"的"迩"作"埶",于省吾谓即"艺"之本字,训为"近"。③ 是从"执"声之"艺"本有近义,后此义由"祢""迩"等字替代,不过仍存于从"执"声的"埶"字中。"艺祖"当从俞氏说解为"近祖",即父庙。《立政》"艺人表臣"之"艺",俞氏亦读为"埶"④,同此。

《盘庚》"女不和吉言于百姓",伪《孔传》云"责公卿不能和喻百官",如本字解"和"。俞樾读"和"为"宣",其云:

---

① 王引之:《经义述闻》卷四,虞思徵等校点,上海古籍出版社2016年版,第1910页。
② 《尚书平议》卷三,第40—41页。
③ 于省吾:《双剑誃吉金文选》,中华书局2009年版。
④ 《尚书平议》卷三,第95页上。

"和"当读为"宣",《禹贡》篇"和夷底绩",《水经·桓水注》引郑注曰:"和读曰桓。""桓"与"宣"并从"亘"声,古亦通用,《魏策》"魏桓子",《韩子·说林》篇作"魏宣子",是其证也。"和"可读为"桓",故亦可读为"宣"矣。"女不和吉言于百姓"者,女不宣布吉言于百姓也。①

《盘庚》此句可与《周礼·春官·大宰》"正月之吉,始和布治于邦国都鄙"相参。《周礼》之"和",王引之谓:

"和"当读为"宣"。"始和布治于邦国都鄙"九字为一句。"和布"者,宣布也。《小司寇职》曰"正岁,帅其属而观刑象,乃宣布于四方",《布宪职》曰"正月之吉,执旌节,以宣布于四方",正与此同。……以六书之例求之,"宣""桓"皆以亘为声,"宣"之为"和",犹"桓"之为"和"也。②

王说极是,亦可证俞说之确。

《西伯戡黎》"殷之即丧,指乃功",伪《孔传》释为"言殷之就亡,指女功事所致",如字解"指"。俞樾谓:

指,致也,言致极尔之事,必将为戮也。《诗·武》篇"耆定尔功",《毛传》曰:"耆,致也。""指"与"耆"古字通用,《皇矣》篇"上帝耆之",《潜夫论·班禄》篇引作"上帝指之",是其证也。《书》言指乃功,《诗》言耆尔功,文异而义同,美恶不嫌同辞。③

将《诗经》"耆定尔功"与"指乃功"相参,颇可信从。"耆定尔功"之"耆",郝懿行指出为"厎"之假借④,则"指乃功"之"指"亦当是"厎"之借字。清华简《说命下》简三有句云"既亦酯乃备(服)",马楠将"酯"与《诗经》《尚书》之"耆""指"并读为"厎"⑤,亦可相互参证。

《金縢》"敷佑四方",伪《孔传》云"布其德教,以佑助四方",增"德教"以解经。俞

---

① 《尚书平议》卷三,第56页上。
② 王引之:《经义述闻》卷二,虞思徵等校点,上海古籍出版社2016年版,第442页。
③ 《尚书平议》卷三,第63页下。
④ 郝懿行:《尔雅义疏》,吴庆峰等点校,齐鲁书社2010年版,第2980页。
⑤ 马楠:《〈清华简·说命〉补释三则》,《出土文献》2012年第3辑,第51页。

樾认为"敷佑"即普有之义,其云:

> 敷之言遍也,《诗·赍》篇曰"敷时绎思",郑《笺》曰"敷,遍也"。字通作普,亦通作溥,《诗·般》篇曰"敷天之下",《北山》篇曰"溥天之下",《孟子·万章》篇曰"普天之下",是敷、溥、普文异义同。佑乃俗字,当作右,而读为有。《仪礼·有司彻》篇"右几",郑注曰:"古文右作侑。"右、侑通用,故右、有亦得通用。宣十五年《公羊传》曰潞子"离于夷狄,而未能合于中国,晋师伐之,中国不救,狄人不有","不有"即"不右",言狄人不助也。彼假有为右,此假右为有,声同者义亦同。古书多假借,以声为主,不泥其形也。"敷佑四方"者,普有四方也,言武王受命于帝廷,普有四方为天下主也。①

破"敷有"为"普有"自较伪孔之说为可信。其后王国维亦谓"盂鼎云'匍有四方',知'佑'为'有'之假借,非'佑助'之谓矣"②,是引金文相参,破"佑"为"有",同于俞氏。

《康诰》"我时其惟殷先哲王德,用康乂民作求",伪《孔传》释作:"我是其惟殷先智王之德,用安治民为求等。"俞樾认为:

> 按《传》意盖读"求"为"逑"。《诗·关雎》传曰"逑,匹也",故曰"为求等",犹曰为逑匹也。《尔雅·释训》"惟逑,鞠也",《释文》曰"逑,本作求",是求、逑通用之证。《正义》曰"求而等之",未得《传》意。③

伪《孔传》"作求等"之意颇难明,但俞氏读"求"为"逑"当是。王国维以《诗》《书》合证,所得结论相同。其云:"案《诗·大雅》'王配于京,世德作求','求'者,'仇'之假借字。仇,匹也。'作求',犹《书》言'作匹''作配',《诗》言'作对'也。《康诰》言与殷先王之德能安治民者为仇匹,《大雅》言与先世之有德者为仇匹,故同用此语。郑《笺》训'求'为'终'者,失之。"④"仇",古同"逑"。

《立政》"其惟克用常人",伪《孔传》云"其惟能用贤才为常人",如字解"常人",并增"贤才"以解经。俞樾云:

---

① 《尚书平议》卷三,第72页。
② 王国维:《与友人论诗书中成语书二》,载《王国维手定观堂集林》,浙江教育出版社2014年版,第27页。
③ 《尚书平议》卷三,第79页下。
④ 王国维:《与友人论诗书中成语书二》,载《王国维手定观堂集林》,浙江教育出版社2014年版,第26页。

上云"继自今立政,其勿以憸人,其惟吉士",此云"继自今后王立政,其惟克用常人","常人"即吉士也。《皋陶谟》篇"彰厥有常,吉哉",是其义也。《仪礼·士虞礼记》"荐此常事",郑注曰:"古文常为祥。"然则常、祥声近义通,故上文言"吉士",此言"常人"也。《传》义失之。①

俞氏循上下文例,通过内部证据知"常人"定非如《传》所释,又由外部材料求得其本字,较然可信。其后吴汝纶亦读"常"为"祥"②,但未若俞氏由比勘文句而得可信。

其他如读《尧典》"黎民阻饥"之"阻"为"且"训"荐"③,读《尧典》"宽而栗"之"栗"为"秩"④,读《盘庚》"惟女含德不惕予一人"之"惕"为"施"⑤,读《盘庚》"世选尔劳"之"选"为"纂"⑥,读《盘庚》"惟喜康共"之"共"训"固"⑦,读《酒诰》"我西土棐徂"之"棐"为"非"⑧,读《康王之诰》"丕平富,不务咎"之"富"为"福"⑨,读《吕刑》"告尔祥刑"之"祥"为"常"⑩,读《秦誓》"惟古之谋人,则曰未就予忌"之"忌"为"惎"训"谋"⑪等等,均可备《尚书》注家采择。

2. 辨字形

早期文本在转写和传抄的过程中,容易发生种种讹误,有形似而误、一字误析为两字、两字合书为一字等情况。《尚书》流传情况远较他书为复杂,讹误亦在所难免。

《召诰》"顾畏于民碞",伪《孔传》训"碞"为"僭"。俞樾认为"畏于民碞"之"碞"本应作"从品相连"的"嵒","畏于民嵒"即《诗》所谓"畏人之多言"。其说云:

《说文·石部》:"碞,磛碞也,从石品。《周书》曰:'畏于民碞。'读与岩同。"又《品部》:"嵒,多言也,从品相连。《春秋传》曰:'次于嵒北。'读与聂同。"是《说文》引此经作"碞"不作"嵒",而王厚斋《困学纪闻》《艺文志考》二书皆云"《说文》'顾畏于民嵒',多言也,尼辄切",与《说文》不合,故段氏玉裁讥其踳驳。夫王氏经学

---

① 《尚书平议》卷四,第95—96页。
② 吴汝纶:《尚书故》,中西书局2014年版,第273页。
③ 《尚书平议》卷一,第41—42页;此说又见俞樾等:《古书疑义举例五种》卷七,中华书局1956年版,第145页。
④ 《尚书平议》卷一,第42页。
⑤ 《尚书平议》卷二,第55—56页。
⑥ 《尚书平议》卷二,第56页。
⑦ 《尚书平议》卷二,第58页。
⑧ 《尚书平议》卷三,第80—81页。
⑨ 《尚书平议》卷四,第97页下。
⑩ 《尚书平议》卷四,第99页下。
⑪ 《尚书平议》卷四,第101页。

视近代诸儒诚为疏阔,然在宋儒之中亦其杰出者,非不见《说文》而臆说也,何至踳驳至此?疑王氏所见《说文》与今不同,其"嵒"篆下引《春秋传》"次于嵒北",而云"读与聂同";其"嵒"篆下引《周书》"畏于民嵒",而云"读与岩同",此盖许君之真本也。"嵒"字与"嵒"字相似,《说文·山部》"嵒,山岩也,从山品。读若吟"。《尚书》"嵒"字传写误作"嵒",则与"礹嵒"之"嵒"字义相近,因又误为"嵒"。枚《传》不得其解,妄生"僭差"之训,而古字古义俱失矣。①

"嵒"与"嵒"形近,而"嵒"与"嵒"义近,辗转之迹昭然可辨,且又得《诗经》佐证,当可信从。

《多方》"我有周惟其大介赉尔","大""介"二字,伪《孔传》均训为"大",颇不辞。俞樾认为"大介"乃"奊"字误析为二,其说云:

《说文·大部》:"奊,大也,从大介声。读若盖。"今经典无"奊"字,盖皆假"介"为之,凡训"大"之"介",皆"奊"之假字也。此经疑用"奊"本字,其文曰"我有周其惟奊赉尔","奊赉"即大赉也。后人罕见"奊"字,遂误分为大、介二字耳。②

此说亦见于《古书疑义举例》"一字误为二字例"条③,古书传写自有此例,俞氏此说可备一解。其后曾运乾亦有相同观点。④

3. 析词义

俞樾匡正旧注、是正词义之处颇多,另外还提出不少有价值的见解。《盘庚》"我王来,既爰宅于兹"之"爰",伪《孔传》训为"于"。俞樾谓"爰"应训为"变易"之"易",其说云:

"爰"之言"易"也,僖十五年《左传》"晋于是乎作爰田",服注曰"爰,易也"。"既爰宅于兹",言既易宅于兹也。⑤

甲骨卜辞有"爰东室"之语,姚孝遂认为犹《盘庚》"爰宅"之义⑥,训"爰"为"变

---

① 《尚书平议》卷四,第85页。
② 《尚书平议》卷四,第94页上。
③ 俞樾等:《古书疑义举例五种》卷七,中华书局1956年版,第102页。
④ 曾运乾:《尚书正读》,中华书局2015年版,第244页。
⑤ 《尚书平议》卷二,第53—54页。
⑥ 于省吾主编:《甲骨文字诂林》,中华书局1996年版,第969页按语。

易",可与俞说相参。

《盘庚》"不能胥匡以生,卜稽曰其如台",伪《孔传》如字解"曰","其如台"则视作占卜之词。俞樾谓"曰"为句中语助词,其说云:

> "曰"字句中语助,非卜词也。言我民不适有居,则是奢淫无度不能相正以生矣,虽卜稽可奈何?当以"卜稽曰其如台"六字为句,"曰其"犹"越其"也,下文曰"越其罔有黍稷","越"与"曰"古通用耳。①

玩索上下文义,若将"曰"后视作卜词,颇为突兀,当以俞氏之说为是。

《盘庚》"予若吁怀兹新邑",伪《孔传》训"吁"为"和"。俞樾谓:

> 《小尔雅·广诂》"若,女也",《说文·页部》"吁,呼也","予若吁"者,予女呼也,犹言予呼女也。《诗·匪风》篇"怀之好音",《皇矣》篇"予怀明德",毛《传》并曰"怀,归也","怀兹新邑"者,归此新邑也。言予呼女归此新邑,亦惟女故耳。枚氏于上篇"率吁众戚",训"吁"为"和",段氏玉裁谓:"吁音同籥,籥音同龠,《说文》'龠,乐之竹管,三孔以和众声也',故训为和。"今按:龢龤字并从龠,然则"吁"之训"和",自是古训。然以"率吁众戚"为"率和众忧之人",以"予若吁怀兹新邑"为"我顺和怀此新邑",实于文义未安。学者固不得因枚《传》之伪而废"吁,和"之古训,要不得因"吁"有"和"义而曲从枚《传》也。②

训"若"为"女"未必是,但释"吁"为"呼"则可从,后之《尚书》注家多从俞氏此说。

《吕刑》"三后成功,惟殷于民",伪《孔传》云"各成其功,惟所以殷盛于民",训"殷"为"殷盛"。俞樾释"殷"为"正",其说云:

> 《尧典》"以殷仲春",枚《传》曰"殷,正也",此经"殷"字亦当训"正","殷于民"者,正于民也。王伯厚《汉艺文志考》引《墨子·尚贤中》篇作"惟假于民"。"假"与"格"通,《君奭》篇"格于皇天""格于上帝",《史记·燕召公世家》皆作"假","惟假于民"即"惟格于民","格"亦正也,《方言》曰"格,正也"。"三后成功,惟殷于民,爰制百姓于刑之中",此三句一气相属,"制百姓于刑之中"即所以正于民也。

---

① 《尚书平议》卷二,第54页上。
② 《尚书平议》卷二,第58页。

《后汉书·梁统传》引此经曰"爰制百姓于刑之中"①,枚本改"爰制"为"士制",而以"皋陶作士"释之,则与"三后"无涉,"惟殷于民"句遂若结上之辞,而不知其为上下承接之语,于是"殷"字之解失矣。②

训"殷"为"正"较旧注为胜,吴汝纶《尚书故》亦有相同看法。③ 另外,《尚书中》之"假"字,或当是"殷"形讹作"假",再转写为"假"。

《文侯之命》"追孝于前文人",伪《孔传》云"继先祖之志为孝",以"孝"为名词,颇不合文理。俞樾谓:

"追孝",犹言"追养继孝"也,《礼记·祭统》篇曰:"祭者,所以追养继孝也。"古钟鼎款识每有"追孝"之文,追敦曰"用追孝于前文人",语与此同,楚良臣余义钟曰"以追孝先祖",郜遣敦曰"用追孝于其父母",亦与此文义相近,是"追孝"乃古人常语。又郜公敦曰"用享孝于乃皇祖于乃皇考",陈逆簠曰"以享以孝于大宗","享""孝"并言,可知所谓"追孝"者,以宗庙祭祀言也。……《传》但谓"继志为孝",是犹未达古义矣。④

俞说甚辨,其后于省吾未注意俞说亦据金文作解。⑤ 俞氏通过比勘辞例相类的金文文句,由分析语言内部系统的规律而探求词义,颇近于现代语言学的方法。唯此经"追孝"固然"以宗庙祭祀言也",但唐钰明据殳季良父壶"用享孝于兄弟、婚媾、诸老"的辞例指出"享孝"除用于神灵外,还用于生人,进而认为"孝"当训为"敬"。⑥ 但是揆诸文义,"孝"训为享、献一类意思可能更加允当。

上述几例之外,俞氏训《甘誓》"怠弃三正"之"正"为"官长"⑦,训《盘庚》"先王有服"之"服"为"制"⑧,谓《盘庚》"用罪伐厥死,用德彰厥善"之"死"犹言"恶"⑨,谓《洪范》"金曰从革"之"从革"犹"因革"⑩,训《洪范》"而康而色"之上"而"分别为"语辞"和

---

① "中",《后汉书·梁统传》原文作"衷"。
② 《尚书平议》卷四,第99页上。
③ 吴汝纶:《尚书故》,中西书局2014年版,第308页。
④ 《尚书平议》卷四,第100页。
⑤ 于省吾:《双剑誃群经新证》,上海书店出版社1999年版,第127页。
⑥ 唐钰明:《据金文解读〈尚书〉二例》,载《著名中年语言学家自选集·唐钰明卷》,安徽教育出版社2002年版,第148—151页;原载《中山大学学报(社会科学版)》1987年第1期。
⑦ 《尚书平议》卷一,第50页下。
⑧ 《尚书平议》卷二,第54页。
⑨ 《曲园杂纂》卷二《达斋书说》。
⑩ 《尚书平议》卷三,第68页;此说又见俞樾等:《古书疑义举例五种》卷七,中华书局1956年版,第143页。

"女"(汝)①,谓《金縢》"公曰体"之"体"乃发语词、庆幸之意②,训《大诰》"矧曰其有能格知天命"之"格知"为"逆知"③,谓《多士》"用告商王士"之"王士"为复合词④,训《顾命》"俾爰齐侯吕伋"之"俾"为"从"⑤等,均可备一说。

4. 考异文

《金縢》"乃并是吉"句,《史记》述作"乃见书遇吉",《论衡·卜筮》作"乃逢是吉",对于其间关系,俞樾认为:

> "乃并是吉",《史记》作"乃见书遇吉",《论衡·卜筮》篇曰"周武王不豫,周公卜三龟。公曰:'乃逢是吉。'",盖今文《尚书》"并"作"逢",故史公以为"遇吉",不知"逢"乃"并"也。……文异而义实不异也,史公易以"遇"字失之矣。⑥

俞氏辨明"逢"字当为"并"之音借字,不然容易如同司马迁一样以本字解之。

《多士》"予惟率肆矜尔",伪《孔传》云:"惟我循殷故事怜愍女。"《论衡》引此经"肆矜"作"夷怜",俞樾谓:

> 《论衡·雷虚》篇,纣至恶也,武王将诛,哀而怜之,故《尚书》曰"予惟率夷怜尔",是今文《尚书》"肆"作"夷"、"矜"作"怜",段氏玉裁谓"皆同部字",是也,惟训"夷"为"诛"于义未合。《周官·行夫职》注曰"夷,发声",然则"夷"乃语辞,"予惟率夷怜尔"者,予惟率怜尔也。"率"者,用也,《诗·思文》篇"帝命率育",毛《传》曰"率,用也",是其义也。今文、古文其字虽异,其义则同,"肆"亦语辞,"予惟率肆矜尔"者,予惟率矜尔也。枚《传》解"率肆"为"循殷故事",失其义矣。凡《尚书》中"肆"字,如"肆予""肆女"之类皆可以语辞读之,解者或训为"陈"或训为"故",胥失之矣。⑦

俞氏先辨明《论衡》所载异文"夷"为语辞,又推知经文"肆"亦当是语辞。"率"训

---

① 《尚书平议》卷三,第69页。
② 《尚书平议》卷三,第73页。
③ 《尚书平议》卷三,第74页。
④ 《尚书平议》卷四,第89页。
⑤ 《尚书平议》卷四,第96页。
⑥ 《尚书平议》卷三,第72—73页。
⑦ 《尚书平议》卷四,第89—90页。

为"用",王念孙已有此说,不过王氏训"肆"为"缓"①则不如俞说允当。

5. 审文例

《尚书》句式复杂,有各种形式的复句和省略句等句式,如省略句还可分为对话省略、承前省略、蒙后省略。② 玩索《尚书》文例,探寻其间规律,是理解经文的重要手段。俞樾尝撰著《古书疑义举例》,汇集各种古书文例,所以尤长于索解疑难文句。

《禹贡》"导岍及岐,至于荆山",《孔疏》云:"从此导岍至敷浅原,旧说以为三条:导岍北条,西倾中条,嶓冢南条。郑玄以为四列:导岍为阴列,西倾为次阴列,嶓冢为次阳列,岷山为正阳列。"③俞樾从文例角度赞同"四列"之说,其云:

> 今以经文求之,郑说为是。导岍言导,西倾不言导;导嶓冢言导,岷山不言导。盖两阳列,两阴列,各一言导;次阴列,蒙阴列而省;正阳列,蒙次阳列而省也。④

俞氏之说虽非定论,却也可备一解。

《微子》"我底遂陈于上",伪《孔传》云:"言致遂其功陈列于上世。"俞樾认为:

> "底遂陈于上",盖以"德"言。下文曰"我用沉酗于酒,用乱败厥德于下",纣所乱败者即汤所底遂而陈者也。上句不言"德"者,文见于下,故省于上,古人自有此文法也。《传》不知此而增出"功"字,失之。⑤

此说又见于《古书疑义举例》卷二"文没于前而见于后例"条⑥,此条中俞氏还列出许多同类句例,可见此种文法并不鲜见。俞氏将此句视作蒙后省略的省略句虽非定论,却也自能疏解文义,较旧说为胜。

俞樾还对《尚书》经文的一些文字使用义例有所推求。清杨复吉《梦阑琐笔》云:"元赵德《四书笺义》曰:'吾、我二字,学者多以为一义,殊不知就己而言则曰"吾",因人而言的曰"我"。"吾有知乎哉",就己而言也;"有鄙夫问于我",因人之问而言也。'按此条分别甚明。'二三子以我为隐乎',我对二三子而言;'吾无隐乎尔',吾就己而

---

① 王引之:《经义述闻》卷一,虞思徵等校点,上海古籍出版社2016年版,第224页。
② 参见钱宗武:《今文尚书语法研究》,商务印书馆2004年版,第7—8页。
③ 孔安国传:《尚书正义》,孔颖达正义,黄怀信整理,上海古籍出版社2007年版,第226页。
④ 俞樾等:《古书疑义举例五种》,中华书局1956年版,第37—38页。
⑤ 《尚书平议》卷二,第63—64页。
⑥ 俞樾等:《古书疑义举例五种》,中华书局1956年版,第35页。

言也。'我善养吾浩然之气',我对公孙丑而言,吾就己而言也。"俞樾据此认为:"'予惟往求,朕攸济',予即我也,朕即吾也。'越予冲人,不卬自恤',予即我也,卬即吾也。其语似复,而实非复。"①

6. 正句读

《盘庚》"今予命女一无起秽以自臭",伪《孔传》云"我一心命女,女违我是自臭败",伪孔将"一"属上读,并倒序作解,颇为可怪。俞樾认为"一"当属下读,其说云:

> "一"字当属下读,《大戴礼记·卫将军文子》篇"则一诸侯之相也",《荀子·劝学》篇"一可以为法则",卢辩、杨倞注并曰"一,皆也"。"一无起秽以自臭"者,皆无起秽以自臭。"今予命女"当自为句,不连"一"字读。②

其后吴汝纶《尚书故》亦持此说。③

7. 校错讹

《康诰》"无康好逸豫,乃其乂民",伪《孔传》云:"无自安好逸豫宽身,其乃治民。"俞樾认为"豫"字为衍文,其说云:

> 经文"豫"字,衍文也。《传》以"自安"释"康"字,以"逸豫"释"逸"字,非经文有"豫"字也。伪《五子之歌》曰"太康尸位,以逸豫灭厥德",故枚《传》遇"逸"字每以"逸豫"释之。《酒诰》"不敢自暇自逸",《传》曰"不敢自宽暇自逸豫";《无逸》篇"君子所其无逸",《传》曰"叹美君子之道所在念德其无逸豫",又云"先知稼穑之艰难,乃逸",《传》曰"稼穑,农夫之艰难,事先知之,乃谋逸豫",又云"乃逸乃谚",《传》曰"乃为逸豫游戏,乃畔谚不恭",又云"生则逸",《传》曰"生则逸豫无度";《多方》篇"有夏诞厥逸",《传》曰"有夏桀不畏天威,而大其逸豫",又云"尔乃惟逸惟颇",《传》曰"若尔乃为逸豫颇僻",凡此之类皆以"逸豫"释经文"逸"字,止言"逸",不言"逸豫"也。此经"豫"字即涉《传》文而误衍耳。《汉书·武五子传》"毋桐好逸",盖"康"声转为"空",与"同"声相近,故《古文尚书》作"康",《今文尚书》作"桐"也。然则"逸"下无"豫"字有明证矣,当据以订正。④

---

① 俞樾:《茶香室丛钞》卷一,贞凡、顾馨、徐敏霞点校,中华书局1995年版,第55页。
② 《尚书平议》卷二,第59页。
③ 吴汝纶:《尚书故》,中西书局2014年版,第116页。
④ 《尚书平议》卷三,第77页下。

"逸豫"一词,于先秦典籍仅见于《诗经·小雅·白驹》及《尚书》之《康诰》《五子之歌》《说命》《君陈》诸篇。但是今本《五子之歌》《说命》《君陈》三篇均属伪古文《尚书》,乃后人伪作,不足以用来佐证,如《说命》之"逸豫"即不见清华简本《说命》。① 如此一来,"逸豫"一词于今本《尚书》今文部分仅见于《康诰》一篇,俞氏排比今文诸篇经传文例,推知《康诰》"逸豫"之"豫"当是衍文,且有《汉书》引文参证,颇为可信。另外,古书涉注文而衍的例子也并不鲜见。②

8. 驳误说

俞樾在创立新说之时皆先驳正旧说,然其《尚书》文本研究著作中亦有专门辩驳误说者。《吕刑》"苗民弗用灵",伪《孔传》云"三苗之君习蚩尤之恶,不用善化民",郑玄云"穆王深恶此族三生凶德,故著其恶而谓之民"(《尚书正义》引)。俞氏不同意郑玄之说,其云:

> 《礼记·坊记》篇"先民有言",郑注曰:"先民,谓上古之君也。"然则三苗之君谓之"苗民",正合"先民"之义。郑于此经又必曲为之说,何也?《召诰》曰"相古先民有夏",岂亦恶之欤?③

经文以外,《书序》之"太康失邦,昆弟五人,须于洛汭,作《五子之歌》",段玉裁据《国语·楚语上》"尧有丹朱,舜有商均,启有五观"韦注"五观,启子,太康昆弟也"及《墨子·非乐上》"启乃淫溢康乐,野于饮食"之文,谓五观即武观,亦即五子之歌,非五人,又谓《尚书》不当以诗歌名篇。④ 俞樾对其说有所驳正⑤,《逸周书·尝麦》《离骚》等俱载"五子"之文。

(二) 释证史制

《尧典》"辑五瑞,既月乃日,觐四岳群牧,班瑞于群后",伪《孔传》云:"舜敛公、侯、伯、子、男之瑞圭璧,尽以正月中,乃日日见四岳及九州牧监,还五瑞于诸侯,与之正始。"《孔疏》申其说云:"更复'还五瑞于诸侯'者,此瑞本受于尧,敛而又还之,若言舜新付之,改为舜臣,与之正新君之始也。"⑥俞樾认为此非古义,而当是古朝觐之礼,其

---

① 李学勤主编:《清华大学藏战国竹简》第3册,中西书局2012年版,第122、125、128页。
② 俞樾等:《古书疑义举例五种》,中华书局1956年版,第92—93页。
③ 《尚书平议》卷四,第98页下。
④ 段玉裁:《古文尚书撰异》,载《四部要籍注疏丛刊·尚书(中)》,中华书局1998年版,第2050—2051页。
⑤ 《尚书平议》卷四,第101—103页。
⑥ 孔安国传:《尚书正义》,孔颖达正义,黄怀信整理,上海古籍出版社2007年版,第81页。

说云：

> 《礼记·聘义》"以圭璋聘，重礼也；已聘而还圭璋，此轻财而重礼之义也"，郑注曰"圭，瑞也"，《正义》曰"以器言之谓之圭，执以行礼谓之瑞"。据聘礼，公受玉又使卿还玉，疑古朝觐之礼亦复如此。《觐礼》云"侯氏裨冕，释币于祢。乘墨车，载龙旂、弧韣乃朝以瑞玉，有缫"，郑注曰"瑞玉，谓公桓圭，侯信圭，伯躬圭，子谷璧，男蒲璧"，然则下文"王受之玉"即此"瑞玉"矣。既受之后，亦必有还玉之事，礼文不备耳。郑注云"朝宗礼备，觐遇礼省，三时礼亡，唯此存尔"，还玉之事或已见于朝宗礼文，故此略之也。辑瑞、还瑞，古朝觐之恒礼，非因"正始"而然。①

《尚书大传》（《太平御览》卷五引）云"故圭冒者，天子所以与诸侯为瑞也。诸侯执所受圭以朝天子。……无过行者，复其圭以归其国。有过行者，留其圭。能改过者，复其圭"，语颇玄虚，亦不以"还玉"之礼作解。齐思和指出《大传》此说染杂后儒之理想②，伪《孔传》之说亦然，俞氏之说可能更为准确。

（三）辨伪古文

伪古文《尚书》之伪，递经朱熹、梅鷟、阎若璩、惠栋等人论证，基本已经定谳。俞樾于此伪经，并无专门辨伪的论著，但偶尔也有涉及。

《孟子·万章上》"《书》曰：'祗载见瞽瞍，夔夔齐栗，瞽瞍亦允。'若是为父不得而子也"，赵歧注"舜既为天子，敬事严父，战栗以见瞽瞍。瞍亦信知舜之大孝。若是为父不得而子也"。焦循《正义》云：

> 《尔雅·释诂》云："允，信也。"赵氏以"瞽瞍亦信知舜之大孝"释"瞽瞍亦允"，是读允字句，若字属下，为孟子说《书》之辞。近读允若为句，从晚出古文《大禹谟》也。江氏声《尚书集注音疏》云："孟子既引此经，遂言曰'是为父不得而子也'。赵氏读允字绝句，若字属下入孟子语中，似不合孟子语意，故声载节之而别为之解。允，诚也。若，善也。舜敬事瞽瞍，见之必敬慎战栗，瞽瞍化之，亦诚实而善。所谓'烝烝乂，不格奸'也。"③

---

① 《曲园杂纂》卷二《达斋书说》。
② 齐思和：《周代锡命礼考》，载《中国史探研》，河北教育出版社 2000 年版，第 123 页。
③ 焦循：《孟子正义》，王小婷校点，北京大学出版社 2012 年版，第 525 页。

《大禹谟》此处作"祗载见瞽瞍,夔夔齐慄,瞽亦允若",以"允若"为句者从之。然今本《大禹谟》晚出,《孟子》所载文句当较今本可信,当有"亦"字。俞樾即以《孟子》为据,从句法角度断定今本《大禹谟》之句当是伪窜者误袭,其说云:

> 此节"瞽瞍亦允"四字为句,赵注所谓"瞍亦信知舜之大孝"也。"若是"二字为句。"为父不得而子也","也"读为"邪",乃诘问之辞,正所以破咸丘蒙之说。东晋《古文尚书》窃其语,入《大禹谟》篇,而以"允若"连文,盖由不达古语,故误读《孟子》。①

俞樾还从文气的角度论定晚出古文《尚书》之伪。其云:"东晋所出古文《尚书》,正如刻楮为叶、剪彩为华,索索无生气,望而知为赝笔。浅人以其文从字顺而喜读之,皆齐梁小儿之见也。"②

(四)厘析学术

《尚书》在流传的过程中,不同时代的学者都有各异的阐释,同时也慢慢衍出许多学术问题。俞樾对这些《尚书》学术史的问题,亦颇有所评议。《洪范》"五事"各有休咎之征,"五福"和"六极"本不相涉,汉儒乃牵合之,遂增出"皇之不极"(《洪范五行传》)以配"五事"而为六。俞樾论此云:

> 夫数之不合者,不可强合,是故五行者,《书》所有,《易》所无也。言《易》者必附会五行,于是兑为金而乾亦为金,震为木而艮、巽亦为木,金有二、木有三矣。《易》之为卦八八六十四,《太玄》之为首九九八十一,不相袭也。说《太玄》者必以某首为准,某卦于是重复者十有七矣。凡此之类皆说经之弊,通人无取也。③

扬雄《法言·问神》云:"昔之说《书》者序以百,而《酒诰》之篇俄空焉,今亡夫。"宋王观国《学林》认为:"古《书》百篇,秦焚书,至汉济南伏生口传,裁二十余篇。鲁恭王坏孔子宅,于壁中得所藏书,皆科斗古文。至孔安国始以隶古定之,增多伏生二十五篇,凡五十九篇。盖《酒诰》之篇不在伏生口传之数,而在科斗之文则有之,扬雄见伏

---

① 俞樾等:《古书疑义举例五种》,中华书局1956年版,第77页。
② 《湖楼笔谈》卷一。
③ 《湖楼笔谈》卷一。

生口传之《书》,而未尝见科斗《书》,故曰《酒诰》之文俄空焉。"①扬雄所指乃《书序》,王氏误以为经文。俞樾据《汉书·艺文志》有"刘向以中古文校欧阳、大小夏侯三家经文,《酒诰》脱简一、《召诰》脱简二"之语,谓:

> 然则《酒诰》一篇,欧阳、大小夏侯三家皆有之,盖即在伏生二十九篇中,非鲁恭王坏孔子宅而得之者也。此固汉世所列于学官者,扬子岂容不见欤?所以云"《酒诰》之篇俄空"者,盖指《序》而言。……今《书序》云:"成王既伐管叔、蔡叔,以殷余民封康叔,作《康诰》《酒诰》《梓材》。"扬子之意,以《酒诰》当自有序,不与《康诰》相属,故有"俄空"之叹耳。②

又如,俞樾驳斥宋贺成大及元胡一中均以己意分《洪范》一篇为经、传③,是正宋毛居正《六经正误》所订宋版《尚书》文字④。

四、俞樾《尚书》学研究的失误举隅

俞樾在《尚书》文本研究中取得了丰硕成果,不过其失误也主要体现在文本研究当中。兹主要从失于查检、错析字形、滥用通假、谬断文句四个方面进行论述。

(一) 失于查检

俞樾著论常失于查检,多有雷同,前人于此已有讥责。俞氏有时亦已察知此点,如于《尚书平议》卷三《梓材》"王曰封"条,认为《梓材》一篇为周公营洛邑诰庶殷之辞,即《召诰》所谓"越七日甲子,周公乃朝用书,命庶殷侯甸男邦伯",篇首"王曰封"之"封"为衍文,而《康诰》篇首48字当移至此篇之首。⑤后乃知金履祥《通鉴前编》已有相同说法,遂于《春在堂随笔》卷二感慨云:"见书不多,遂与前人暗合,良自愧恧,且恐似此者尚多也。聊记于此,告世之读余书者。"⑥复核之下,似此者确实不少,举几例如下。

---

① 王观国:《学林》,田瑞娟点校,中华书局1988年版,第1页。
② 俞樾:《俞楼杂纂》卷二七《读王观国〈学林〉》。
③ 俞樾:《九九销夏录》,崔高维点校,中华书局1995年版,第12页。
④ 俞樾:《曲园杂纂》卷二九《正毛》。
⑤ 《尚书平议》卷三,第81页。
⑥ 《春在堂随笔》卷二。

《禹贡》"冀州,既载壶口,治梁及岐",旧读"冀州既载"为句。俞樾认为当以"既载壶口"为句,言禹治壶口既成,乃治梁岐。① 苏轼《书传》早已将"既载壶口"作一句读。②

《盘庚》"盘庚作,惟涉河以民迁",伪《孔传》如字解"作",训"为"。俞樾谓此经"作"字即《孟子·公孙丑》"由汤至于武丁,圣贤之君六七作"之"作","盘庚作"犹《系辞传》之"神农氏作,黄帝尧舜氏作"。"盘庚作,惟涉河以民迁",言盘庚既即位,承祖乙之后,奢侈逾礼,故思涉河以民迁。③ 黄式三已云:"作,谓立为君也,与《易》'神农氏作''黄帝尧舜氏作'同。"④

《盘庚》"乃话民之弗率"之"话",伪《孔传》训为"善言"。俞樾读"话"为《说文·人部》"佸,会也"之"佸",谓此句为盘庚会合民之弗率者而诰之。⑤ 江声已训"话"为会合,解此句为"会合民之不率教者而大告之",特未读"话"为"佸"。⑥

《盘庚》"汝有戕则在乃心",旧解"则"为虚词。俞樾将此七字作一句,读"则"为"贼",并谓:"戕、贼二字连文,其义相同,言汝有戕贼之意在汝心也。《孟子·告子》篇'将戕贼杞柳而以为桮棬也','戕贼'二字即本此,盖亦古人之恒言。"⑦ 刘逢禄已谓此经"则当作贼,古假借字"⑧。

《洪范》"四曰攸好德",伪《孔传》云:"所好者德福之道。"俞樾读"攸"为"修",谓"攸好德"即"修好德",人能修饰其美德。⑨ 朱骏声已有"攸,修也"之说。⑩

《无逸》"既诞,否则侮厥父母",汉石经"否"作"不"。俞樾谓"'不'乃语辞,枚《传》以'不欺'解之,未得其旨",又指出"不""丕""否"古字通用。⑪ 王引之于《经传释词》卷十已指出此经之"否""不"乃语辞,"不则"犹"于是"。⑫

《无逸》"用咸和万民",伪《孔传》云"用皆和万民",训"咸"为"皆"。俞樾云:"咸,亦和也。……盖咸即諴字之省,《说文·言部》'諴,和也'。'用咸和万民'者,用諴和

---

① 《尚书平议》卷一,第46页下。
② 苏轼:《书传》,载《景印文渊阁四库全书》第54册,商务印书馆(台湾)1986年版,第516页下。
③ 《尚书平议》卷二,第56—57页。
④ 黄式三:《尚书启幪》,载《续修四库全书》,上海古籍出版社2002年版,第730页上。
⑤ 《尚书平议》卷二,第57页上。
⑥ 江声:《尚书集注音疏》,载《四部要籍注疏丛刊·尚书(中)》,中华书局1998年版,第1574页。
⑦ 《曲园杂纂》卷二《达斋书说》。
⑧ 刘逢禄:《尚书今古文集解》,载《续修四库全书》,上海古籍出版社2002年版,第260页上。
⑨ 《尚书平议》卷三,第70—71页。
⑩ 朱骏声:《尚书古注便读》,叶正渤点校,花木兰文化出版社2013年版,第109页。
⑪ 《尚书平议》卷四,第90页下。
⑫ 王引之:《经传释词》,李花蕾校点,上海古籍出版社2014年版,第222页。

万民也。"①其于《古书疑义举例》卷七"两字一义而误解例"条则径读"咸"为"諴"。②桂馥已有此说,其云:"《说文》:'諴,和也。'引《周书》'丕能諴于小民',此'咸'亦当作'諴',諴、和并言,古语多如此。"③

《君奭》"故殷礼陟配天",伪《孔传》云:"故殷礼能升配天。"俞樾谓此经"陟"字义同《竹书纪年》"凡帝王之终皆曰陟"之"陟",《君奭》此句意为"故有殷之君无失德者死则配天称帝"。④韩愈于《黄陵庙碑》一文早已谓:"余谓《竹书纪年》帝王之没皆曰'陟','陟',升也,谓升天也。《书》曰'殷礼陟配天',言以道终,其德协天也。"⑤

《多方》"尔曷不夹介乂我周王",伪《孔传》云:"夹,近也。女何不近大见治于我周王。"俞樾谓:"《一切经音义》卷一二引《仓颉》曰'夹,辅也',《尔雅·释诂》曰'介,助也',然则'夹介'犹言辅助也。哀十六年《左传》'是得艾也',杜注曰'艾,安也'。乂、艾古通用,然则'乂我周王',犹言安我周王也。"⑥其于《古书疑义举例》卷七"两字一义而误解例"条亦谓此经"夹""介"一义,犹言辅助。⑦此经之"夹介",苏轼已云:"夹,辅也;介,助也。"⑧蔡沈亦谓"夹介"为"夹辅介助"。⑨王引之亦云:"'夹介乂',皆辅相之义也。"⑩

(二) 错析字形

《尚书》有些文字不易理解,俞樾或有曲析字形以疏通文句之例。《甘誓》"御非其马之正",伪《孔传》云:"御以正马为政。"此句《史记·夏本纪》作"御非其马之政",俞樾谓据《传》文,伪孔本亦当作"政"。又认为"政"字于意难同,疑是"攻"字之误,"御非其马之攻",犹云御不攻于御。⑪按,此说颇迂曲。"正"如字解之即可,"御非其马之正"意即御马不得其当,较改字为胜。

《洪范》"曰克"之"克",伪《孔传》释作"兆相交错",郑玄则谓是"如褵气之色相犯也"(《史记集解》引)。"克"字颇难解,俞樾遂望文生义,以《说文》"克"之古文"㪗"形作解。其说云:

---

① 《尚书平议》卷四,第91页。
② 俞樾等:《古书疑义举例五种》,中华书局1956年版,第139页。
③ 桂馥:《札朴》,赵智海点校,中华书局1992年版,第14页。
④ 《尚书平议》卷四,第92页。
⑤ 韩愈:《韩昌黎文集校注》,马其昶校注,马茂元整理,上海古籍出版社2014年版,第554页。
⑥ 《尚书平议》卷四,第94页上。
⑦ 俞樾等:《古书疑义举例五种》,中华书局1956年版,第139—140页。
⑧ 苏轼:《书传》,载《景印文渊阁四库全书》第54册,商务印书馆(台湾)1986年版,第630页上。
⑨ 蔡沈:《书经集传》,载《景印文渊阁四库全书》第58册,商务印书馆(台湾)1986年版,第115页上。
⑩ 王引之:《经义述闻》卷四,虞思徵等校点,上海古籍出版社2016年版,第1607页。
⑪ 《尚书平议》卷一,第51页。

《说文·克部》"克,肩也,象屋下刻木之形",重文"㐭",曰古文。夫"克"既训肩,何以又取象刻木,于义不可解。疑古文作"㐭"者,乃《尚书·洪范》"曰克"之本字,壁中古文也。其上从占,以其为占之用也;其下作木,象其形也。"雨""霁""圉""雾"有可取象,而"㐭"则无可取象,故特制此字。……"㐭"读如"克",后人遂即以"克"字为之。……《说文·卜部》"卨,易卦之上体也,从卜每声。《商书》曰:'贞曰卨。'"然则"曰克"之"克"壁中古文作"㐭",亦犹"曰悔"之"悔"壁中古文作"卨",从占与从卜同也。许氏惜未表而出之耳。①

其于《儿笘录》卷二"克"字下亦录此说。② 俞说非是,《说文》"克"之古文"㐭",其上部非从"占",更非"以其为占之用"。"㐭"之上部与战国楚系"克"字吻合,下部或有讹变。③

《康诰》"绍闻衣德言",伪《孔传》云"继其所闻,服行其德言",释"衣"为"服行",颇可异。俞樾疑"衣"为"㫃"(旅)之形讹,训为"陈"。其说云:

"衣"疑"㫃"字之误,乃古文"旅"字也。《书序》曰"周公既得命禾,旅天子之命,作《嘉禾》",枚《传》训"旅"为"陈"。"旅德言"者,陈德言也,言布陈其德言也。因古文作"㫃",故误为"衣"字耳。古书"㫃"误作"衣"者,往往有之。④

此说亦见于《古书疑义举例》卷七"不识古字而误改例"条下。⑤ 此说实不可从,此经"衣"字,江声读为"殷"字可从。⑥《康诰》上文"殪戎殷",《礼记·中庸》作"壹戎衣",是"衣""殷"可通。又"绍闻衣德言"后谓"往敷求于殷先哲王,用保乂民",俱是谓"殷",亦可为证。

(三) 滥用通假

俞樾喜立新说,尤好言通假,而且有时并无书证,得失互见。王力对其一些训诂实践有所批评,其云:"两个字完全同音,或者声音十分相近,古音通假的可能性虽然大,但是仍旧不可滥用。如果没有任何证据,没有其他例子,古音通假的解释仍然有

---

① 《尚书平议》卷三,第70页。
② 俞樾:《儿笘录》卷二。
③ 参见陈斯鹏:《说"㐭"及其相关诸字》,载《卓庐古文字学丛稿》中西书局2018年版,第58—59页。
④ 《尚书平议》卷三,第77页。
⑤ 俞樾等:《古书疑义举例五种》,中华书局1956年版,第130—131页。
⑥ 江声:《尚书集注音疏》,载《四部要籍注疏丛刊·尚书(中)》,中华书局1998年版,第1625页下。

穿凿附会的危险。"①俞氏在《尚书》文本研究中时有本字可通，而滥言通假之例。

《禹贡》"嵎夷既略"，马融注谓"用功少曰略"(《史记集解》引)。俞樾读"略"为"垎"，其说云：

> 略当为垎，《说文·土部》"垎，土干也。一曰坚也"。"嵎夷既垎"正当从"土干"之训，水退而土干也。作"略"者假借字，"垎""略"并各声，从土从田义得相通。②

按此篇文例，此句既后"略"字只能是动词，而非形容词。此经"略"字，王念孙已谓"《说文》'略，经略土地也'，《广雅》曰'略，治也'，言嵎夷之地既治也"③，当即确解，本字可通，无须改字。

《洛诰》"孺子其朋，孺子其朋，其往"之"朋"字，伪《孔传》训为"朋党"。俞樾则读"朋"为"倗"，训为"不"。其说云：

> 两"朋"字当读为"倗"，《广韵·释诂》"倗，不也"，《玉篇·人部》"倗，匹肯切，不也"。谓"不"为"倗"，盖古语如此。据《说文》，"倗"读若"陪位"之"陪"，"陪"从"咅"声，"咅"者，相与语唾而不受也。然则古人谓"不"为"倗"，其声盖即如"咅"矣。此经作"朋"，不作"倗"者，本取其声，不取其义，故不必定作"倗"字也。……欲周公自稽考百工，如摄政时事也。周公不敢当，故力辞之曰"孺子其倗，孺子其倗"，犹曰孺子其无然，孺子其无然。④

"孺子其无然"之说太过迂曲，难以信从。《广韵》"倗，不也"之训于先秦典籍无征，且"倗"字此义当即《广韵·等韵》所谓"不肯"，王念孙《广雅疏证》即谓此"倗"为"不肯之合声"⑤，不得引以说此经。此经"朋"字，《后汉书·爰延传》载延上封事谓"故周公戒成王曰'其朋其朋'，言慎所与也"即可从，又于省吾读"朋"为《洪范》"子孙其逢"之"逢"⑥，亦可参。

---

① 王力：《训诂学上的一些问题》，载《王力语言学论文集》，商务印书馆 2000 年版，第 527 页。
② 《尚书平议》卷一，第 47 页。
③ 王引之：《经义述闻》卷四，虞思徵等校点，上海古籍出版社 2016 年版，第 173—174 页。
④ 《尚书平议》卷四，第 88 页。
⑤ 王念孙：《广雅疏证》，中华书局 2004 年版，第 118 页下。
⑥ 于省吾：《双剑誃群经新证》，上海书店出版社 1999 年版，第 98 页下。

（四）谬断文句

《大诰》"今蠢今翼日"，伪《孔传》云："今天下蠢动，今之明日。"俞樾认为"今蠢今翼"当作一句读，而"日"属下读，其说云：

> "今之明日"义不可通，疑"今蠢今翼"两义相对。"翼"本作"翌"，卫包改作"翼"，说详段氏《撰异》。……上文"越兹蠢"专以武庚言，此文"今蠢今翌"则见武庚蠢动而淮夷从之骍骍众多也。"日"字属下为义，文七年《左传》"日卫不睦"，襄二十六年《传》"日其过此也"，昭七年《传》"日君以夫公孙段，为能任其事"、十六年《传》"日起请夫环"，并与此"日"字同，盖《左氏》正因《尚书》有此文法而循用之耳。①

俞氏释义、断读俱非。"今蠢今翼日"当作一句读，"蠢"字，于省吾据甲骨文读为"春"字可从。② 至于"今翼（翌）"，裘锡圭云："卜辞常用'今翼'为记时之词。有一条卜辞：'自今春至今翼，人方不大出'，《大诰》的'今春今翼日'可能与'自今春至今翼'意近。'今翼（翌）'的确切含义尚待研究。"③

《大诰》"天棐忱辞，其考我民"，伪《孔传》云："言我周家有大化诚辞，为天所辅，其成我民矣。"俞樾将此经断读作"天棐（非）忱，辞（嗣）其考我民"，其说云：

> 下文曰"越天棐忱"，《康诰》曰"天畏棐忱"，《君奭》曰"若天棐忱"，并于"忱"字绝句，此亦当然。自来以"天棐忱辞"为句，非也。"棐"之训"辅"，虽本《尔雅·释诂》文，然古字多假借，不得概以本字释之。经凡言"棐忱"者，并当读为"非"。……"辞"字属下读，"辞"籀文作"辭"，壁中古文亦必作"嗣"，乃"嗣"之假字。此承"予不敢不极卒宁王图事"而言，"嗣其考我民"者，谓天命不常，嗣王宜先成我民也。④

俞说非是。此句仍当以"天棐忱辞"作一句读，孙诒让云："天棐忱，犹《诗·大

---

① 《尚书平议》卷三，第76页上。
② 于省吾：《岁、时起源初考》，《历史研究》1961年第4期，第102页。
③ 裘锡圭：《谈谈地下材料在先秦秦汉古籍整理工作中的作用》，载《裘锡圭学术文集·语言文字与古文献卷》，复旦大学出版社2012年版，第383页。
④ 《尚书平议》卷三，第76页。

雅·荡》云：'天生烝民,其命匪谌'(《说文·心部》引《诗》作忱)。又《大明》云'天难谌斯',谓天命无常不可信也(下文云'越天棐忱',《康诰》云'天畏棐忱',《君奭》云'若天棐忱',义并同)。辞,语助,下言或成我民,或勤劳我民,善否并陈,即申天棐忱之意。"①《诗》"天难谌斯"可与"天棐(非)忱辞"相参,可知"辞"自当属上读。

五、结语

经过以上分析,俞樾的《尚书》文本研究成绩非常可观,但其中不少成果都未引起足够的重视,故而对其重要观点皆一一揭示。俞樾熟悉小学,精通古书条例,且援引彝铭为证,所以时能度越前人。至于俞氏诂释《尚书》经文的不足之处,李慈铭尝阅《群经平议》中《易》《书》《诗》诸条,谓其"涵泳经文,务抉难词疑义,而以文从字顺求之,盖本高邮王氏家法,故不主故训,惟求达诂,亦往往失于武断。或意过其通,转涉支离"②,此亦通人之弊。俞氏虽以王氏律令治经,但并不都像王氏父子一样擅长运用语言系统内部的证据,协同语言内部规律,往往使用语言外部证据甚或孤证作解,这样的结果不是聊备一说,便是偏离事实真相,所以其成绩也自然远较王氏为疏。

---

① 孙诒让:《尚书骈枝》,载《大戴礼记校补(外四种)》,中华书局2010年版,第129页。
② 李慈铭:《越缦堂读书记》,上海书店出版社2015年版,第112页。

代天言说：作为媒介的圣人[*]

董 熠[**]

摘 要：圣人是中国古代的理想人格，它脱胎于远古神话时代"天人交应"的精神需要，成为连接"天人关系"的纽带，是"天道"在人间的"化身"。"圣人"被视为沟通天人的中介，是约定俗成"代天言说"的象征符号，在历史发展进程中被不断建构和形塑，成为传播者建立群体普遍共识与文化身份认同的媒介，也成为中华文明世界观与价值观的"代言人"。

关键词：圣人 媒介 普遍共识 身份认同 传播

"圣人"是中华文化中的最高理想人格。"圣人"与巫同源，是能沟通天地人神的"传播之王"；作为最高的理想人格，"后世的圣人形象和内涵多有变异，但其多知、善听、善施教化的角色一脉相承"。[①]"圣人"是世界观与价值观的具体化与人格化，不同的学派对"圣"之内涵有不同的诠释和称谓。

---

[*] 本文系四川大学中华文化研究院2019年度一般课题"作为媒介的圣贤：中华文化理想人格的传播学研究"（项目批准号：2019ZHWH-05）的阶段性研究成果。
[**] 董熠，1989年生，女，厦门大学新闻传播学院博士研究生；主要研究方向：文明传播研究。
[①] 潘祥辉：《传播之王：中国圣人的一项传播考古学研究》，《国际新闻界》2016年第9期。

一、建立群体普遍共识的媒介

文化是人类的本质存在,"人的成长过程就是内化特定文化规范的过程"①。马克斯·韦伯形容人是"悬在由他自己所编织的意义之网中的动物"②,其所描述的正是文化的特征;换句话说,文化就是人所创造的一套复杂的符号体系。这种传播不仅是讯息进行空间传递和发布的过程,更是讯息"在时间上对一个社会的维系"③,因此需要将这种传播放在传播仪式观的视域下进行考察。所谓"传播的仪式观"是指将传播看作"创造(created)、修改(modified)和改造(transformed)一个共享文化的过程"④。传播一词"与'分享'(sharing)、'参与'(participation)、'联盟'(association)、'团体'(fellowship)及'拥有共同信仰'(the possession of a common faith)这一类词或短语有关。这一定义反映了'共性'(common)、'共有'(communion)、'共同体'(community)与'沟通'(communication,即传播)在古代有着同一性和共同的词根"⑤。要言之,以圣贤为媒介的传播,不是一种简单的由此至彼的传达讯息的行为,而是一种"共享信仰的表征(representation)"⑥,目的是建立起文化共识与群体认同。

(一) 作为文化认同表征的圣人

于克斯库尔(Jakob Uexhull)在《动物的周围世界与内心世界》⑦一书中提出"周围世界"的概念,意指主观世界与客观世界在意义中的融合,他认为所有物种都生活在由其自身的符号建构出来的"世界"之中。客观的物世界对所有生物都是唯一的,但却不是任何物种都能感受并生活于其中的"周围世界"。"周围世界"是由意义关系编织成的,于克斯库尔将其比作"气泡"。⑧ 事物的客观意义取决于它们作为认识对

---

① 闫伊默、刘玉:《仪式传播:传播研究的文化视角》,《文化研究》2009 年第 2 期。
② 克利福德·格尔茨:《文化的解释》,译林出版社 1999 年版,第 5 页。
③ 詹姆斯·凯瑞:《作为文化的传播:"媒介与社会"论文集》,丁未译,中国人民大学出版社 2019 年版,第 18 页。
④ 詹姆斯·凯瑞:《作为文化的传播:"媒介与社会"论文集》,丁未译,中国人民大学出版社 2019 年版,第 40 页。
⑤ 詹姆斯·凯瑞:《作为文化的传播:"媒介与社会"论文集》,丁未译,中国人民大学出版社 2019 年版,第 16 页。
⑥ 詹姆斯·凯瑞:《作为文化的传播:"媒介与社会"论文集》,丁未译,中国人民大学出版社 2019 年版,第 18 页。
⑦ Jakob Uexhull, *Umwelt und Innnenwelt der Tiere*, Belin: Springer, 1921.
⑧ John Deely, *The Impact on Philosophy of Semiotics*, South Bend: St. Augustin's Press, 2003, pp. 29.

象在"气泡"中如何被"安置";但也并非完全同于克库尔斯所认为的那样,不同物种才会生活在不同的"气泡"之中。事实上,就人类这个物种来说,"气泡"也并非单一的。人类的"气泡"是不同的"文化社群的意义世界",文化是意义或者意义规范的总集合,同一文化中的个体,虽然各自的意义世界有很大的个人化成分,但却在更大规模上共享一个属于该文化社群的意义世界。①

文化社群的共享意义是一种文化身份认同(cultural identity),它是一种"共享的个体性特征"(shared individuality),通过社会行动者对其进行不断形塑和发展而活跃在社会互动与历史进程之中。② 法国解释学家保罗·利科(Paul Ricœur)认为,人的自我认知是被自我描述所定义的,无论是个体还是共同体的认同,都建立在叙述的历史事实之上。③ "圣人"正是在历史发展进程中被不断构建起来的认同(identity),古典社会知识分子群体读"圣贤书",奉"圣人之言",行"圣人之道",体现的正是一种群体的身份认同。"圣人"不仅是作为具体物质实体的人(如尧舜孔孟),更是一种"拟人格",因其代表最杰出、最优秀、最理想的人格而被视为完美的"意见领袖"。

(二) 作为通万物之情媒介的圣人

"圣"的原始含义为"通",圣巫同源,因此圣人又被视为"通人",既是沟通天地之人,也是通达万物情理之人。④ 既然圣人被赋予了"代表天地之道与万物情理"的意义,那么"何谓圣人"的问题就本然关联着"何谓天道"的认知问题。当"天道"不再是虚无缥缈的概念虚设和各执一词的意见分歧,而是获得了最广泛承认的意义、普遍共识之时,它才算具有了"真实性",因为"我们经常认为'真'的意义,经常就是这样一种假定整个社群都承认的意义,如果这样的意义社群很大,意义很稳固,此种意义就常被称为'客观真理'"。普遍共识的达成并非水到渠成的,任何群体都会有自己的观念,乃至群体中的个体也会有自己的观念,因此"领袖"在传播中的作用就显得尤为突出:"正是由于领袖具有不可替代的重要性,因此对他们而言,若想获得成功,就务必要通过使用象征符号来对其追随者加以组织。特权对于等级制度有多重要,象征符号对于普罗大众就有多重要。象征符号确保零散的个人能够组成一个集体。"⑤ "圣人"正是被符号化的"领袖",这一"领袖"通常不是传播真正的主体,而是一种拟主体,

---

① 赵毅衡:《哲学符号学:意义世界的形成》,四川大学出版社2017年版,第6页。
② Halime Yücel: "Cultural identity in Turkish Advertisements", *Social Semiotics*, Vol. 29, No. 5 (2019).
③ Paul Ricœur, *Soi-même comme un autre*, Paris: Seuil Points, 1990.
④ 潘祥辉:《华夏传播新探:一种跨文化比较视角》,复旦大学出版社2018年版,第10—12、13—14页。
⑤ 李普曼:《舆论》,常江、肖寒译,北京大学出版社2018年版,第180页。

就像在文本中不是真正的作者而是"隐含作者"一样,圣人实际充当着传播媒介的作用。以"圣人"为媒介的传播是一种文化传播,目的是推行传播者所奉行的价值体系以形成传播话语。圣人在中国古代等级社会中处于传播的尊位,《易·系辞下》有言,"天地之大德曰生,圣人之大宝曰位",在中国古典社会的差序格局中,无论是作为物质实体的"圣人"(如统治者、文化领袖等),还是作为"拟人格"的"圣人",都被视为释放最大传播权力的象征。

(三) 作为承载儒家核心价值观符号的圣人

本文所论及的"圣人"主要是在儒家价值体系的观照之下的群体,因其最具代表性。作为中国古典社会意识形态主流,儒家思想及其人文精神是"中华文明时代初期以来文化自身连续发展的产物,体现了三代传衍的传统及其养育的精神气质,儒家思想与中国古代文化发展的进程具有一种内在的联系。儒家的价值观也称为中华文明体系的主流"①。从儒家的源头来看,"儒"是主持婚丧祭祀典礼之人,也是精通风俗文化和礼仪习惯之人,《周礼·天官》云"儒,以道得民",郑玄注"儒,诸侯保氏,有六艺以教民",又注"师儒"云"乡里教以道义者",即儒也是教人以道德义理的师。儒家学说一开始的立足点便是超越了自然初始形态的人文的存在,是已经社会化(即文化或人化)的人,这是儒家价值体系展开的逻辑起点。在社会互动中,行动者们会进行信息沟通、符号互动和资源转换。"资源"即指那些能满足人的需要的各种物质和非物质、有形和非有形的事物,社会互动的过程实际上就是个体从他人那里获取资源满足自身需要以消除机体内的"不均衡状态"(乔治·米德语)的过程。② 人的需要除生理需要、安全需要、社交需要、尊重的需要、自我实现的需要③外,还有一种与世界观和价值观相联系的需要,即"价值需要",是"个体对外界事物和世界秩序的解释而产生的",满足价值需要的资源是"与个体世界观、价值观相一致的某种世界秩序"。④ 个人需要的满足是社会互动背后的根本动机,对以儒家为主流的中华文化价值体系而言,比起物质需求更为看重高层次的精神需求的满足,因此才会出现如"孔颜之乐"般的境界追求。宋代大儒张载"横渠四句"言"为天地立心,为生民立命,为往圣继绝学,为万世开太平",目的正是构建一种与儒家所奉行的世界观、价值观相一致的"世界秩序",这种"世界秩序"即是其所归属文化社群的共享意义在当时社会空间中的普

---

① 陈来:《古代宗教与伦理:儒家思想的根源》,生活·读书·新知三联书店1996年版,"导言"第7—8页。
② 胡荣:《社会学导论:社会单位分析》,厦门大学出版社1993年版,第89—90页。
③ 戈布尔:《第三思潮:马斯洛的心理学》,吕明、陈红雯译,上海译文出版社1987年版。
④ 胡荣:《社会学导论:社会单位分析》,厦门大学出版社1993年版,第107页。

及,也是在历史时间进程中的延展。

要实现这种社会理想,离不开个体的努力,因此儒家的社会理想最终也要靠个人的人格理想而间接实现,"正是成人(人格的完善)构成了儒家的价值目标"①。对于继承中华文化"天人合一"核心思想的儒家文化而言,天人之辨的人文要求(自然的人化),不外是由自在的人走向自为的人(使本然的我转化为理想的我);群己关系上的群体关怀(安人),奠基于主体人格境界的提升(修己);而对于人的内在价值及其本质力量,唯有通过人格的完善,才能得到展现和确证;治平的外王理想,同样以内圣(完美的品格)为其前提。因此,"从自然的超越到人文世界的建构,'壹是皆以修身为本'(《大学》),社会理想与人生理想最后统一于人格境界"②,由此而开出了其从"格致诚正"到"修齐治平"的"内圣外王"整体修养进路。在这个过程中,"圣人"既是充当指引与鼓舞作用的"灯塔",又是承载"天道"普遍共识的载体,更是文化社群对于自我的身份认同。"圣人"作为约定俗成的"代天言说"者③,充当着"现实中的人"去连接"意识形态的思辨光环中透视着的人"④的媒介,由此一来,圣人之言便具有真理的意蕴。

二、传播群体身份认同的媒介

(一)"圣人之学":文化社群区隔的标识

如前所述,所谓"客观实在"只是一种集体认可的意义解释⑤,因而人与人之间能否相互理解,在于人们是否能分享符号的解释元语言。换言之,意义能够共享的原因是社群共同使用某种符号体系。这个社群并非地域性的,而是意义性的,跨越了时间和空间。心学开山始祖宋儒陆九渊说:"宇宙便是吾心,吾心便是宇宙,东海有圣人出焉,此心同也,此理同也。西海有圣人出焉,此心同也,此理同也。千百世之上至千百

---

① Tu Wei-ming, *Confucian Thought: Selfhood as Creative Transformation*, University of New York Press, 1985, p.52;转引自杨国荣:《善的历程:儒家价值体系研究》,华东师范大学出版社2009年版,第7页。
② 杨国荣:《善的历程:儒家价值体系研究》,华东师范大学出版社2009年版,第7—8页。
③ 《周易·说卦传》:"昔者圣之作《易》也,将以顺命之理。是以立天之道曰阴与阳,立地之道曰柔与刚,立人之道曰仁与义。"又有周敦颐《太极图说》言:"圣人定之以中正仁义而主静,立人极焉。"
④ 孙伯鍨:《探索者道路的探索:青年马克思恩格斯哲学思想研究》,北京师范大学出版社2017年版,第12页。
⑤ Alfred Schutz, *The Problem of Social Reality*, Hague: Martinus Nijhoff, 1973, p.143.

世之下,有圣人出焉,此心此理,亦莫不同也。"①这里的"人同此心,心同此理"便是对这种集体共享意义的"召唤"——儒家基于伦理道德的价值体系的普适性。然而这里说的似乎是普适之同,实际上都对意义的共享添加了很严格的社群范围限制。② 事实上,无论是"人皆可以为尧舜"(《孟子·告子下》)还是"涂之人可以为禹"(《荀子·性恶》),社群范围划定都是"尧舜孔孟"这样的"圣人",以及受"圣人之学"教化、以"成圣成贤"为目标的人,而非全社会各个阶层的所有人。

对社群范围区隔的划分理论上影响甚至决定着该社群文化传播的纵深度。对于以儒家思想为主流的中国古典社会而言,这个划分体现在对人性的规定中。对人性的规定实际上是对"什么是人"的认知,而后者又关联着"如何成为理想的人"。关于人性论(新儒学称"心性论")的探讨古今未绝。③ 人性论(心性论)是中国传统思想中非常重要的组成部分,提供着整个社会体系建构的依据。对人性的规定涉及如何看待"人",是自然生物学意义的"人"还是社会伦理属性的"人"。杨国荣先生认为,"人的本质"和"人性"这两个共通概念其实存在着区别,前者是就"把人理解为具体、真实的存在"而言(即自然的机能),而后者则突出"人之为人"的本质(即人的感性规定,是抽象的本质层面)。④ 中华传统文化中更关切"何以为人"的问题。"人之异于禽兽者几希"(《孟子·离娄下》)正是人类对于自我种群身份认同的叩问。使这种对人性的规定能够摆脱头脑中空泛概念而在"日用常行"中运作起来,在具体的人身上转化为现实的力量的机制就是对于"成圣成贤"的追求。

那么人能否成圣成贤呢?对这个问题的回答关系到有多少人会被划分进该文化社群之内。要实现价值体系最广泛传播,要建立理想的社会秩序与文化秩序,要最大限度地争取传播话语权、知识与文化话语权乃至政治话语权,就要尽可能赋予更多的人"成圣成贤"的可能性。从人性论的源头先秦诸子时代来看,对后世影响最大的两种思潮——无论是持"性善论"的思孟一派还是持"性恶论"的荀子一派,其所探讨的都是一种人人"成圣成贤"的可能性,并由此而展开他们的人格成就与社会建构理想。孟子以被视为人之本能的"四端之心"为出发点,即"恻隐之心,仁之端也;羞恶之心,义之端也;辞让之心,礼之端也;是非之心,智之端也",认为人性本善,"凡有四端于我者,知皆扩而充之矣",就像刚点燃的火会蔓延,喷出的泉水会流向远方一样,是势不

---

① 陆九渊:《陆九渊集》卷三六,钟哲点校,中华书局1980年版,第483页。
② 赵毅衡:《哲学符号学:意义世界的形成》,四川大学出版社2017年版,第6页。
③ 关于当代人性论的探讨,可参见沈亚生、杨琦:《我国当代人性论研究的回顾与思考》,《清华大学学报(哲学社会科学版)》2014年第1期。文章总结了我国当代人性论研究中的五种代表性理论。
④ 杨国荣:《中国哲学中的人性问题》,《哲学分析》2013年第1期。

可当的人性发展趋势,"苟能充之,足以保四海;苟不充之,不足以事父母"(《孟子·公孙丑上》)。孟子继承并扩充了孔子"仁"之原则,并认为人之性善不是仅停留在主观意识层面的,而是可以成为整个社会的准则:"人皆有不忍人之心,先王有不忍人之心,斯有不忍人之政矣。"(《孟子·公孙丑上》)而身处战国末期的荀子则看到了由人欲横流导致的社会秩序混乱,因此站在"性恶论"的角度提出从礼法规约来防止社会失序或文明失范,保障群体的生存与发展。他说:"礼起于何也? 曰:'人生而有欲,欲而不得,在不能无求,求而无度量分界,则不能不争,争则乱,乱则穷,先王恶其乱也,故制礼义以分之。'"(《荀子·礼论》)

性善论与性恶论代表了先秦儒家对人性规定的两种向度,无论是道德自律还是道德他律,他们立足的起点不同,终点却都指向人的自身与社会结构的双重优化,都把圣人作为常人通过努力可以无限趋近的目标。

(二)"圣人与我同类":文化身份认同的建构

自小邦周取代大邑商后,当时的人对于天命的认识遭遇剧烈震荡,殷商统治者"有命在天"的理论被"天命靡常,唯德是辅"(《尚书·多士》)的"以德配天"理论所取代;自周以后,"德"的观念逐渐明确起来。春秋战国是中国历史上的思想文化转型期,以此为界,由"崇神"(崇拜上帝、上天)而转向"崇圣"。[1] 春秋战国时期的圣人虽仍旧被崇高化、理想化、神圣化,"诸子百家均假托远古圣人之名"[2],但圣人与"上帝""上天"的不同之处就在于圣人是"人",无论是孟子说"圣人,与我同类者"(《孟子·告子上》)、"圣人之于民,亦类也,出于其类,拔乎其萃"(《孟子·公孙丑上》),还是荀子说"涂之人百姓,积善而全尽,谓之圣人"(《荀子·儒效》),都是在说明同一件事,就是圣人与常人同类。

然而,普通人理论上能成就圣人,实际上却未必做到:"曰:圣可积而致。然而皆不可积也,何也? 曰:可以而不可使也。故小人可以为君子,而不肯为君子,君子可以为小人,而不肯为小人。小人君子者,未常不可以相为也,然而不想为者,可以而不可使也",因此,"涂之人可以为禹则然,涂之人能为禹则未必然也"(《荀子·性恶》)。这种"理论上的可能性",终究离现实的人是有距离与隔阂的,代表最高理想的圣人依然是崇高而遥不可及的。可以说,先秦时期的原始儒学从"天人关系"角度出发安立其价值体系,为其学说存在的合理性找到了终极依据,为其理想的实现找到了贯通之

---

[1] 刘泽华:《王、圣相对二分与合而为一——中国传统社会与思想特点的考察之一》,《天津社会科学》1998年第5期。
[2] 王文亮:《中国圣人论》,中国社会科学出版社1993年版,第7页。

道。但此时的"圣人",除了"托古"言志,以尧、舜、文王为圣,都已去时人远矣——"圣人,吾不得而见之矣"(《论语·述而》)。

秦统一六国之后"以吏为师,以法为教",儒家学说因有违当朝统治者意图而遭到打压,汉初统治者以黄老道家之学治国,儒学依旧沉寂。直到汉武帝时期实现政治上的大一统后,在文化上奉行"罢黜百家,独尊儒术"的方针,儒学获得主流意识形态的地位。西汉时期人才选拔制度是察举制,汉代诏举贤良方正[①]的对策时,董仲舒上策三篇,史称"天人三策"。不同于先秦原始儒学,董仲舒将天道人格化、超验化:"为生不能为人,为人者天也。人之为人本于天,天亦人之曾祖父也。此人之所以乃上类天也。"(《春秋繁露·为人者天》)他提出"天人感应"说,实际是以人的意志作为天的意志,天被赋予了超验的神学色彩,是至高无上的依据,是王权合理性与合法性的终极来源;同时又具有了工具色彩,成为规范人行为(尤其是统治者行为)的手段,因为"凡灾异之本,尽生于国家之失。国家之失乃始萌芽,而天出灾异以谴告之。谴告之而不知变,乃见怪异以惊骇之。惊骇之尚不知畏恐,其殃咎乃至。以此见天意之仁而不欲害人也"(《春秋繁露·必仁且智》)。"君权神授"后,王权的强化与儒学的独尊,要求思想领域也要一统,这种统一意识形态的载体自然就是儒家经典。所谓的"经",被认为是"圣人之言"。"圣人之所命,天下以为正。正朝夕者视北辰,正嫌疑者视圣人。"(《春秋繁露·深察名号》)圣人作为最高准则,成为一切价值理想的"化身",在汉儒董仲舒处表现得十分明显,如对群体自觉关切与承担责任,"盖圣人者,贵除天下之患"(《春秋繁露·盟会要》);对社会人生发展规律的掌握,"天命成败,圣人知之,有所不能救,命乎矣"(《春秋繁露·随本消息》)等。因为在董仲舒的人性论中,人性分为三个层次,即"性三品说":"圣人之性,不可以名性;斗筲之性,又不可以名性,名性者中民之性。中民之性……待渐于教训而后能为善。善,教训之使然也。"(《春秋繁露·实性》)"性三品说"可追溯到孔子"唯上智与下愚不移"(《论语·阳货》)之论。圣人是"上智"之人,是中民与斗筲"先天不可能,后天不可及"的,是教化职责的承担者,这里实际上仍是在"天人感应"的宇宙观与"君权神授"的政治观之下,为了王权统治的合理性与权威性而辩护。此时的"圣人"具有先天"善质",而作为"下愚"的"斗筲之民"已没有了成圣的可能,只能以外在王教来约束,"可养而不可改,可豫而不可去"(《春秋繁露·玉杯》)。"性三品"的划分看似缩小了文化社群划定的范围,但实际上比之先秦儒家"人皆可以为尧舜"的美好愿景更具有实践与实现的可能性,因为除却"上

[①] 察举制制科之一,《汉书·文帝纪》载汉文帝下诏"举贤良方正能直言极谏者,上亲策之,傅纳以言"。其余制科还包括明经、明法诸科。

智"与"下愚","中民"才是占大多数的人,中民之性才是"教化之质",这就为教化提供了条件,"中民如果成善,则必须教化。无王教,则质朴不能善。这意味着教化成为必要"①。因此,依然未偏离"圣人与我同类"的初衷。

到了魏晋以后,随着道教的盛行与佛教的传入,儒释道三足鼎立的局面形成;尤其到了隋唐时期,佛教中国化进程基本完成,佛教浩瀚周密的"成佛"理论与对众生一视同仁的教义在中土社会的生活与思想领域造成了广泛影响,佛教在民间广泛传播,并渗透进统治阶层,声势一度压倒儒学。儒家的士人们不得不"出入佛老,返于六经",以应对外来思想系统与价值体系的冲击。为了应对佛道二教对儒学独尊地位的冲击,使知识分子群体更进一步树立起"成圣成贤"的信心,自魏晋以来的"援道入儒"和"援佛入儒"开始,汇流的儒学为其价值体系建立起了日益完备的本体论(心性论)与方法论(功夫论)。新儒学开山鼻祖周敦颐作《太极图说》,论述了以"太极"为本体的宇宙观,天地万物都是阴阳与五行的变化作用构成的,只有人"得其秀而最灵";在人类中又突出圣人的作用,认为圣人"定之以中正之义""立人极"。周敦颐的宇宙论仍旧沿袭儒学素来的价值观,为道德本体论的建立架构了基本模型,对后来者影响很大。

然而,新儒学的另一位先驱张载曾明确指出一个现实的问题:"知人而不知天,求为贤人而不求为圣人,此秦汉以来学者之大蔽也。"(《横渠学案上》)常人"无必为圣人之志"的根本原因还是在于"圣人"理想的难以企及。即使强调"圣人与我同类",个体自身完全具备成圣潜力,但在个人成圣的实践中,却依旧面临社会、环境乃至舆论等各方面成圣条件的不足。如果作为天人关系之中介、世界秩序与价值体系之代言人的"圣人"在人们的普遍认知中逐渐成为不再能实现的虚悬理想或远古追思,那么"圣人"这一符号就很可能逐渐丧失对于群体成员的号召力与凝聚力,甚至最终可能导致整个群体文化认同的瓦解。因此张载并非如同以往的人那样,以成就"圣人"为虚悬的崇拜对象,退而求其次能成为"贤人"或"君子"便满足,他明确提出要以成圣为目标,并教人"学必如圣人而后已"(《宋史·张载传》)。

进一步消除圣人与常人之间的鸿沟,使圣人成为"可成就之人",是解决"无必为圣人之志"问题的途径,也是儒家为复其"道统",重获并稳固其社会主流意识形态地位的必然选择。程颐与程颢明确宣称"人皆可以至圣人"(《河南程氏遗书》卷二五),因为"天理"为万物之本体,而"理则自尧舜至于涂人,一也。才禀于气,气有清浊,禀其清者为贤,禀其浊者为愚"(《河南程氏遗书》卷一八),此即是说,"天理"只是一个,

---

① 沈顺福:《从半神到人到神——儒家圣人观的演变》,《江西社会科学》2013年第12期。

无论圣人还是常人,先天都无差别地平等享有,而资质品性的不同是由于后天的气禀不同,得其清者则贤,得其浊者则愚。因为先天本性都为至善之"天理",区别只在于后天禀受不同,遮蔽了先天之性,因此要通过学问与修养来"变化气质",人皆可"学为圣人"。

二程的后继者、"综罗百代"的儒学集大成者朱熹进一步完善和精细化了"天理"本体论的理论体系,同样以天理与气禀来解释人性,提出"性即理"之说。朱子还以四书为中心,以理学为方法,对孔孟儒学做了全新的解释,此即后来成为官方指定科举"教科书"的《四书章句集注》。儒家价值体系从而既获得了终极合理性(天理的权威化),又阐明了常人如何通过努力而成就完满人格的进路(学为圣人)。

程朱理学认为"天理"是世界本源,所谓的"天理"既是经学义理,又以"理一分殊"来论述本体与现象(体与用)的关系,即万物各得其理,但万物一原,天理只有那一个,且以"理气关系"来展开论述人的可能性,因此要实现人生价值的终极追求,方式就是"格物穷理"。理学发展到后期,道德的修养逐渐教条化,经学义理(即"天理")流于空谈,与生活实践日渐脱离。程朱理学以"格物"而"学为圣人"的道路似乎并不好走,"物理"与"吾心"仍然是两个事物,不知从何进入,所以有了王阳明"格竹致疾"的轶事。明代大儒王阳明吸收佛老智慧,创立良知心学,以"心即理"对程朱理学"性即理"进行了进一步的祛魅,以"良知"取代"天理",使价值本体回归了价值世界,让"学为圣人"的理想人格成就可能性完全依赖主体本身,而非依赖于外部的对象世界。圣贤人格是儒家价值体系在传递过程中所获得的"化身",而其本身也成为被赋予信任的载体。"圣人之道"积累至宋明,已经被赋予了完满的阐释,而没有任何一位作为典范的"圣贤"能比"自己就是圣贤"更令人心生向往、信心倍增。阳明心学将权威的本体"天理"内化为人自身皆具有的"良知"。"圣人之所以为圣人,惟以其心之纯乎天理而无人欲"[①],阳明心学将一切道德律令的根源从外界收回主体自身,使自我传播(内向传播)成为成圣的主要践履方式。成圣实践被系于德性之上,"这就冲破了朱熹等人为圣人设置的人力限制,使无技能、无勋业、无著述的圣人形象成为可能"[②]。成圣功夫变得更日常化、世间化,成圣的方法从超越凡俗回到日用常行,"圣人"崇高不可及的神圣性被大大削弱,一定程度上撼动了当时社会思想领域的天理权威主义与经学独断论,为后世开启对理学的全面反思与批判埋下伏笔,而这些反思与批判也往往是以"复归真正的圣人之学"为旗帜的,"他们都理直气壮地承认这种转折意味着自己的思

[①] 王守仁:《王阳明全集》,吴光、钱明、董平等编校,上海古籍出版社1992年版,第529页。
[②] 方旭东:《为圣人祛魅——王阳明圣人阐释的"非神话化"特征》,《中国哲学史》2000年第2期。

想已经汇入了源远流长的圣人之道,意味着自己尽毕生之力所追求的宏大目标——'学为圣人'的理想已经获得了重要奠基"①。

三、总结

"圣人"虽然被立为"天道"在人身上的最高体现,是沟通天与人的媒介,但它并不先于它所要传递的内容而存在。作为被不断建构和形塑的、代表着群体普遍共识与文化身份认同的媒介符号,圣人作为"'被传递的对象并不预先存在于其传递的过程之前',换句话说,传递过程(或中介化)构建被传递的对象,过程生产起源"②。中华文化中"天"或"天道"所指涉的是"真理",是世界的真实与本源,但正如同尼采所言"不同的心灵有不同的宇宙",人无法突破主观性来认识世界,"认识"本身就不可能是客观的,我们认识到的世界是我们的视角所及的世界。尤其对于理想人格所关涉的价值世界而言,它本身就是人类文明创造的,它背后的"真理"更是被建构的产物。作为价值世界"真理"最高代言人的"圣人"与作为其现实典范的"贤人",在历史的演进过程中不断建构和重新阐释,但它始终代表的都是"天道"的具体化与人格化,因为任何一种价值体系要想获得广泛而普遍的传播,都需要获取"共同视角",或者说是"共识"。美国学者约翰·基恩指出,最终关于真相的认同取决于人们的共识(agreement)和信任(trust)。③ "圣人"符号在漫长的历史传播过程中,早已取得了作为"天道代言人"的文化认同,这种"共识"与"信任"正是它能不断成为传播媒介的原因所在。

---

① 王文亮:《中国圣人论》,中国社会科学出版社1993年,第144页。
② 朱振明:《媒介学中的系谱学迹线——试析德布雷的方法论》,《新闻与传播评论》2019年第3期。
③ 转引自彭兰:《假象、算法囚徒与权力让渡:数据与算法时代的新风险》,《西北师大学报(社会科学版)》2018年第5期。

朱熹性二元论的形成与演变[*]

张宏锋 方弘毅[**]

摘 要:朱熹性二元论主要建立在孟子"性善论"的基础上,并随着其理气论的发展而不断变化:早年,朱熹批评胡宏"性无善恶"说,并吸取张载、二程等人之说,性二元论的思想初具雏形;自《太极图说解》始,"理气不可分"的思想正式确立,初步提出"天命之性善,气质之性恶"的性二元论,但两性并非对立关系;在"太极之辩"后,"理先气后"的思想尤为突出,出现将两性对立的倾向;此后,将"性""理"分作两截,两性完全对立,但将恶排除在性外,处于自我矛盾之中;晚年,折中二程人性论,两性成为既对立又统一的一对范畴。

关键词:朱熹 理气论 孟学 性善论 性二元论

朱熹性二元论是由其理气论推衍而来的,理气论经历了一个长期复杂的发展和演变过程,性二元论亦是如此。对此,钱穆曾做考证,认为朱熹46岁时,不主张"把性分作两截看";58—63岁时,"以两性相对言,然言意间以气质之性为主";67岁以后,强调"理是上一截,性是下一截";69岁以后,又分疏二程之说,与"二程旧说可以溶为

---

[*] 本文系国家社会科学基金重大招标项目"中国人性论通史"子项目"清代人性论史"(项目批准号:15 & ZDB004)、扬州大学研究生培养创新工程资助项目"朱熹《孟子》义理学研究"的阶段性研究成果。论文写作期间受王建军教师指导颇多,受益匪浅,特此鸣谢!

[**] 张宏锋,1989年生,男,满族,辽宁抚顺人,扬州大学文学院博士生;研究方向:中国古代学术。方弘毅,男,江苏淮阴人,东南大学艺术学院博士生;研究方向:艺术理论。

一体,不见有水乳之分"。① 但也有学者认为"朱子早年的时候受张程哲学的影响,将天地之性与气质之性看作相互独立的,认为气质之性是由天地之性加气质构成;但在后期,朱子认为性只是一个性,即气质之性,而淡化了天地之性的说法"②。甚至有学者认为朱熹不是"性二元论者"。③ 可见,学界对这一问题的认识差别较大。出现这种情况,主有两点原因:一是这些研究忽略了朱熹的性二元论是伴随理气论的发展而不断变化;二是这些研究多以《朱子语类》《晦庵先生朱文公文集》为主,但朱熹的性二元论源于孟子的"性善论",不应忽略其孟学著作。因此,本文拟在前人研究的基础上,以朱熹的孟学著作为中心,结合其理气论的变化,梳理并揭示其性二元论的形成与发展。

一、批驳与汲取:理气论形成之前的性二元论

人性善恶是人性论的核心问题,自古以来争论不休,如孟子的"性善论"、荀子的"性恶论"、告子的"性无善恶论"、董仲舒与韩愈的"性三品论"等。因此,朱熹建构人性论的第一步就是要回答"人性是善还是恶"这一问题。

(一) 性善立场的确立

乾道五年(1169 年)的"己丑之悟"是朱熹之学的转折点。此前,其服膺胡宏的心性已发未发之说;此后,脱离湖湘学派的阵营,开始质疑胡宏之说。乾道七年(1171年),在"己丑之悟"的基础上,朱熹著《胡子知言疑义》,对胡宏之说进行几乎全面性的否定,不仅提出"心主性情""性是心之体,情是心之用"等观点,更重要的是,其推举和申发孟子的"性善论",批驳胡宏的"性无善恶"说,为之后性二元论的形成和发展奠定了基本构架。《胡子知言疑义》云:

> 《知言》曰:好恶,性也。小人好恶以己,君子好恶以道。……熹按:此章即性无善恶之意。若果如此,则性但有好恶,而无善恶之则矣。……熹谓好恶固性之

---

① 钱穆:《朱子新学案》第 1 册,三民书局 1989 年版,第 446—448 页。
② 张凯作:《论朱子哲学中的气质之性》,《东方论坛》2012 年第 1 期。
③ 孙利:《朱熹是"性二元论者"吗?》,载《广西朱熹思想研究会会议论文集》,2002 年,第 107—108 页。作者指出朱熹并未将"天地之性"和"气质之性"视为两个互相独立的概念,进而认为"说朱熹是性二元论者,毋宁说朱熹是性两重论者"。

所有,然直谓之性则不可。盖好恶,物也,好善而恶恶,物之则也。有物必有则,是所谓"形色,天性也"。今欲语性,乃举物而遗则,恐未得为无害也。①

胡宏认为好恶是性,人所具有,其区别在于"小人好恶以己,君子好恶以道"。性本无善恶之分,关键在于人好恶的内容是什么。好之以道即善,好之以己即恶。胡宏的"好恶,性也"说,是从"性本论"角度出发。他认为:"性也者,天地之所以立也……性也者,天地鬼神之奥也。善不足以言之,况恶乎哉!"②性是宇宙万物之本,而"善恶"只是人主观道德意识的特性,无法描述性本体意义上的内涵。胡宏反对以"善恶"言性,但不排除性落在人身上具有"好恶"的特性,故其主张"好恶,性也"。然而,在朱熹看来,若按照此说,性只有"好恶",而无"善恶之则"。"好恶"固是性中所有,但"直谓之性则不可"。因为"有物必有则","好恶"是"物","好善而恶恶"是"物之则"。质言之,性是与"好恶"相对应的一种法则,这种法则表现为"好善而恶恶",而非"好恶"本身。所以,"性也,好恶"说,有"举物而遗则"之病。朱熹以"好善而恶恶"为性,表明自己站在孟子"性善论"的立场,明确回答了"人性是善还是恶"这一问题。

朱熹以善言性的同时,对性恶也做出解释,认为"明道所谓'恶亦不可不谓之性',是说气禀之性"③,表明"气禀"是性恶的根源。可惜的是,朱熹只是提出"气禀之性",并未详加阐释,不过至少表明,此时"天命之性善,气质之性恶"的性二元论已初具雏形。

《胡子知言疑义》在"己丑之悟"的背景下而成,对朱熹性二元论的形成意义重大。因为从"丙戌之悟"到"己丑之悟",朱熹将精力都放在心性问题的探讨上,至《胡子知言疑义》时,其心性论已趋于成熟,促使其开始转向思考人性善恶问题。尽管《胡子知言疑义》所涉及的人性论过于简约,但通过对胡宏"性无善恶"说的批评,朱熹明确自己性善的人性立场,并以"性"为"则",又提及"气禀之性",暗含着将性分为"天命之性"和"气质之性"的倾向。

(二) 性二元论理论基础的奠定

这一时期,除了批驳胡宏之说外,朱熹还积极吸取张载、二程等人之说,为建构自己的性二元论奠定深厚的理论基础。乾道八年(1172年)春正月,《孟子精义》成稿。

---

① 朱熹:《胡子知言疑义》,载《朱子全书》第 24 册,上海古籍出版社 2002 年版,第 3557—3558 页。本文所涉朱子著作,皆据《朱子全书》,只标明篇名与册序,其他信息不予赘述,特此说明。
② 《胡子知言疑义》,第 24 册,第 3559 页。
③ 《胡子知言疑义》,第 24 册,第 3558 页。

朱熹对《孟子精义》十分重视，即使后来有更为精道的《孟子集注》问世，亦不废是书，"须借它(《孟子精义》)做阶梯去寻求，将来自见道理"①，将其视为理解《孟子》的阶梯。所以，《孟子精义》对朱熹性二元论的形成起着不可忽视的作用。

在《孟子精义》中，张载、二程的人性论对朱熹影响较大。张载首次将性分为"天地之性"和"气质之性"。《孟子精义》云：

> 形而后有气质之性，善反之，则天地之性存焉。故气质之性，君子有弗性者焉……人之刚柔缓急，有才有不才，气之偏也。天本参和不偏，养其气而反其本，使之不偏，则尽性而天矣。②

人生形质后，才有"气质之性"，而对于"气质之性"，需要"善反"，说明在张载这里，"气质之性"是恶的。所以，他不主张君子存有"气质之性"，而是通过"善反"这一功夫，使"天地之性"得以呈现。张载所说的"气质之性"等同于"气质"，是指人的"刚柔""缓急""有才""有不才"之性。为何"天命之性"人人相同，而"气质之性"却有如此分殊呢？张载给出的理由是"天本参和不偏"，但人禀气而生时，有偏正之分，这就导致"气质之性"有善有不善。张载"天地之性""气质之性"之说，总结了历代关于人性善恶的争端，朱熹对此极为推崇，认为"极有功于圣门，有补于后学"③，甚至在《孟子集注》中，直接引用其说。

在《孟子精义》中，程颢论性的内容不多：

> 人生气禀，理有善恶，然不是性中元有此两物相对而生也。有自幼而善，有自幼而恶，是气禀有然也。善固性也，然恶亦不可不谓之性也。盖生之谓性，人生而静以上不容说，才说性时，便已不是性也。凡人说性，只是说继之者善也，孟子言人性善是也。④

在人出生之前，"无所谓善恶价值"⑤，性自然无善无恶。只有在人禀气而生后，谈性才有意义。而由于气禀之故，此时性已有善恶之分，故"恶亦不可不谓之性也"，

---

① 《朱子语类》，第14册，第660页。
② 《孟子精义》，第7册，第769页。
③ 《朱子语类》，第14册，第199页。
④ 《朱子语类》，第14册，第771页。
⑤ 曾亦：《本体与工夫：湖湘学派研究》，上海人民出版社2007年版，第80页。

但善才是性的必然趋势,这就是孟子所说的"人性善"。程颢"人生而静以上不容说,才说性时,便已不是性也""恶亦不可不谓之性也"等观点实际上是胡宏"性无善恶"说的滥觞,故在相当长的一段时间里,朱熹并不注重程颢此说,直至60岁以后才有所变化。但程颢"五常,性也"①说,却较早地被朱熹接受。在《孟子集注》中,朱熹直接将其改为"仁、义、礼、智,性也"。

由于"己丑之悟"后,朱熹从程颐之学入手,故这一时期真正对其产生影响的是程颐的人性论。纵观《孟子精义》,程颐"性即理"和"论性不论气不备,论气不论性不明,二之则不是"两大理论备受朱熹推崇。《孟子精义》云:

> 性即理也。天下之理,原其所自,未有不善,喜怒哀乐未发,何尝不善,发而中节,则无往而不善。②

程颐首次提出"性即理"说,认为"天下之理,原其所自,未有不善",并结合未发、已发之说,指出"喜怒哀乐"之情未发之时,性无有不善,已发之后,则有善有不善。若能做到"发而中节",性亦"无往而不善"。程颐以"理"定"性",将原本只在人性论范围内讨论的性,引入到本体论的领域③,使天理与人性在内容上保持一致,解决了人性为何本善这一问题。朱熹对此极为推崇,认为"伊川'性即理也',自孔孟后,无人见得到此,亦是从古无人敢如此道","伊川'性即理也'四字颠扑不破"。④《孟子精义》又云:

> 性字不可一概论,生之谓性,止训所禀受也;天命之谓性,此言性之理也。今人言天性柔缓,天性刚急,俗言天成,皆生来如此,此训所禀受也;若性之理也,则无不善……论性不论气不备,论气不论性不明,二之则不是。⑤

程颐与张载相同,亦将性分为"天命之性"和"气质性",认为前者是"性之理",是至善的,后者禀气而成,有"刚柔缓急"之殊。程颐所说的"气质之性"不具有善恶的道德属性,只具有"刚柔缓急"等自然属性。那如何解释性有恶这一现象呢?他认为:

---

① 《孟子精义》,第7册,第773页。
② 《孟子精义》,第7册,第767—768页。
③ 向世陵:《宋代理学的"性即理"与"心即理"》,《哲学研究》2014年第1期。
④ 《朱子语类》,第16册,第1889页。
⑤ 《孟子精义》,第7册,第769页。

"性出于天,才出于气,气清则才清,气浊则才浊……才则有善有不善,性则无不善。"①性与才被严格区分,才受气的影响,气有清浊,导致才"有善有不善",将性恶的原因归为才,而性本身则"无不善"。以上观点表明,在程颐的人性论中,"天命之性""气质之性"与"才"是相互独立的。但无论"气质之性"还是"才",都与"气禀"相关,故程颐进一步明确性气之间的关系,认为"论性不论气不备,论气不论性不明,二之则不是",即论"天命之性"不论"气质之性",则与孟子相同,只论性之本,始终不完备;而论"气质之性"不论"天命之性",则与告子相同,没有追溯到性之源头。只有将二者结合起来考虑,才能较为完备地解决人性善恶问题。程颐"性气不相离"的观点对朱熹人性论的影响颇深,在《孟子集注》和《朱子语类》中,朱熹多次引用和诠释这一理论。

这一时期,朱熹虽未提出完整的性二元论,但《胡子知言疑义》是朱熹性二元论的建构起点,《孟子精义》则为其性二元论的形成奠定了深厚的理论基础。所以,这一建构过程不容忽视。

二、二分非对立:理本论思想下的"天命之性"和"气质之性"

乾道九年(1173年)至淳熙三年(1176年),是朱熹性二元论形成的重要时期。这一时期,《太极图说解》定稿,标志着朱熹理气论的初步形成。之后,朱熹又经历"寒泉之会""鹅湖之会""三衢之会"等三次学术论辩,其理学体系大体完备。在这样的学术背景下,朱熹于淳熙四年(1177年)完成《孟子集注》初稿和《孟子或问》,正式提出自己的性二元论。

(一)"天命之性"内涵的再诠释

朱熹早年对张载、二程等人的"天地之性"和"气质之性"之说多有汲取,在《孟子集注》和《孟子或问》中,朱熹同样将性分为"天命之性"和"气质之性",并按照自己的思想,重新诠释了这两种性的内涵。

朱熹所理解的"天命之性",虽然承袭前贤之说,但又有所不同。《孟子集注》云:

> 性者,人所禀于天以生之理也,浑然至善,未尝有恶。②

---

① 《孟子精义》,第7册,第772页。
② 《孟子集注》,第6册,第306页。

仁、义、礼、智，性也。①

性是人禀于天理所生，天理至纯至善，故性"浑然至善，未尝有恶"。这种由天理而生且不杂于气之性，即为"天命之性"。朱熹将性与天理相结合，是对程颐"性即理"说的进一步发展。程颐以"理"定"性"，旨在论证性为何本善，但"理"是人为设定的观念，本身具有主观性，这样"性即理，故性本善"的解释则欠缺一定说服力。朱熹则先以"天"定"理"，再以"理"定"性"，旨在突出"理"的客观性，以便否定"性"的主观性②，弥补了"性即理"说的不足，为"天命之性善"的说法提供更为客观的理论依据。

为了使抽象的"天命之性"更容易为人们所理解，朱熹又赋予其具体的道德内涵，认为"仁、义、礼、智"就是"天命之性"。这种观点源于程颢的"五常，性也"说，又与之不同。其不同之处在于朱熹没有将"信"纳入到"性"中，但这不代表朱熹将"信"排除在"性"之外，而是因为其主要通过诠释《孟子》来阐发自己的义理思想，孟子言"四端"并未及"信"，且"四端"也非简单的并列关系③，故在表述上无法将"信"融入其中。为解决这一问题，朱熹以"五行"之土类比"四端"之信：

> 四端之信，犹五行之土。无定位，无成名，无专气。而水、火、金、木，无不待是以生者。故土于四行无不在，于四时则寄王焉，其理亦犹是也。④

"信"犹五行之"土"，虽"无定位""无成名""无专气"，但"四端"皆围绕"信"而存在，"信"于"四端"中无处不在，自然不必说"仁、义、礼、智、信，性也"。所以，"天命之性"的具体内涵指"仁、义、礼、智、信"，而"天命之性善"中的"善"就是指由天理赋予人的"仁、义、礼、智、信"而带来的特性。

（二）气质之性内涵的再诠释

朱熹界定"气质之性"内涵的同时，也阐释了其与"天命之性"之间的关系。《孟子集注》云：

> 孟子曰："若夫为不善，非才之罪也。"……（程子）又曰："论性不论气，不备；

---

① 《孟子集注》，第6册，第289页。
② 蒋国保：《"性即理"与"心即理"本义辨析》，《江南大学学报（人文社会科学版）》2011年第5期。
③ 周海春：《孟子"四端"思想的伦理价值》，《道德与文明》2013年第1期。
④ 《孟子集注》，第6册，第290页。

论气不论性,不明,二之则不是。"张子曰:"形而后有气质之性,善反之,则天命之性存焉。故气质之性,君子有弗性者焉。"愚按:程子此说才字,与孟子本文小异。盖孟子专指其发于性者言之,故以为才无不善;程子兼指其禀于气者言之,则人之才固有昏明强弱之不同矣,张子所谓气质之性是也。二说虽殊,各有所当,然以事理考之,程子为密。盖气质所禀虽有不善,而不害性之本善;性虽本善,而不可以无省察矫揉之功,学者所当深玩也。①

然所谓性,亦指气禀食色而言耳。②

朱熹所理解的"气质之性"实际上包括"才"和"食色之性"(即告子的"生之谓性"),这与程颐所说的"气质之性"不同。在程颐那里,"气质之性"与"才"是两个相互独立的系统,而朱熹却将"才"也纳入"气质之性"中,其目的在于解释"气质之性恶"。因为"才"受"气"的影响,有"昏明强弱"之殊,只有将"才"纳入"气质之性"中,才能更好地解释"气质之性恶"。如果将"才"排除在"气质之性"外,"气质之性"本身就不具有善恶的道德属性,这与其建构性二元论的宗旨相悖。既然性分为"天命之性"和"气质之性",二者之间又是什么关系?对此,朱熹先后引用程颐和张载之说,重在强调"天命之性"与"气质之性"不可分离,但"天命之性"是本,"气质之性"是末,只有通过改变"气质之性",才能回归"天命之性"。在此基础上,朱熹认为气禀虽有不善,但"不害性之本善";性虽本善,但也要防止"情"的泛滥③,不可无"省察矫揉之功"。质言之,"气质之性"的存在并不会否定"天命之性"本善的特性,而"天命之性"虽然本善,但因"气禀"之故,需要"省察矫揉"的工夫,才能回归性之本然状态。

在《孟子或问》中,朱熹进一步剖析了"天命之性"和"气质之性"之间的关系:

> 盖性不自立,依气而形,故形生质具,则性之在是者,为气所拘,而其理之为善者,终不可得而变。但气之不美者,则其情多流于不善,才亦有时而偏于不善,若其所以为情与才之本然者,则初亦未尝不善也。④

性不能"自立",只能"依气而形",故"形生质具"时,性在其中会"为气所拘",即"天命之性"堕于"气质"之中,成为"气质之性"。按照此意,"气质之性"其实就是受到

---

① 《孟子集注》,第 6 册,第 399—400 页。
② 《孟子集注》,第 6 册,第 423 页。
③ 郭齐勇:《朱熹与王夫之的性情论之比较》,《文史哲》2001 年第 3 期。
④ 《孟子或问》,第 6 册,第 981 页。

"气"影响的"天命之性",而非与"天命之性"相互对立的另外一种性。所以,即使性"为气所拘","其理之为善者,终不可得而变"。同样,出自性(天命之性)的"情""才"由于"气之不美",可能会偏离原本之善,但究其大本,其初未有不善。总之,"天命之性"与"气质之性"并非两种性,性只有一个,"气质之性"只是"天命之性"落于"气"中的另一种状态,这也说明了恶的根源不是"气质之性"本身,而是"气"。

其实,在淳熙二年(1175年),朱熹就反对将性分作两截:

> 《近思录》中说性,似有两种,何也？曰:"此说往往人都错看了。才说性,便有不是。人性本善而已,才堕入气质中,便薰染得不好了。虽薰染得不好,然本性却依旧在此,全在学者着力。今人却言有本性,又有气质之性,此大害理!"①

时人误将"天命之性"和"气质之性"当作两种性,遭到朱熹的批评。因为"人性本善而已",只是"堕入气质中",受到"气"的薰染,遮蔽了性原本之善,并非存在两种互相对立的性。朱熹反对将两性对立,与这一时期的理气论相关。在《太极图说解》中,朱熹主要以本体论的思想来阐发理气关系,认为"此所谓无极而太极也,所以动而阳、静而阴之本体也。然非有以离乎阴阳也,即阴阳而指其本体,不杂乎阴阳而为言尔"②,强调理作为本体,存在于阴阳二气之中,但又不杂于阴阳二气。这种理气关系落实在人性上,具体表现为"天命之性"作为性之本体,纯粹由理构成,本身不杂于气,但又必须存于气中,变成另一种状态,即"气质之性"。因此,严格意义上讲,此时朱熹的人性论还不是性二元论。

三、二分且对立:理先气后思想下的性二元论

淳熙十三年(1186年)至淳熙十五年(1188年),朱熹与陆九韶、陆九渊展开"太极之辩",其理气论又有所变化,理先气后的思想尤为突出,其性二元论的思想也发生变化。

(一)"天命之性"与"气质之性"的对立

在理先气后思想的影响下,朱熹的性二元论也由此真正确立。《孟子集注》云:

---

① 《朱子语类》,第17册,第3199页。
② 《太极图说解》,第13册,第70页。

性,形而上者也;气,形而下者也。人物之生,莫不有是性,亦莫不有是气。然以气言之,则知觉运动,人与物若不异也;以理言之,则仁义礼智之禀,岂物之所得而全哉?此人之性所以无不善,而为万物之灵也。……盖徒知知觉运动之蠢然者,人与物同;而不知仁义礼智之粹然者,人与物异也。①

理气相合才能化育万物,即"人物之生,莫不有是性,亦莫不有是气",故人物之性包含"理"和"气"两个部分:从禀气的角度来看(气质之性),人物皆有"知觉运动",没有什么不同;但从禀理的角度来看(天命之性),只有人才能禀性理之全,物则不能。在"太极之辩"中,朱熹以区分"形而上"与"形而下"来阐发"理先气后"的思想,认为"形上可以先于或独立于形下"②。因此,在人性论方面,朱熹亦从这一角度出发,强调"性,形而上者也;气,形而下者也",表明纯粹由理构成的"天命之性"在地位上要优越于兼气构成的"气质之性",故人能禀性理之全,是人物之间最根本的区别,也是人性本善且人为万物之灵的原因,出现将两性相互对立的倾向。

上述观点应是朱熹(59岁)于淳熙十五年(1188年)修改《孟子集注》时所加。理由有二:一是《孟子或问》与《孟子集注》初稿同时完成,《孟子或问》又是为补充《孟子集注》所作,但《孟子或问》并未有"性,形而上者也;气,形而下者也"的思想,表明在《孟子集注》初稿时,这种观点并未形成;二是在《孟子集注》初稿时,朱熹坚持理本论,强调理气不相离,直至"太极之辩"时,才重视"理先气后"的思想,而朱熹对《孟子集注》最重要的一次修订就是在淳熙十五年(1188年),故"性,形而上者也;气,形而下者也"的观点也很可能形成于这一时期。

在之后的《明道论性说》③中,两性对立的倾向更加明显。《明道论性说》云:

天之付与万物者谓之命,物之禀受于天者谓之性。然天命流行,必二气五行交感凝聚,然后能生物也。性命,形而上者也,气则形而下者也。形而上者一理浑然,无有不善;形而下者则纷纭杂揉,善恶有所分矣。故人物既生,则即此所禀以生之气,而天命之性存焉。④

---

① 《孟子集注》,第6册,第396页。
② 《孟子集注》,第6册,第54页。
③ 《明道论性说》不知作于何时,但在《朱子语类·程子之书一》中,有大量阐释程颢人性论的内容,且多与《明道论性说》中的观点相重复,考其记录之人,所记多是朱熹60岁以后的观点,故《明道论性说》很可能是其60岁以后的著作。
④ 《明道论性说》,第20册,第3275页。

天生万物是命，物禀受于天而生是性，性命本于天道，故为"形而上者"。然而，即使"天命流行"，也需要理气结合才能生物，说明在已生处谈性，势必会涉及"气"，而"气"是第二性的，故为"形而下者"。早年，朱熹只是将"气"归为性恶的根源，但并未解释"气"为何会造成性恶。所以，在此处，朱熹明确指出"形而上者一理浑然，无有不善；形而下者则纷纭杂揉，善恶有所分矣"，即"天命之性"纯粹是由理构成，不杂于气，故"天命之性善"，而"气"有"纷纭杂揉"之殊，故兼气构成的"气质之性"有"善恶"之分，为"气质之性恶"提供了理论依据。朱熹又进一步指出"人物既生，则即此所禀以生之气，而天命之性存焉"，即论性时，能够把握的只能是"气质之性"，通过变化气质，可以实现原本所具有的"天命之性"。此处十分注重"气质之性"，是因为朱熹认识到只有在现实中论性才有意义，也只有"气质之性"的存在，孟子所提倡的功夫论才有存在的必要。既然"气质之性"才是可以把握的性，它就不再属于"天命之性"，而是与其对立的另外一种性。两性对立的倾向十分明显，说明朱熹此时的人性论已经从之前不完全意义上的性二元论过渡到了严格意义上的性二元论。

（二）性二元论的矛盾与完善

虽然朱熹的性二元论已经正式确立，但其理论仍有矛盾之处。在与《明道论性说》同一时期的《朱子语类》中，朱熹将"性""理"分作两截：

> 性自禀赋而言，人生而静以上，未有形气，理未有所受，安得谓之性！又问：凡人说性，只是说"继之者善"也。"继之者善"，如何便指作性？曰：吾友疑得极是。此却是就人身上说"继之者善"。若就向上说，则天理方流出，亦不可谓之性。[①]

此条语录乃郑可学所记，是朱熹62岁时的观点。在这里，朱熹明确指出人未生之时，"未有形气"，理无处降付，故只可谓之理，不可谓之性。按照这种观点，凡言性，必是"气质之性"，而"天命之性"是指"理"那一截，完全不夹杂气而言。这样，"天命之性"和"气质之性"分属两截，相互对立。然而，若将"性""理"分作两截，程颐的"性即理"说便自相矛盾，但朱熹又无法否定"性即理"说，使其陷入两难境地。此外，"气质之性"有善有恶，而其与"天命之性"完全对立，就必须承认"恶"也是性。不过，朱熹却

[①]《朱子语类》，第17册，第3192页。

说:"恶,非性也,性不恶矣。"①此条语录乃弟子甘节所记,是朱熹64岁时的观点。可见,这一时期,朱熹处于一种自我矛盾的状态中,其性二元论还不完善。

为解决上述问题,朱熹最终折中二程之说:

> "善固性也,然恶亦不可不谓之性也",疑与《孟子》抵牾。曰:这般所在难说,卒乍理会未得。某旧时初看,亦自疑。但看来看去,自是分明。今定是不错,不相误,只着工夫子细看。莫据己见,便说前辈说得不是。②
>
> 盖性须是个气质,方说得个"性"字。若"人生而静以上",只说个天道,下"性"字不得……所谓"天命之谓性"者,是就人身中指出这个是天命之性,不杂气禀者而言尔。若才说性时,则便是夹气禀而言,所以说时,便已不是性也。濂溪说:"性者,刚柔善恶中而已矣。"濂溪说性,只是此五者。他又自有说仁义礼智底性时。若论气禀之性,则不出此五者。然气禀底性,便是那四端底性,非别有一种性也。③

这两条语录分别为钱木之和沈僩所记,是朱熹67岁和69岁以后的观点。此时,朱熹已经完全承认程颢"恶亦不可不谓之性也"的观点,表明其已经不再困惑,将两性对立的思想更加坚定。为了解决将性理分作两截与程颐"性即理"相互矛盾的问题,朱熹在表述上采用一种圆融的方式,不再明确说"性""理"各是一截,而是折中二程的观点:"天命之性"是指现实人性不杂气禀时的本然状态,这种性专善无恶,即程颐的"性即理"说;"气质之性"则是兼生和气禀而言,有善有恶,即程颢的"生之谓性"说。二程的人性论自此得到了统一。其实,朱熹已经发现早年人性论的缺陷,如果不将"天命之性"和"气质之性"对立起来,以"气质之性"解释性恶就难以说服他人;但如果将二者完全割裂开来,"天命之性"就会成为悬空说理,没有落到实处。朱熹不肯完全否定早年的说法,故将二者对立之后,他又强调"气质之性"不出"仁义礼智信"之性(天命之性),而非"别有一种性","天命之性"和"气质之性"成为一种既对立又统一的关系。

---

① 《朱子语类》,第15册,第1790页。
② 《朱子语类》,第17册,第3195页。
③ 《朱子语类》,第17册,第3196页。

四、结语

朱熹在建构性二元论时,对前人之说既有批驳取舍,又有继承发展,经历了一个否定之否定的动态过程以及复杂的心路历程。虽然这一过程较为曲折,但并非无规律可寻。

首先,朱熹理气论决定了其性二元论。在朱熹理学体系中,理与气是构成世界的本原。理气关系落在人性中,就出现了与之对应的"天命之性"和"气质之性"。质言之,有什么样的理气论就会有什么样的人性论。在《太极图说解》定稿后,朱熹理气论初步形成,强调理气不分离,故这一时期,朱熹的人性论看似是性二元论,实则不是。因为既然理气不分离,与之对应的"天地之性"与"气质之性"亦不分离。这一时期,朱熹并未将"天命之性"与"气质之性"看作两种性,而是认为"气质之性"是"天命之性"的另一种状态。至"太极之辩"后,朱熹又强调"理先气后","天命之性"与"气质之性"逐渐分殊为两种不同的性。这两种性既对立又统一,这时朱熹才是真正的性二元者。因此,朱熹究竟是不是性二元论者,要根据其理气论的变化而判断。

其次,朱熹性二元论的建构实则是在孟学视阈下进行。人性问题,虽然孔子已有论及,但真正形成较为完整理论体系的,则始于孟子。孟子以"四端""四德"论性善,又以"其所以陷溺其心者然也"解释性恶,开启了性善恶问题的探讨。然而,孟子"性善论"还有许多不完备之处,故朱熹建构性二元论以补其阙。朱熹将孟子所说的"四德"归为"天命之性",而将"才""食色之性"等归为"气质之性"。在孟子思想体系中,"四德"根于人心,无不善,而"才""食色之性"则可能出现"不才"和"过度追求私欲"等不善的情况。朱熹亦按照孟子这一理论体系,强调"天命之性善,气质之性恶"。然而,在孟子性善论中,恶不是性,这使朱熹经常处于自我矛盾的状态中。如果恶不是性,就必须承认"气质之性"不是另一种性,而是"天命之性"的另一种状态。质言之,性只有一个,即"天命之性"。但一味强调"天命之性",则会让人们忽略孟子所提倡的知言养气、存心养性等修养功夫。而恶是性,就必须承认性有两个,"气质之性"是与"天命之性"相对立的另一种性。这样虽然能警醒人们注重修养工夫,但又否定了"性即理"说。如何既能体现孟子工夫论的必要性,又不违背"性即理"说,成为朱熹难以解决的问题。最终,朱熹折中程颐的"性即理"说和程颢的"恶亦不可不谓之性也"说:一方面,他强调恶亦是性,将"天地之性"与"气质之性"相互对立,并突出"气质之性"的存在,为孟子的工夫论提供存在的依据;另一方面,他又认为"气质之性"即使有恶,其范围亦不出"天命之性",确保了性之本善的特性。

总之，朱熹性二元论的建构经历了一个曲折复杂的变化，在研究这一理论时，要充分关注其演变的过程。正如陈来所说："朱熹学说的这种客观情况要求我们在研究上必须相应地采取时（历史演变）、空（层次角度）的方法加以考察。这应当不仅是研究朱熹理气先后说，也是研究他的其他思想的基本方法。"[1]

---

[1] 陈来：《朱熹理气观的形成和演变》，《哲学研究》1985 年第 6 期。

中国传统法治的基本形态
——兼论今人对"为政以德"的误读

鄢晓实[*]

摘 要:在儒家文化被严重曲解、误读的现代社会,儒家之"为政以德"亦被曲解为"德治",即"道德治国",儒家所言"为政在人"亦被曲解为儒家"推崇人治"。在中国现代法治进程中,现代人臆想出来的"儒家德治观"和"儒家人治观"在很大程度上阻却了汲取中国传统国家治理智慧的道路,也为弘扬中华优秀传统文化以推进"文化自信"的时代要求制造了观念和心理障碍。反思、抛弃类型化的"德治/人治/法治"之主观对立和理论架构,还原儒家之"为政以德"的真实样貌,在今后的法治研究领域推动"德政"的概念成为通论,进而深入研究"德政"的最高境界——仁政,意义重大而深远。

关键词:德治 中国传统法治 为政以德 普及"德政"概念

一、中国当下学术中的德治概念——谬传久矣

(一)儒家文化的当代命运——曲解误读者众

儒家文化在中华大地上传承了两千多年,成就了中华民族两千多年来的人文和

---

[*] 鄢晓实,男,辽宁鞍山人,中共中央党校(国家行政学院)2017级法学理论专业博士研究生;研究方向:中华传统文化与中国现代法治一体化。

人本信仰。当我们面对诸如"中华民族是一个没有信仰的民族"之类说法或鄙夷的时候,本可以理直气壮予以反驳。但是儒家文化在当代却遭遇了太多的曲解和误读,导致回顾中华民族历史的时候似乎唯有不断反思和自我否定。纵观世界,我们很少会看到一个民族国家对自己历史的否定达到如此极致的状态。以本民族的文化和历史为骄傲还是因本民族的历史和文化感到自卑,这是一个非常大的问题,可以说事关千年大计。对儒家文化肯定或者否定的不同观点,虽然其出发点可能都是为了国家和中华民族未来的向好发展,但是对未来中国的走向和实际效果之影响绝非单一维度的认知可以预测和把控。无论理论倾向如何,作为论者,不可曲解或者误读儒家文化应该是一种基本的原则,在此基础上,才能还原真实的儒家,才能形成能够以理服人的学说评判。"欲灭一国,先灭其文化。"将对儒家文化正确解读的意义,上升到这样的思考高度,可能也绝非危言耸听。

试举几个简单的语句理解问题作一现象说明。"温故而知新,可以为师矣。"很多人认为应该理解为:温习已经学过的知识,从而获得新的理解与体会。这样的理解正确吗?现在我们一个小学生都应该掌握、具备这种所谓"温故知新"的方法和能力。其实,这是《论语·为政》篇中出现的孔子之言,此句应该是说从政的问题,那么是否可以这样理解更为准确:"温故"是省察、熟知历史,从中可以总结政治兴衰的规律,"知新"是根据所总结出的政治兴替规律,就可以预测现在和未来政治的发展趋势、结局,如果具备这样的能力,就可以"为师"去"传道、授业、解惑"了。这个简单的例举就是误读儒家的一个典型,称之为"望文生义"。还比如"民可使由之,不可使知之"(《论语·泰伯》),被很多人理解为孔子在告诉统治者如何愚民:要让老百姓顺从,不能让他们有太多知识和思想。这样的解读实在于理无据却广为流传。孔子周游列国,不为求官或发财,而是为了让政治统治者行仁政,仁政是为了天下的苍生。孔子本人愚民的动机何在?抑或孔子的弟子在整理孔子言论的时候会将明显与圣人之道相悖的言论编入《论语》中?这就是"降维曲解"。我们只有综合分析才能够正确理解这句话:孔子和同时代的老子、佛陀都认为人生最深刻的道理和真相是需要自己体悟的,而这些道理是没有办法通过语言的表达来代替人的亲身感悟的。佛家说宇宙实相"不可思议",是指实相不是通过思维和语言能够表达的,需要亲修实证。孔子说"中人以下不可以语上"(《论语·雍也》)也是这个道理。普通人如果不具备体悟天道境界的资质和机缘,圣人也没有办法让他们切实知晓天道的存在以及如何存在,但是可以让他们以合于天道的方式生活。这和佛家所讲的"佛度有缘人"是一个道理。因此,此话应该理解为:假使没有办法让大众知晓天道的奥秘,也可以使大众遵道而生活。还比如"听讼,吾犹人也,必也使无讼乎"(《论语·颜渊》)。很多论者将"无讼"解释为让老百姓厌诉,或者解释为儒家不重视法律而只注重道德,或者推出无讼表明儒家文化与西方法治文明相差甚远之类的结论。这是典型的"为是我而非他"式曲解。无讼乃没有纷争之意,没有纷争当然是人类社会的理想状态。相反,我们很难说当下中国很多法院的法官年人均审判两三百件甚至更多民刑事案件这样一种社会矛盾纠纷突出的状态是一种理想状态。难不成就因为表明了大家都"重视法律",因此通过诉讼解决问题,就判定这种"重视法律"是理想状态?虽然我们从《论语·颜渊》篇中无法看出孔子此言的具体语境,但是此处之无讼至少是表明通过法律裁判,使矛盾彻底化解之意,化解之后双方就此问题再无纷争。这难道不是我们现代审判追求的最高境界和效果吗?因此,"无讼"和"不重视法律"之间扯不上一点关系,但是却被以讹传讹,成为了很多现代论者的"重要研究成果"①和各种理论的"事实前提"。

上述几个例证,只是儒家文化出于各种原因被误读和曲解的冰山一角。儒家文化为何遭遇如此般之解读?今日与传统之"文化断裂"造成儒家文化没有被很好地传承,因此出现了对文言文"望文生义"的误读是其一;为了是我而非他,很多论者故意曲解古人之意以凸显自己推崇之理论,此为其二。当然,这与人类几百年来的大时代背景紧密相关。文化需要自信,但是误读和曲解会严重影响我们的自信。古人已故,我们今天应该正确解读儒家文化,一来应该给古人一个公正的评价;二来最为主要的是,正确解读之后我们才能够知晓儒家文化会带给我们什么,这不仅是为了自己,更是为了子孙后代。在法治话题中,儒家被曲解深重的表现就包括将"为政以德"等同于"儒家德治",将"为政在人"等同于"儒家人治"等学说已成法治研究领域通论,必须明辨。

(二)梁启超首创的"德治主义"

"为政以德,譬如北辰,居其所而众星共之。"这是《论语·为政》篇中所记载的孔子的话。两千多年之后,清朝维新运动的代表人物梁启超将孔子所言的"为政以德"

---

① 此处举张中秋先生《中西法律文化比较研究》(法律出版社2019年版)一书的研究成果为例。该书中认为中国法律文化可以总结为"无讼",西方法律文化可以总结为"正义"。张中秋先生认为,无讼表明不重视法律,并且引用了中国古代的一些官员不重视法律的言论作为论据。而所引证的这些"不重视法律"的官员言论,出自一本叫作《庸官庸吏言》的书。很明显,我们只能在中国古代最为差劲的"庸官庸吏"那里才能找到不重视法律的古代官员的"原型"。中国古代的官员,譬如各级地方长官,既是行政长官,又是司法长官,有什么理由不重视法律?不重视法律,那么依靠什么断案?同时,作为"父母官",让民众重视德又有什么错误吗?重视民德归厚就与重视法律矛盾?张中秋先生对此问题的观点和结论在中国学术界非常具有代表性。这可能可以见微知著,让我们更加了解学术界对儒家的一些负面观点到底是否站得住脚。本文所否定的很多学界流行观点,都有具体的原型,而并非笔者的主观想象或者纯粹虚构。但是囿于篇幅,对于这些多数人意见,无法一一引证注明。其他研究者可以自行查证以供研究。

转换称为"德治",这被认为是中国"德治说"的开启。① 梁启超在《先秦政治思想史》中将儒家治国理念称之为"德治主义"或"人治主义"或"礼治主义"。同时将道家称为"无治主义",将墨家称之为"新天治主义",将法家称之为"法治主义"或"物治主义"。② 梁启超在其《中国法理学发达史》中又对法治主义与放任主义、人治主义、礼治主义和势治主义进行了比较研究。③ 在梁启超的时代,中国风雨飘摇,正处于"三千年未有之大变局"过程中,中西政治军事上的冲突以及伴随的文化碰撞愈演愈烈。维新人士康有为打着"托古改制"的旗号,将儒家思想和西方政治学说相结合宣传变法,梁启超的学说将维新思想进一步扩大。"德治说"就是中西文化碰撞之后的理论产物。梁启超"学贯中西",也将儒家和道家关于最高的"法"的观念冠以西方"自然法"之称谓。

那么在中西文化结合和取舍之中,梁启超先生对儒学的见地如何?大儒梁漱溟的评价是:情感浮动如任公者,亦是学问不能深入的人,其一生所为学问除文学方面(此方面特重感情)外都无大价值,不过于初学有启迪之用耳。④ 笔者虽无资格对前人进行此番评价,但是亦有感于其德治学说系对孔子为政以德的误读,并未体会到为政以德的真正含义,其对"德"的理解大抵可以等同于现代道德的单一含义。梁启超之后,徐复观等人也对德治进行了阐释,并且还曾经与费正清展开过论战,徐复观所理解的"德"同样接近现代道德一词。无论是推崇、维护德治,还是反对、批判德治,在当时不仅具有学术意义,更有着政治意义。儒学是修己的学问,对圣人之言的理解,最终取决于自己悟到了什么,因此结论有所不同在所难免。梁启超伊始,法治、人治、德治、礼治之类的国家治理类型划分成为主流观点,直至今日之学术研究领域。但是必须明确指出,梁启超用"德治主义"(等同于"人治主义"或"礼治主义")而非"德治"的概念,仍然是对儒家的治国理念进行了系统性的阐释和解读,并且其所理解的"德"和今人所说的道德亦不完全相同,这和当下的"德治"概念又不可同日而语。

---

① "中国古代词语中并无'德治'一词。它是近代学人为回应西方法治文化的冲击,而将孔子'为政以德'的思想简缩而来。创始之人,便是大名鼎鼎的梁启超先生。他细嚼《论语》'为政以德'之旨,在告诫时君世主及各级官僚应当以民为本,体恤百姓,实行德教,施以德政仁政。"转引自段秋关:《现代法治及其历史根基》,商务印书馆2018年版,"序一"第6页。
② 梁启超:《先秦政治思想史》,商务印书馆2014年版,第78—79页。
③ 梁启超:《梁启超论中国法制史》,商务印书馆2012年版,第19—63页。
④ 梁漱溟:《人生至理的追寻》,当代中国出版社2008年版,第107页。梁漱溟此评价梁启超之文章,篇名为《率直无隐以报梁任公》,我们可以据此细细体味一代大儒的内心风范:去私存公。

(三) 当下中国学界的"德治"界说及谬误

在当下中国,由于"德"被普遍理解为现代道德①,因此当下的"德治"概念虽然起源于梁启超,但是其含义在很多人的观念中又发生了进一步的改变。"德"几乎完全成为了现代道德的简称,"德治"被理解为"以道德治国"而成为了一种类型化的国家治理模式被予以讨论研究。在对"道德治国"所作的界定②中,论者们普遍以孔子的"为政以德"作为起源,将道德治国的含义阐释为统治者以道德要求自己并且希望社会以普遍道德水准的提升来推进国家治理。以此种界定为基础,将儒家的治国理念定位为道德治国。论者们进一步推演,将儒家的治国理念形容为"寄希望于"或者"完全依托"道德的力量而不是重视应用法律来治国;再进一步推演为,道德是不可靠的,因为道德是依靠人内心的自律才会起作用,而相比之下,法律由于其国家强制性而具备天然优势,因此我们应该求法治而舍德治。在这样的论证和推演中,儒家的面孔简直可以用"迂腐不堪"甚至"愚蠢"来形容,儒者绝不是"人之所需"了,简直成了误国害民的历史存在。幸而很多学者对此问题及时纠偏,指出为政以德与道德治国实在是两个基于不同的"德"而产生的存在天壤之别的概念。

对于为政以德,容后文详加论证,在此涉及的法律与现代道德的关系,也有必要先稍加论述。法律与道德的关系在中西存在不同的理论学说,如认为道德是法律的基础或者法律是道德的底线,或者认为法律与道德应该相分离。实质上,无论是法律还是道德,其共同性在于都是人的行为规范,道德秩序和法律秩序本身就是浑然一体不可分离的,没有人会在行为时先区分我是遵守了道德要求还是法律要求。如果做区分,去思考如此行为是不是会受到法律制裁,置道德于不顾,这样的人心状态不是良好的向善状态。普遍的道德观念是良法产生的基础,也是良法能够获得人的内心认同的基础,更是法律被普遍遵守的基础。道德和法律相比,道德更接近人心这一"本",法律是针对行为的"末"或者"用",强行将法律论证为"至上""主治",是一种本末倒置。如果人人都无道德之是非观念,那么法律只剩下依靠强制力的威慑来实施,且不说这样的社会状况难以产生好的法律,而且法律的实施也会步履维艰,因为立法者、执法者、司法者、监督者和大众无法形成一个人人遵守法律的心理基础,势必由于寡廉鲜耻成风而法律被架空,法律最多会成为一块遮羞布和口号,甚至成为人人交互争利的斗争工具。

---

① 现代道德所包含的内容尽管很难有统一定义,但是基本界定为包含了个人的基本道德、社会公德、职业道德、家庭美德等内容。
② 将"德治"定义为"道德治国"是普遍性的说法,因此笔者不再对出处一一引证。

道德与法律绝非对立关系。而将法治和德治确立为两种不同治理类型的做法，表面看其比较分析似有一定道理，但是实为设置了一个偷换概念的逻辑陷阱。其一是虚构出德治这种治国理念或者历史上的治国模式。但是这种主观臆断不难反驳：且不说有些论者将"礼"依据"严格意义的法律"这一标准排斥在法律范畴之外，勿论认为中国古代只有刑法而没有民法以及诉讼法等诸多不合逻辑和史实之论。历史上哪个朝代没有法律？哪个朝代存在过为了道德而对法律弃之不用的情况？太平盛世中刑法运用甚少是国家治理之成效，其成效当然包括法律的作用，而不是不重视法律的表现和结果。即便笃信佛法的梁武帝①也没有放弃法律。我们不可不正视中华法系的发达和有效。就是回溯到孔子，在担任鲁国大司寇的时候，"把扰乱鲁国政事的大夫少正卯给杀了。孔子参与国政才三个月，贩羊卖猪的商人就不敢哄抬价钱，行人男女都分开走路，各守礼法，路上见了别人掉落的东西也不敢捡回去"②。曾经担任"法官"的孔子没有不重视法律，更没有天真地认为应该以道德治国。其二，以治理模式之区分和对立，建立以法治和虚构的德治不相容这一前提，偷换概念将法律与道德对立起来，进而通过比较法律与道德在强制属性等方面之优劣，认为道德虽好但是却"无能"，转而论证法治这一模式的必要性和合理性。这样的论证陷阱设置，不仅不客观，反而会让人们对道德与法律的关系由本应相辅相成当成二者水火不容。在1999年依法治国作为基本治国方略被上升为宪法原则之后，所提出的依法治国和以德治国相结合，应该理解为正确认知法律与道德的关系，这才具有积极意义。总而言之，"道德建设乃法治固有内涵之意，而非外在之方"③。因此，即便现在的"德治"概念和学说，其本身也存在着严重甚至致命的问题，勿论把"为政以德"曲解为现在的"德治"。

二、国家治理类型划分的反思

（一）向西求法的时代背景

针对将"德治说"强加于儒家的情况，在此对有些论者的思想主线稍做梳理：首先曲解儒家所讲之"德"的真实含义，将今人之道德观念强加于古人并等同于儒家之

---

① 当然，梁武帝对佛法的笃信不代表其深明佛法，对其治国亦有诸多不同看法。
② 林语堂：《孔子的智慧》，长江文艺出版社2015年版，第62页。
③ 段秋关：《现代法治及其历史根基》，商务印书馆2018年版，"序一"第7页。

"德";同时人为"想象"出在中国历史上根本不曾实际存在过的"德治"模式和儒家"德治理论";继而通过对凭空臆想的儒家"德治"模式和学说进行批判,亦即同时否定了儒家的治国理念;加之对中国历史上曾经存在过的法家"以法治国"的残暴严苛以及不能限制最高权力予以定论;随之转向西方,西方"法"代表了正义和权利,谁又能反对正义和权利呢?西方的历史就是一部"法治史",英美等国家的现实法治之成功亦"有目共睹";中国当下需要依法治国,这种情况下,不向西方取经、以西方为师,还有其他选择吗?这恐怕是西方法治学说备受推崇的外部原因,而内部原因乃中国当下的法治进程确实需要寻找理论支撑,当下中国也确实需要厉行法治以便解决紧迫的现实问题并以此为基础谋划长远发展。基于理论研究需要,人治、礼治、法治、德治等治理类型分类也成为了主流理论架构,其本身虽有助于对国家治理进行深入研究、探寻规律,并且取得了很多积极效果,但是其分类一旦逻辑定型,就无法在理论上自圆其说,且对实践产生诸多弊害,这是当下法学研究应该警醒的,所谓"过犹不及"。因此,在此也有必要对德治之外的人治、礼治、法家法治、神治、自治等做一些分析。

(二)"法治观/人治观"之对立是一种杜撰

儒家所说的"为政在人"以及古人认为"有治人无治法"等被很多论者认为是"人治"理念的起源或者思想反映。很多论者认为:人治作为一种治理类型,其要义在于选贤任能,将执政者的贤能作为国家治理的核心要素;至此,这种人治似乎并无不好;但是经过进一步推演,人的因素是不稳定的,亚里士多德曾言"法治应当优于一人之治"以避免柏拉图"哲学王"治国导致的弊端[①],因此贤能虽好但不是随时可得,而且历史上"言出即法"的君王以及官僚的"权力任性"导致了无数政治反面典型出现。而良好的法律制度可以避免人的主观随意性和以权压法、权力滥用。因此,推论出舍人治而取法治的结论。"人治"这一理论类型的出现,在于警醒我们,人的主观随意性非常大,是一个极其不确定的可变因素,因此要以有效的法律制度来约束权力,意即"将权力关进制度的笼子",更是意在对现实中出现频繁的以言代法等情况加以反对。这些积极意义必须正视。

但是这种人治界说和上述德治界说存在同样的逻辑问题:以权压法的一定不是

---

① 实际上,"法治应当优于一人之治"是亚里士多德所批判的观点,而且这里的"法治"是指建立轮番统治;柏拉图也从来没有说过"法治国家是第二等好的国家";柏拉图认为"共产、共妻、共儿童的国家是第一等好的国家",而非哲学王治国的"人治"国家是第一等好的国家。柏拉图和亚里士多德之间的"法治观/人治观"之对立,是现代人杜撰出来的,并非事实。对柏拉图的《理想国》《法律篇》和亚里士多德的《政治学》中译本进行研读,可以明确作出判断、得出结论。

真正的贤能,不能因此而否认贤能之重要意义;人是法治的主体,也是法治的目的、归宿,法律是人的法律,将法与人分离并对立,本身就无法自圆其说;历史上也不存在一人之治,历史上每一种政治统治都是由官僚体系、教权体系或者贵族阶层等一个庞大的政治组织进行,而且这一政权体系必然需要依靠法律、制度在内的综合手段进行政治统治。因此,将贤能和人在国家治理中的关键作用以人治理论进行弱化以突出法律制度或者法治的优势,同样是将"既有治人又有治法"的相容局面和理想状态人为地割裂开来了,容易误导他人以为"鱼与熊掌不可兼得"。我们在儒家的历史上找不到一个将国家治理"只寄托于"贤能而不重视法律制度这样的原型。上至君王下至百姓都必须遵守法律才是常态要求,"王子犯法与庶民同罪"的要求并不鲜见,君王也不会以破坏自己制定的法律为正当。如果君王破坏了自己应该遵守的法律,那是在自损威信并给人以口实,最终受害的肯定包括自己。

很多论者认为中国仅存的法治是法家法治,但是法家法治由于不包括约束君王,因此与现代法治在此分道扬镳①,其实法家的法治理论当然包括君王守法的要求。慎到的"立公弃私"说将包括君王在内的个人利益称为"私",要服从于称为"公"的代表国家意志和整体利益的"法";齐法家也指出"令行于民"的前提是"禁胜于身",君主应该"置法以自治,立仪以自正"②。其实很难想象,譬如秦始皇拥有统一六国的雄才大略,却唯独在自身是否应该遵守"法律"问题上违背基本政治常识——带头乱法却不知这是在自损权威。在政治局面异常复杂的中国历代王朝,为了王位大权可以父子相残、兄弟相杀。如此残酷的政治现实,并非我们主观简单判定的君王可以如此之任性,这会忽视了古代君王的政治智慧、基本政治素养、政治的复杂性和残酷性,这并非为了赞扬,而是至少基于史实来研究问题,才能得出有价值的国家治理规律。法家法治,其成在"事断于法",败在严苛,而这种严苛虽有时势之因素,然而根本在于将人性认定为"皆狭自为心"之"好利恶害",因而并不以仁德为怀,使其法治停留于治术的层面而远离政道。③ 插言一句,有论者将法家与边沁等人的功利主义相类比,认为二

---

① 当然,很多论者强调"中国古代不曾有西方近现代意义上的法治",因此推论说"中国现代法治建设任重道远"。这种观点"正确却毫无实质意义"。难道西方古代就有了西方近现代意义上的法治? 现代之所以与古代称为不同的"时代",当然是因为有时代差别的存在。但是我们最重要的是寻求法治背后的精神的变与不变,而不是浮于表面的所谓的市场经济、民主人权之类的现象和口号。一个市场经济下生成的弱肉强食的丛林法则,与在传统农业社会中生成的丛林法则没有本质区别;一个在民主人权口号下出现的政治欺骗,和一个在为百姓黎民、天下苍生口号下出现的政治欺骗也没有本质区别。因此,我们寻找的应该是"法治"背后的精神和灵魂,这才是决定法治不同类型的关键。
② 段秋关:《现代法治及其历史根基》,商务印书馆 2018 年版,第 358 页。
③ 当然,全面品读法家的理论,我们也不能简单地说法家"无道",法家理论和实际应用还存在着应然和实然的差别,其理论应用于实践还存在政体、社会环境、人等诸多变量作为中介。

者趋同,但是仍不忘加上一句法家亦不如功利主义深刻之类评判以推崇西学。① 但是笔者认为,更应该从二者皆停留于术的层面来考察其是否"有道",才更有利于当今之法治建设。

(三) 儒家是在力求"根治"现代人所反对的"人治"弊病

进一步看,治理类型的划分存在着一个分类标准上的逻辑错误,这是偷换概念进行治理类型划分的前提原因。治理都是人对人的治理,治理中涉及的要素包括文化、法律、道德、制度等。也就是说,人是治理主体、是治理对象,法律是治理手段,道德是治理手段,道德同时是人自身的内在品质,神和礼都代表了人的精神信仰,上帝和道被认为是世界的创造者和本体,制度包含了法律,等等。将一个治理中不同的要素相混淆,然后将主体、对象、手段、信仰等分别作为可以"并列"的标准将治理结构拆分,区分出了所谓的治理类型,这实在是不可取。同时,最为重要的是,譬如说反对"人治",反对人治的理由是制度比人更可靠,制度可以防止最高统治者依据绝对权力胡作非为。正如有论者指出:中国封建社会政治的本质是一人政治,皇帝说了算,大臣起辅助作用。国兴国衰都在皇帝一人和他身边的几个人身上。最高领导人的性格就是整体国民的性格。② 这确实是一种对过往历史的总结,也是对"人治"最大的担忧。但是实际上,防止最高统治者胡作非为的真正主体还是人,而不是脱离了人的"制度"本身。如果说"制度"约束了最高统治者,其实质仍是一群维护"制度"的"人"根据"制度"来约束"最高统治者",而不是空有一个独立于人而发挥作用的"制度"本身约束了"最高统治者"。我们所反对的"人治",其要义还是人对人的约束,制度只是一个依据和中介,而不是人的替代物。所以,将政治和国家治理回归到"人与人"的关系中来,我们才能够真正地找到国家治理规律。

当我们对"人治"的弊端进行反思的时候,我们深入研究儒家的政治儒学就会发现,儒家就是在致力于避免这一种黑格尔称之为"家长制"的人治的弊端,而不是助长这种人治弊端的"为虎作伥"。任何一个社会,最高统治者的个人性格、智识、心胸、智慧等个体特征都不可避免地会对国家治理产生一定的影响,只是多寡和深浅有别;如果要完全排除这种影响的存在,那么就是亚里士多德所言的"唯有理性和神祇可以施

---

① 本文反复提及西学,在此处先声明,西学并非不好,但是以有色眼镜看待中国传统并以西学来进一步否定传统文化的很多论者,已经同时在以有色眼镜来看待西学了,因此研究选取素材、研究方法、具体解读、研究结论实则倾向于偏离西学之本来面貌。这样不仅没能看清西学,而且理论最终要应用于实践,其应用效果必然大打折扣。学问无论中西,自有其道理,恢复其本来面目是学以致用之研究的前提。
② 戴旭:《戴旭讲甲午战争:从晚清解体透视历代王朝的政治败因》,人民日报出版社 2018 年版,第 2 页。

行统治",或者最高统治者与机器人无异了,这又显然不现实;实际上,任何人都总是优缺点并存的不完美的人。因此,儒家能够深刻洞察"人治"出现的问题——这是古今任何统治中都不可避免的——因此才致力于打造"治人(完善的人)"。求其上才能得其中,如若求其中只会得其下。当下流行以制度取代人的作用之思维,显然是求其下的设想,以此种理念能够得到的结果不言自明。换言之,儒家是为统治者树立了一个合格或者优秀的标准,以此标准可以检验、预测、评判政治的成败得失。因此,儒家的要义、儒者的使命之一都是遏制今日所言意义上的"人治"(的弊端)。如果真正的不带有任何偏见地看待儒家,我们会发现,今人所能考虑到的问题,在儒家那里早就有了明确的答案,而且是极其深刻的洞见。因此,在今天所反对的"人治"这个意义上谈论"人治",现代人是在反对"非贤人之治",而儒家是在推动"贤人之治",这二者本身是一致的,因此在"非贤人"之治的意义上,儒家是在反对人治而不是推崇人治。①如果是贤人之治,我们还有理由反对吗?当然,那种将人可为圣贤、可为禽兽的可能性混淆在一起,通过移花接木和障眼法将儒家推动的"贤人之治"定义为人治,进而定论儒家推崇人治;再将"非贤人"之治也定义为人治,悄悄将"非贤人之治"加入到儒家的阵营里面,然后说儒家的"人治"由于"非贤人之治"的可能存在而必须予以否定。这样的毫无道理和逻辑可言的学术推演,实在不值一驳。

笔者认为这里有一个更为致命的问题出现了,学界对此万万不可不省察:实际上,目前的法治理论,将"人"对"治"的负面影响之解决,完全寄托在了"法律主治可以防止人的不确定性"这样一个乌托邦式的幻想中,通过一个"幻想"的建立"掩盖和回避"了需要解决的真正问题。当我们笃定地以为我们是在坚守法治理论的底线和阵地,却实际上丢失了法治理论最主要的阵地。法律和制度对人的随意性的防范自古有之,并非法治理论的独创;而如何真正让掌握权力的人从"人"本身的修为、政治智慧、政治家品格等处着手,以尽量减少"人"的"不完美"对"治"的负面影响,这却着实是现代法治理论研究的一个重大缺失。因此,"法治与贤良政治一体化"问题的研究,

---

① 儒家正是在明察了"人"不可避免地对国家治理造成"因人而异"的影响的基础上,才对统治者提出要求,目的是尽量避免"人"对"治"造成负面影响,强化"人"对"治"的积极影响;而绝不是所谓"只寄希望于"贤人统治。现代人对儒家主张"人治"的解读,完全是一种曲解和杜撰。另外,如果说一个法治国家就能够避免"人"对"治"造成的影响,那么我们在看待美国这个"法治国家典范"的时候,就无须在美国大选的时候必须分析哪个候选人成为总统会对中国造成什么影响、中国应该如何相应进行极其重要的对策研究了。因为按照这样的想法和逻辑,特朗普或者希拉里、拜登不过是"法治"下的一个"符号总统"而已,谁成为美国总统没有任何实质差别;或者美国人干脆就不需要费尽心思进行总统大选了——因为法治了,任何人在法治之下已经变成了法治乌托邦中的机器人而已——这显然是痴人说梦的幻想。有的美国总统发动战争、有的美国总统解放黑奴、有的美国总统试图收回美元的国家发行权而被暗杀、有的美国总统喜欢制造对外国的仇恨以争取选民……这里面,法治的身影在哪里?又起到了什么作用?深入研究下去很有意思。

在今后的法治理论研究中,应该成为一个重要的研究方向。

(四) 确立"德政"概念的必要性

总之,无论将德治归入人治范畴,还是将道家的"无为而治"比作自治或者"放任主义",或者将西方中世纪定义为"神治",还是将中国周朝确立为"礼治",学界的分类众多,此处不再详加论述。但是人、法律、制度、道德、神本文化等诸多要素都共存于一个现实的治理格局中,我们在回看这些治理格局的时候,不可将本为一体的各个要素人为割裂开来,并认为各种治理类型存在过实际的对立状态。我们虽然需要考察每一种要素的实际作用和可能之期待,但是我们更应该考虑如何将这些要素都进行理想状态的推进,并且使之相互协调,共同实现国家治理的目的。国家治理要综合考量人、道德、法律、文化等要素,就好比一个人正常生活必须要有眼耳鼻舌,我们可以单独研究眼耳鼻舌如何更好地职司色香声味之官能,但是绝无眼耳鼻舌互相分离并一争高下之必要,如若分离,就不可能成其为一个完整的人了,眼耳鼻舌也就失去了其存在的意义。而孔子的"为政以德"的政治理念恰恰就如之于一个人关于灵魂和眼耳鼻舌等官能之相容共进关系的极好阐释。俞荣根先生认为:"为政以德"的主张,不应简化为"德治",应该简化为"德政"才是确切的、符合孔子原意的。① 由于很多人对"德治"的理解已经根深蒂固,为避免歧义,笔者亦主张将"为政以德"简缩为"德政"以阐释其真实内涵。

三、儒家的德政理论还原——为政以德

(一) 德政之"德"的本意

前文已经对儒家所言"德"的概念与现代道德之不同明确指出。但是若要真正理解"德"的含义,却需要经过严密的论证,这其中虽不至于达到古人"考据"所要求之严格程度,但是却纵不能随意做自己的理解。因此需要将儒家经典中有关"德"的一些表述稍事罗列,进而再进行综合分析。古人之文言文语义高度浓缩,且一字一词之意义都变化无穷,又涉及儒家经典对语境的记载往往很少,因此又需要做必要的扩展,加入前贤的义理阐释。

---

① 俞荣根:《礼法传统与中华法系》,中国民主法制出版社 2016 年版,第 346 页。

要理解"德"的含义,首先要理解"道"的含义。老子著有《道德经》,原本被分为《道经》和《德经》,儒家的道和德与老子所言的道和德同义,在先秦儒家时代,道和儒同源且并无今日观念中之众多分别。老子与孔子遵循同一个道,同一种德,这是根本,而具体教化他人和救世的路径选择有所差别无关乎本质问题。老子的道与德本也无可分离,如若在观念中区分,也可以说道是指整个宇宙的本体和终极法则,德是人遵道而生活的综合概括。孔子"吾十有五而志于学",志于学什么?就是志于学圣人所悟之天地大道,因为孔子认为之前有周公等诸多圣人,也深信道的存在。"学而时习之,不亦说乎",就是学得的道,自己要时时践行;王阳明的《传习录》就取意"传不习乎",古人传授的道要践行,践行才能真正悟道。悟道与未悟道有何区别?悟道是人生境界的真实体验,悟道之人可以通晓天地和社会、人心的根本规律,因此可以做到道家所言"至虚极,守静笃""无为而无不为",有能力"独与天地精神往来";儒家表述为"大道之行,天下为公""天命之谓性,率性之谓道,修道谓之教"(《中庸》)。立宏愿"为天地立心,为生民立命,为往圣继绝学,为万世开太平"(明代大儒张载语)。总之,道与德的关系可以归结为:"夫道者,所以明德也;德者,所以遵道也。是以非道德不尊,非道德不明。"(《孔子家语·王言解》)

然而,未能悟道之人就是无"德"状态活着吗?非也。德是遵道的生活方式,而悟道亦有深浅之分。譬如两三岁顽童,为争抢一玩具顿起嗔心,无妨;倘若成人后仍因蝇头小利而钩心斗角反目成仇,则是为无"德"。因此,判断每个人或者每个人生阶段是否有德的要求和标准是不同的。我们每个人在成长的过程中,心胸的宽广、包容心的增强、悲悯心的提升等等,都是人生境界的一种真实写照。我们也能够因此理解人生境界的真实性和差异性,因为差异化的按需而遵道,所以"德者,得也"。圣人达到了天地境界,而孔子还认为自己虽然达到了某种纯粹,但是比先圣尧舜等人尚有分量之差距。因此儒家讲"明明德、亲民、止于至善"是"大学",是做大人的学问而非对普通人的强制要求。这里也存在一个饱受争议的话题,即儒家明显推崇精英之道,是否是在将人分为三六九等而有违平等观念,容后文论述。但是可以看出,对社会精英的标准是社会精英的"德",比普通人高出许多。"为政以德"包含了对从政之人的"德"之要求,因此"德政"的"德"是对掌握政治权力之人的要求,很高,高到什么程度?至少包括了从政之人的仁德、为公。同时也必然要注意,儒家非常明确"徒善不足以为政,徒法不足以自行"的道理,因此仁德并非只是善心善念,还必须具备与之匹配的政治智慧等等。总而言之,"为政之德"是一个综合的体系,是一个政治家应该具备的符合其政治地位的一切特质,如果"德不配位",就会出大问题。譬如很多手握重权者,经不起诱惑、围猎而走向腐败,即为自心的修炼和智慧与职位不相匹配。① 而这一切政治家特质、品质的核心和根本是仁德。儒家的为政之德绝非教条和规则化可以描述。《论语·子路》篇中所描述的子路问政与仲弓问政,得到的不同答案,就是孔子针对不同情况的需要给出的国家治理要点。这岂是告诉君王和官僚行仁政这一句不变的教条可解决的?因此,不可误认为笔者理解"德"有如此之多的含义系一种牵强美化。

(二) 德政之"政"的本意

理解为政以德,也需要澄清"政"的含义。论语中出现"政"字亦比较多,约有40处,但是含义却不甚相同。譬如,子曰:"道之以政,齐之以刑,民免而无耻;道之以德,齐之以礼,有耻且格。"(《论语·为政》)此处的"政"似乎可以理解为强制性的政令。季康子问政,孔子对曰"政者,正也。子帅以正,孰敢不正?"(《论语·颜渊》)此处的政,似乎可以理解为从政(的政治家)。"不在其位,不谋其政"(《论语·泰伯》),似乎又可以理解为政治这个整体概念。我们现在一般将"政"理解为政治,《论语》中的"政"总体理解做政治之意应无差错,只是在不同语境下讨论政治的不同方面或者要素。而现代词汇之"政治"的概念也是众说纷纭,鲜有统一意见。总的来说,政治是少数人对多数人进行统治或者治理的意思表达。这样解读政治的含义,与"主权在民""人民当家做主"等说法并不矛盾。纵观古今中外,任何一个国家政权组织(或者教权组织、军事政权组织等),总是在全体人员中产生的一小部分人来专门负责公共事务,对全体成员进行统治或者治理,政权组织这一小部分人在内部也会按照科层等级建立金字塔式的结构体系保证上令下行来完成政治行为。少部分人对全体人员进行统治或者治理本身并不含有褒贬之意。但是关于政治权力的来源、政权的产生方式、政权的目的、政权的统治效果、政权的统治方法和手段、全体人员参政议政的方式和程度等共同决定了对政权的评判标准。政权合法性、是否民主、是否存在对权力的有效制约、人权是否有保障等都是具体的评价指标。

其实,当下所言的人治、法治、自治、德治、礼治、神治等虽然分类依据和标准有所不同,但是其核心目标还是判断政治是"有道之治"还是"无道之治"而已。这一方面是考量治理目的,一方面是考量治理效果。有道之治就是政治为公并且效果良好;无

---

① 笔者在反腐败一线工作期间,看到了太多的"腐败分子"被围猎或者主动索贿的案例,很多"腐败分子"即使在未被发现查处的时候,也会深深为由一名居于"优势地位"的公职人员经被围猎成功而沦为行贿商人的工具而后悔、恐惧、自责、不安。从中发现,权力与智慧、修行不相匹配是腐败中的常态现象。从党的十八大以来诸多腐败案例中,我们何尝不是屡屡感受到这一点呢?

道之治就是政治为私、鱼肉百姓。可以这样逐一理解、分析：所谓人治类型，其中的贤人政治，当然是理想追求，臆想让恶人主政但是认为良好的制度或者法治可以阻止恶人作恶，这才是幻想，学界通论所反对的不是贤人，强调法治或者制度是担心恶人主政而大众却无能为力；学界通论中强调市民社会的存在或者自治的优点，不是为了推崇无政府主义，也不是天真地认为存在一种可以完全不需要政治组织介入而运转良好的社会，而是担心政治权力无孔不入的极权主义之出现，正如希特勒统治时期的德国；学界通论中强调德治只能作为辅助手段，不是不认同道德或者意识不到道德的重要意义，而是防止出现胡适说过的"人人大谈道德而不讲规则"的伪君子盛行时代的出现；学界通论中谈论神权统治，并不是否定诸如穆罕默德通过宗教将穆斯林社会由一种极度无序变得尊崇信仰之成功，而是反对欧洲中世纪这样以神之名实行的人对人的黑暗统治，在后者意义上，宗教和神权才成了人民的精神鸦片、大行愚民害众之实；学界通论中谈论礼治，也不是反对"礼不下庶人"这种对政治统治者的极高要求，而是反对被政治异化后施于民众的"吃人的礼教"；学界通论中大谈法治的优点，不是意识不到法律本身并不创造正义，不是不知道正义的根本发源在人心，而是希望以法律记载、法治畅行的方式固定这种正义而不被随意破坏。总之，每一种治理类型本身都无所谓好坏，大家意在通过类型的比较来推进心中的理想，而这份政治理想的标准是"有道之政治"。因此我们更应该抛开这种所谓治理类型之间的利弊比较和极端对立，而是寻求一种包容各种政治要素的"政道"。而儒家"德政"真正的体系架构就是构筑了道、人、神、礼、制度、法律、道德各自的最佳状态及其相互和谐、相辅相成。

（三）"德政"的真实样貌

儒家的德政首先是治国理念，同时也是一个治国方略、一套治国的综合体系。德政并非对普通大众的要求，而是对统治者提出的要求，包括统治者自身应该如何以及如何对待百姓；儒家并非意在教会统治者如何不择手段维护其统治地位，而意在统治者如何正确审视自心、修炼自身并以此为基础造福天下百姓。孔子作为悟道之人，深知"大道之行，天下为公"，通过周游列国劝谏君主、言传身教培养贤能，以便天下百姓造福，这是其矢志不渝追寻的人生意义。悟道并非一句空话，其中自然包括对人类社会规律、历史规律的明确洞察。子张问："十世可知也？"子曰："殷因于夏礼，所损益，可知也；周因于殷礼，所损益，可知也；其或继周者，虽百世可知也。"（《论语·为政》）这就是认清了历史发展中的政治规律，所以说能够"温故而知新"。因此孔子和儒家能够以政治规律来判断时势，也能够劝谏君王不要违反规律而为政，否则就会"眼看他起高楼，眼看他宴宾客，眼看他楼塌了"。君王若以为坐天下应该为满足一己之私欲,包括物欲与野心,而心不正行不端,不知"民惟邦本,本固而邦宁",最终必然是既让自己走向覆灭又让百姓受苦。尤其是当时的君主政治体制加之"大道既隐",去私存公何其难?所以孔子当时确实是"明知不可为而为之"。同时,我们也可以看出,德政并非对君王的道德绑架,而是君王之位必须相匹配的真正的政治智慧。

德政作为儒家的治国理念,以政治兴替的规律为基础,具体涉及了政治为公、贤人从政、法律制度等诸多要素的组合。转换为现代语言,德政是涵盖文化建设、队伍建设和制度建设的全方位的国家治理体系。在这三者中,文化是根本,队伍是关键,制度是保障,三者三位一体、相得益彰。儒家理论并不是革命的理论,而是政治改良的理论,因此并不以推翻统治政权为目的,而是力争统治者"道之以德,齐之以礼,有耻且格"。而避免"道之以政,齐之以刑,民免而无耻",也就是需要以德来引导,以礼来规范,这样民众既有羞耻之心又能够达到天下大治的效果。德之根本在仁,而修仁需要知行合一,是内心和行为的浑然一体,因此内心和行为的一致性和适当性是德的内在要求。对最高统治者而言,匹配其位之德需要体现为内圣外王,"其身正,不令自行",因此也是以自身作为典范引导民众的"德"。对于统治者领导的整个官僚体系而言,当然是选拔贤能从政,因为"为政在人";当然统治者、官僚、民众也必须有符合"德"之要求的外在行为规范作为约束和指引,孔子推崇的行为规范就是"礼",刑是礼的必要补充和保障,所谓"出礼则入刑"。总之,由道而德是文化路径,贤能是从政主体标准,礼法是制度保障,三者不但互不排斥,而且是浑然一体、不可分离,三者完美结合才是德政。而德政的最高境界,就是仁政。

(四)德政是中国传统法治的基本形态

当下中国非常流行以"法律至上"和"法律主治"为法治目标、以规则中心主义和法律理念主义为基调的法治乌托邦幻想。法治乌托邦所臆想出来的"法律的统治"是在将西方"rule of law"所表达的"上帝法则主宰宇宙和人间运行",亦即"天行有常",偷换概念并曲解为中国语境下的"法律主治"的产物,将"法律"这一个社会成员底线要求扭曲为"法律至上",实质上完全忽略了任何一种"法治"中都有一个"文化灵魂"。西方古希腊的神本文化,基督教的上帝文化,近代法治的将人本建立在"人的拟动物化",西方现代自由主义的"理性和智性",都是为"法治"树立了"文化灵魂",除了希特勒法治、法家法治等,法律从来都不是至上的,希特勒法治和法家法治实质上也是最高统治者一人至上,也并非法律至上。因此,用法律是否主治来衡量"中国传统的法治"是站不住脚的。说中国没有法治传统而西方具有法治传统的说法也是站不住脚的,西方的古希腊法治、基督教法治、近代社会契约论奠基的激进主义法治、现代自由主义法治，其实内在文化精神呈现的是断裂或者完全悖反，单纯以"rule of law"的"law"翻译为"法"，再将翻译的"法"字等同于中国语境下的"法律"，以此逻辑论证西方法治传统，其实只是一个"地道的文字游戏"而已。因此，任何法治都是"文化主治"之中的一个部分，中国传统"法治"也就是"德政"中的一个部分。

当然，此处需要进一步具体说明些许问题。一是贤能这样的精英观念与现代平等观念是否违背。现代观念所说的平等，是必须赞同并积极追求的，但是追求不等同于替代现实。任何社会都存在精英和普通人的差别，这是一个必须承认的常识。譬如当下中国搞法治建设过程中，一个优秀的法官且需要十数年的专业学习和司法实践方可求得，法官不是对照法条判案的机器，其职业道德和职业能力要求绝非任何人都可以胜任，换言之，一个法律精英不是谁都可以替代。政治、经济、军事、外交、文化、艺术……任何一个行业和领域都需要精英来引领。这里固然有专业性、职业化差异的问题，但是我们也绝对不能对精英阶层这一存在及其举足轻重的意义刻意忽略和淡化。这本应该是一个常识问题，但是却在狂热的"人治/法治"对立观中被扭曲得十分严重。各安其位才是德位相配，"法治"具有很多培养人的素能的作用，如领导干部的法治思维和法治能力就是极其重要的政治素能，但是"法治"不能反客为主或者在任何场合都喧宾夺主，在自己无力触及的地方也要成为"主角"，就一定会出现理论的扭曲。我们需要注意的是培养更多德才兼备的真精英，同时防范有才无德的伪精英。

近现代的很多理论中，总是以类似"理性经济人""理性政治人""权利主体""权力主体""选民"这样的整齐划一的"同质性"对人的能力和禀赋的假设作为前提来展开理论研究，这自有其积极意义，但是绝对不是唯一的划分标准。如我们说为人民服务，人民就是一个积极的概念，是指明我国政治的权力来源和终极指向，也是反对了那种"贪天之功为己有"、漠视人民主体地位的英雄史观，正是因为为了人民，我们才需要更多的精英出现，承担起精英的历史责任，这样才能够更好地推动实现人人平等的历史进程。二是关于"礼"是不是法律，学界对此有不同观点。很多论者认为礼不是法，主要是从"礼"不符合"严格的法律"定义角度出发。而"法，刑也"（《说文解字》），所以很多论者同时认为中国古代法以刑法为中心。概念依据世界而产生，而不是世界依据概念而存在，法律的概念亦是如此。我们不能以今日之部门法划分思维来否定礼就是法，因为礼制是一个综合性的规范体系，涵盖了今日所言的法律、道德、宗教、纪律、习俗等多方面内容。如"礼典首先要解决的是一代王朝的正统性、合法性的问题"①。依照当今说法,"礼"是相当于今日之宪法这一根本大法。因此"无论是律(实为刑律),还是令、科、比、格、式、例等,都唯'礼法'是从"②。总之,礼法才是中华法系法律的全貌,将中国古代法律简单认定为以刑法为中心是不客观的。"只有还原历史的真相,才能真正了解与把握国情。"③

因此,在此我们可以说,如若对比研究中西法治,儒家的"法治"才是中国法治的正宗,"法家法治"只是中国传统法治的一个旁支而已,儒家的"法"比法家的"法"更为全面和深刻。如果认为"法律具有最高权威"是法治的标准,因为儒家以道和德作为最高指向而否认儒家"法治"的存在,那么西方的"法治"从古伊始,即使在近现代也并不是以我们所说的"法律"为最高,西方最高的"法"是指上帝确立的宇宙法则,相当于中国的"天道"或者"天理",这与我们所理解的"法律"是完全两个层级的概念。这是一个非常重要的大问题。同时,依据笔者的见解,西方所谓的"宪政",是让西方引以为自豪和先进的资本,但是却是西方近现代以来权力斗争的产物;而中国的"礼法"传统,是比西方久远太多太多的中国古典"宪政";或者更加确切④地说,西方的"宪政"只不过是西方近现代才出现的中华"礼法"理念的西方翻版而已。而且,西方的"宪政",只是对于西方教权统治时期之黑暗或王权之"无道"的纠偏具有进步意义,在中国传统文化和中华法系面前,西方宪政理念是没有资格前来炫耀的。包括西方自由主义法治理念中所提到的公平、正义、自由、平等、秩序、人权、民主等这些理念,在成为了中国现代法治亦高度认同的法治精神之背景中,只有在中国传统文化的高度进行解读才能赋予其真正的灵魂。"理性与社会契约"之虚构永远无法代替"心性与人文"之实有。

中国现代社会,需要有以扎实的学术研究为基础而产生的大智慧来看待大历史,这于现代中国之文化自信和文化底力非常关键和紧迫,中华优秀传统文化就是中华民族的文化底力。很庆幸,我们有着一大批的学术精英正在践行着这一光荣的历史使命。而确立和普及"德政"这一学术概念,是很重要的一步。

---

① 俞荣根:《礼法传统与中华法系》,中国民主法制出版社 2016 年版,"引言"第 6 页。
② 俞荣根:《礼法传统与中华法系》,中国民主法制出版社 2016 年版,"引言"第 4 页。
③ 段秋关:《现代法治及其历史根基》,商务印书馆 2018 年版,第 393 页。
④ 我们不能说"爷爷长得像孙子",这是一个常识。因此本文表述出了"更加确切"。对西方近现代的各种理念,中国现代人喜欢说我们中国传统有与之类同的观念,因此稍微感到一丝自豪和安慰。殊不知,我们早于他们数百年甚至上千年的理念,应该说西方与我们类同。我们往往会忽略了 16—18 世纪,西方向中国学习人本主义,但是最后没学到精髓,出现了不伦不类的近现代西方之诸多理论的历史事实。对于这段历史事实,有楼宇烈先生在《中国文化的根本精神》一书中的观点;张允熠、陶武、张弛先生在《中国:欧洲的样板——启蒙时期儒学西传欧洲》一书中的学术研究成果;张西平先生在《儒学西传欧洲研究导论:16—18 世纪中学西传的轨迹与影响》一书中的研究成果等,均可以参考佐证本文观点。

敦煌文书所载家具资料的文本解析[*]
——以"家具""木匠"等词为例

邵晓峰[**]

摘　要：本文围绕敦煌文书中记载的"家具""家具什物"及木工称谓如"木匠""博士""先生"等相关名词，有机结合敦煌壁画图像、考古出土物、古代艺术作品以及传统家具史资料并对其进行归纳、解析与互证。文章认为，这些特色鲜明、具体生动、为我们提供不同视角与内涵的案例，将丰富与深化学界对于中国中古家具的研究。

关键词：敦煌文书　文本　解析　家具　木匠

一、敦煌文书与家具研究

敦煌文书指的是我国甘肃省敦煌莫高窟所遗留的公元5—11世纪的多种文字的古写本，总计现存卷式文书不少于58 000件。其内容涵盖经、史、子、集以及"官私文书"，其中的寺院文书是官私文书的分支，有500件以上，如僧官告身、度牒、戒牒、僧尼籍、转经历、追福疏、诸色入破历、籍账、契约等，是研究敦煌佛教以及政治经济的珍贵材料。敦煌文书与古代家具研究颇具关联性，譬如从敦煌籍账文书来看，敦煌寺院

---

[*] 本文系2016年度国家社会科学基金艺术学项目"敦煌壁画中的家具图式研究"（项目批准号：16BG104）的阶段性研究成果。
[**] 邵晓峰，中国美术馆研究部负责人、教授、博士研究生导师、博士后合作导师，中国美术家协会理论委员会委员、北京美术家协会理事兼理论艺委会秘书长、中国美术家协会会员；研究方向：家具文化、书画艺术、雕塑艺术、美术策展。

的常住财产分为常住什物与常住斛斗,其中的常住什物包括幡像、幢伞、经案、香炉等供养具,铜镬、铜罐、铛、鏊等铜铁器,盘、碗、碟、床等"家具",瓮、缸等瓦器,以及函柜、车乘、毡褥、金银器皿等。值得注意的是,"家具"中包含盘、碗、碟等日用瓷器,而且与函柜并列,说明当时的家具内涵与今天具有较大差异。

关于敦煌地区社会与文化的各种资料,敦煌文书中记载的尤以晚唐、五代、宋初的为多,后人可以较为深入地了解当时的僧官体系、僧尼生活、寺院规模、佛教节日等。以其中的僧官体系为例,它在吐蕃与归义军时期的名称具有区别。吐蕃时期敦煌的僧官体系为:都教授—副教授—都法律—法律—都判官—判官;归义军时期的僧官体系则为:都僧统—副僧统—都僧政—僧政—法律—判官。总管各寺的教团机构是都司,设在敦煌城内的龙兴寺。敦煌寺院全盛时期具有净土寺、大乘寺、报恩寺、永安寺、龙兴寺、大云寺、开元寺、普光寺、灵修寺、金光明寺和灵图寺等17座,它们大小不一,城内外皆有,各寺中一般都有经藏、佛像等供养具以及家具、衣物等常住物,寺院财产的出入收支都有明细账目,敦煌文书对于这些多有详细记载。

敦煌文书中,除了汉文写本,还有藏文、吐蕃文、于阗文、突厥文、回鹘文、粟特文、梵文等多种文字的写本。敦煌文书发现以后,1907—1914年之间,英国人斯坦因,法国人伯希和,日本人桔瑞超、吉川小一郎,俄国人奥尔登堡等先后来到敦煌,买走大批文书卷子。目前在国外,敦煌文书分藏于伦敦(主要藏于英国国家图书馆和大英博物馆)、巴黎(主要藏于巴黎国家图书馆)、圣彼得堡、京都、柏林等地。在国内,敦煌文书主要收藏在北京图书馆以及敦煌、兰州、上海、天津和台北等地。

20世纪对于敦煌文书的发现与研究,推动了中国与中亚的历史学、语言学、考古学、民族学、宗教学、文学、艺术、历史地理学和科技史的研究进展。就家具史研究而言,收集、归纳与甄别敦煌文书所载的家具资料,与目前的中国家具史资料进行详细比对,做好文本分析与阐释工作,不但可以弥补敦煌学在这一领域的欠缺,而且可以丰富北朝到五代的家具史资料。本文以敦煌文书中的"家具""木匠"等名词为例,对这一议题展开解析与论述。

二、敦煌文书中的"家具""家具什物"

家具这一名词的定义在一千多年来的中国文献的表述之中并不统一,甚至直到今天也在变化当中。如第一节所述,就现存中国古代文献来看,家具一词的最早使用见于《晋书·王述传》,当时主要就家中的各类器具对象而言。后来家具逐渐转变为主要指家庭生活中的各种木制用具。到了当代,其概念已不再局限于家庭生活和木材之中,在公共空间和广场等室外场所陈设家具已变得司空见惯,而钢铁、塑料和人造板材等更已成为现当代家具生产中的重要材料。因此,今天家具可以定义为人们在日常生活中用来坐、卧、倚靠、支撑身体,陈放、贮存物品和分隔室内外空间的使用品和陈设品,有卧具、坐具、承具、屏具、皮具、架具等。在日常衣食住行中,它主要属于住的范畴,它和服饰、饮食、交通一样,体现了人们的民族传统和风俗习惯,具有鲜明的时代特征。因此,本文对敦煌文书所载家具资料的文本解析主要基于今天的家具定义与分类标准。

在隋唐五代时期的敦煌,家具等器用的分类标准是较为混乱的,为此,郝春文先生认为:

> 从现存材料来看,时人不仅对常住什物这一概念认识并不一致,对客观存在的分类和归类也不统一,还有一些材料未按物品的类别进行登录。就分类进行登录的资料而言,一般将其分为供养具、铜铁器、家具(有的材料将家具放在铜铁器之前)、函柜(有的材料将函柜放在家具类之内)、瓦器和毡褥等几类,这是大的类别次序的依据。对物品的归类,现存材料也不统一,如铜香炉,有的将其归入供养具类,有的将其归入铜铁器类,都有一定道理,上表(指作者制作的净土寺、大乘寺、报恩寺、永安寺和龙兴寺等寺什物名目及数量列表)中将属于供养具的铜铁等器物一般归入了供养具类。基本原则是尽量尊重当时人的分类、归类习惯。钟以上为供养具类;钟以下至大合盘以上为铜铁器类,金及银器暂置于铜铁器之首;大合盘至杂药为家具类;此类中包括了一些实际上不属于家具的小什物;柜子至桎圈子为函柜类;瓮至细项瓶子为瓦器类;氍毹以下为毡褥类。至于对材料的取舍,全部物品的名目及数量均严格依据原材料,但原材料注明"除""破碎"或"不堪用"者一律未作统计。①

当然,我们今天对于敦煌壁画家具图像的研究,一方面基于当代对于家具认识的既有成果,另一方面也基于人们在传统文化之中达成的共识。在我国古代文献中,将"家具"并称且较为接近于今天家具概念的,较早见于北魏贾思勰《齐民要术》卷五《槐、柳、楸、梓、梧、柞第五十》,其中说:"凡为家具者,前件木皆所宜种。"意思是槐、柳、楸、梓、梧、柞这些树木都适合于制作家具。家具多为木制,这逐渐成为中国起居

---

① 郝春文:《唐后期五代宋初敦煌寺院常住什物的数量及与僧人的关系》,《敦煌研究》1998年第2期。

方式的传统。

在中国古代，与家具相近的词语还有"家生""家私"等。譬如，唐代李商隐《杂纂》："早晚不点检门户家私，失家长体。"元代杨瑀《山居新语》记载："江西吕道山至元间分析家私作十四分。"南宋吴自牧《梦粱录》卷一三《诸色杂货》记载了当时家具的分类："家生动事如桌、凳、凉床、交椅、兀子、长朓（音同挑，意为床板）、绳床、竹椅、笲、裙厨、衣架、棋盘、面桶、项桶、脚桶、浴桶、大小提捅、马子、桶架。"这些所谓的"家生动事"已经近于今天的家具概念，并以使用功能来作为区分的依据。明代李翊《俗呼小录·世俗语音》记载："器用曰家生，一曰家火，又曰家私。"在今天的中国南方地区，仍保留了将"家具"称作"家私"的习惯。

敦煌寺院的籍账文书涉及家具器物的内容较多。以大英图书馆藏五代（后周）敦煌寺院籍帐文书 S.1776《显德五年大乘寺法律尼戒性等交割常住什物点检历状》（图1）为例，其中的记载多达 46 行，交待得十分详细，为我们进一步了解五代敦煌的供养具、家具、瓦器、毡褥的名词使用、相互关系以及保存情况提供了说明：

（显）德五年戊午岁十一月十三日，判官与当寺徒众就库交割所由法律尼戒性、都维永明、典座慈保、直岁□□等一伴点检常住什物，见分付后，所由法律尼明照、都维□心、都维菩提性、典座善戒、直岁善性等一伴执掌常住物色。

谨分析如下：

供养具：长柄熟铜香炉壹；又长柄熟铜香炉壹，在柜；小铜师子壹；小经案贰，内壹在延定真；漆筹筒壹；佛屏风陆扇；莲花座壹；铜杓子壹；铜澡灌壹，在柜；破漆香查壹；新木香查壹，在柜；新香楪贰；铜铃并铎壹；铜佛印壹；藏经壹，在殿；小桉（案）架贰，内壹在北仓；黑石枕三；磨喉罗壹，在柜；大经案壹，在殿；大灯树壹，在殿；司马锦经巾壹，在柜；金油师子壹，在柜；大佛名经壹拾陆卷；黄布经巾壹；又黄布经巾壹；黄项菩萨幡贰拾口，在柜；小菩萨幡贰拾捌口，在柜；大绢幡陆口，在柜；故破幡额壹条；铜楪壹，在柜；百纳经巾壹；青绣盘龙伞壹副，兼帛绵绫里并裙、柱、带具（俱）全；官施银泥幡柒口；又大银泥幡壹口；铜铃壹，在竿上；大铜铃肆，内贰在柜。

家具：中合盘贰；小楪子三；花罇子壹；花橤子壹；黄花团盘贰；故黑团盘壹；小黑牙盘壹，无连蹄；赤心擎盘壹，在恒子；五尺花牙盘壹面，无连蹄；黑木橤壹；花橤壹，无盖；箱壹叶，在柜；斗壹量；木盆大小肆；伍斗木□贰；漆擎子脚贰；壁牙壹;案板贰;木火炉贰;三尺花牙盘壹;踏床壹张;新花团盘肆,在柜;又花擎盘贰,内壹在柜;朱里楪子陆枚;又花楪子肆,在柜;银镂枕子(中缺)函柜,柜大小壹拾贰口,内贰无象鼻,三口象鼻胡戌俱全;四尺新踏床一张;古破踏床壹张^除;大床肆张,内壹在妙喜;床梯壹^除;拓壁两条,内壹破;又五石柜壹口;员定经函壹,破;赤椀壹;程阇梨施两石柜壹口,故。

瓦器:瓮大小拾壹口,内三口在北仓;瓮大小肆口,内两有裂;细项瓶子壹口;肆斗瓦盛壹口;严忍入瓮两口,内壹破,内壹在智定伴;曹法律入干盛瓮两口,内壹在邓阇梨;瓦盛壹口;程阇梨施入瓦盛壹口、瓮壹口。

毡褥:贰色氍毹两条,内壹条在柜;新白方毡五领、新白毡五条、旧白毡两领;故花毡壹领;绣褥壹条,在柜;王都维施入褥壹条、蕃褥壹条;黑毡条贰,内壹在北仓;使君入花毡壹领;妙惠花毡壹领;张阇梨蕃褥壹条;羺羊毡两条^除;青花毡两领;白毡条壹;白方毡壹领;程阇梨白毡壹领;政修白毡壹领;真如白毡壹领;阴家善来入白毡壹领;碾户康义盈、李粉堆贰人折债各入白毡两领。常住什物等对徒众一一……

在其所列第一大分类供养具条目中,先后出现的名词有长柄熟铜香炉、小铜师(狮)子、小经案、漆筹筒、佛屏风、莲花座、铜杓子、铜澡灌、漆香奁、木香奁、香楪、铜铃并铎、铜佛印、经藏、小桉(案)架、黑石枕、磨喉罗、大经案、大灯树、司马锦经巾、金油师(狮)子、大佛名经、黄布经巾、黄项菩萨幡、小菩萨幡、大绢幡、幡额、铜楪、百纳经巾、青绣盘龙伞、银泥幡、大银泥幡、铜铃、大铜铃。除了经藏一类的供养物,属于今天家具范畴的还有小经案、佛屏风、莲花

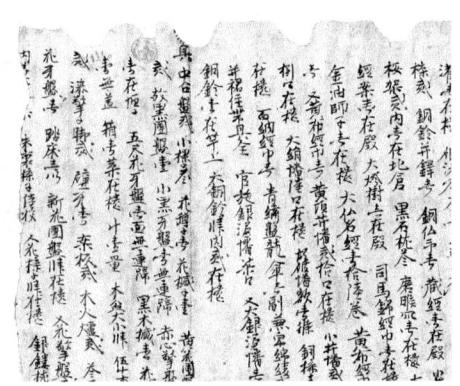

图1 显德五年大乘寺法律尼戒性等交割常住什物点检历状(局部)

座、漆香奁、木香奁、经藏、小桉(案)架、大经案、大灯树,其中的大灯树可能是一种大型的树形灯架。

细观图1中的这件文书,作为第二大分类名称的"家具"两字以朱砂书写,其中的"家"虽然缺失了大半,但是与"具"联系起来并不难识别。由此可见,"家具"这一名词已被正式用于寺院档案之中,并成为文书中所列重要条目之一,其中包含的器物种类繁多,包括中合盘、小檩子、花罇子、花榼子、团盘、牙盘、擎盘、木榼、花榼、箱、柜、木

盆、漆擎子脚、壁牙、案板、木火炉、花牙盘、踏床、花擎盘、楪子、花楪子、银镂枕子、函柜、柜、踏床、大床、床梯、拓壁、五石柜、经函、赤椀、两石柜。上述名词中，除了属于今天家具范畴的名词之外，也包括台盘、楪子、花鑵子、花槛子、团盘、牙盘、擎盘、木槛、花槛、木盆、漆擎子脚、壁牙、木火炉、花牙盘、花擎盘、楪子、花楪子、银镂枕子、拓壁、赤椀等小型漆器、瓷器，它们在今天多属于餐具、用具与器皿，但是在当时的敦煌地区均在家具的范畴。

再如，敦煌文书P.3161《某寺常住什物交割点检历》(10世纪)第13—14行记有"家具。柜大小拾口，内三口胡戍，象鼻具(俱)全，小柜壹，在设院；食柜壹，在文智"。保存于敦煌文书中的《王梵志诗》中也有将家具并称的情况，譬如《王梵志诗校辑》①第2卷《家中渐渐贫》诗十分风趣，其载：

> 家中渐渐贫，良由慵懒妇。
> 长头爱床坐，饱吃没娑肚。
> 频年勤生儿，不肯收家具。
> 饮酒五夫敌，不解缝衫褂。

敦煌文书中还有将"家具什物"并称的，譬如P.3495号《后唐长兴元年辛卯年正月法瑞交割常住什物点检历状》残卷末端写有"家具什物等一一点检分付后寺主"；P.3410《沙州僧崇恩处分遗物书》②(吐蕃时期)第18行记有"三世净土寺所有家具什物、车乘、供养具、佛衣并别有文籍"。根据这些文献的上下文来理解，所谓的"家具什物"应该是泛指居室中的器具杂物。

三、敦煌文书中的木工称谓——"木匠""博士""先生"

今天的木匠是指从事与木制品加工相关的手艺人，这一职业的历史源远流长。马德先生认为："木匠是一项应用范围比较广的行业，除了建筑业之外，还有生产工具（农机具、手工业机具）和交通工具（车、辇、舆、轿等）的加工和制造。因此，在古代敦

---

① 王梵志：《王梵志诗校辑》，张锡厚校辑，中华书局1983年版。
② 日本学者池田温断此文书年代为"吐蕃年次未详(840年?)"，参见池田温：《中国古代籍帐研究》，龚泽铣译，中华书局1984年版，录文第268页。

煌的工匠队伍中，木匠队伍是最庞大的，也是最活跃的。"①根据敦煌工匠史料显示："敦煌9、10世纪时的各个行业的工匠们，按其技术可分为都料、博士、师（先生）、匠、生等级别。"②

敦煌壁画之中不但画有木匠伐木（如图2），在敦煌文书中还记录了当时关于"木匠"这一称谓的使用情况。譬如，净土寺对修桥等工种的木匠的备食情况多有记载。P.2032V《后晋时期净土寺诸色入破历算会稿》第200—201行记有"面壹斗伍升，粟三斗，看口，水官折飞桥木匠用"。该文书还记有"面陆硕伍胜、粗面两硕九斗、油玖胜半、粟三硕柒斗，又粟八斗五升、粟面壹硕壹斗伍升，六月廿七日至七月八日，中间十二日木匠造钟楼，下接工匠及众（僧）三时食用"。P.3234V《净土寺诸色入破历》记有"面二斗，三日，木匠、画人兼弘建、撩治佛炎二时食"。

公元966年五六月之间，河西归义军节度使曹元忠与夫人翟氏派人组织重修了莫高窟北大像第96窟前五层楼阁的下面两层，历时半月完工。为此，CH.00207V（BM.SP77V）《乾德四年五月九日归义军节度使曹元忠夫妇修北大像功德记》记有："助修勾当：应管内外都僧统辨正大师赐钢惠、释门僧政愿启、释门僧政信力、都头知子弟虞侯索幸恩；一十二寺每寺僧十二人；木匠五十六人，泥匠十人。其工匠官家供备食饭；师僧三日供食，已后当寺供给。"一个洞窟楼阁的重修工作动用的木匠多达56人，可以想见木匠在敦煌洞窟楼阁营造活动中的重要角色。

P.3302V《河西都僧统宕泉建龛上梁文》（933年）生动地记载了参与某次窟檐营造活动的三位工匠："凤楼更多巧妙，李都料绳墨难过。算截本无弃者，方圆结角藤萝。栱斗遑回软五，攒梁用柱极多。直向空里架偻，鲁班不是大哥。康博士能斤斧，苦也不得缕罗。张博士不曾道病，到来便如琢如磨。施工才经半月，楼成上接天河。"

图2　隋代莫高窟第302窟人字坡西坡壁画《木匠伐木》

---

① 马德编著：《敦煌工匠史料》，甘肃人民出版社1997年版，第6页。
② 马德编著：《敦煌工匠史料》，甘肃人民出版社1997年版，第9页。

此文提及的李都料是一位木匠,而且负责总体设计和施工指挥;康博士也是一位木匠;张博士可能是一位石匠。由于他们的团结协作,施工才半月,工程已基本成型。

木匠的各种工具也被画家们表现在敦煌壁画之中。如北宋莫高窟第454窟甬道顶壁画中的木匠工具(图3)、宋代榆林窟第3窟东壁千手千眼观音左下部壁画中的木工工具(图4)。在敦煌木匠中,均有具体的分工,甚至于造鼓也有专门的木匠。譬如,P.2641《丁未年归义军宴设司状三》记载:"造鼓木匠拾人,共面捌斗。""造鼓木匠冯常安等捌人,早上馎饦时各胡饼两枚,供伍日,食断。""供造鼓木匠捌人,早上馎饦,午时各胡饼两枚,供壹日,食断。"

以上三处记载的均是造鼓木匠,另外还记载有造床木匠。譬如,S.1366《归义军衙内面油破历》记载:"八日,供造彭床木匠九人,逐日早上各面一升,午时各胡饼两枚,至十五日午时吃料断,中间八日,用面一石四斗四升。""九日,供造牙床木匠八人,勾当人,逐日早、夜面各面二升,午时各胡饼两枚,至十六日夜断,中间八日,用面一斗六升。"这里的木匠进一步分工,因为即使是造床,还细分为造彭床木匠、造牙床木匠。

图3 北宋莫高窟第454窟甬道顶壁画中的木匠工具

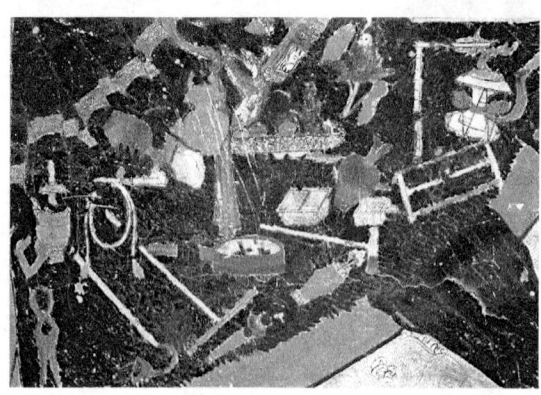

图4 宋代榆林窟第3窟东壁千手千眼观音左下部壁画中的木匠工具

其中的"彭床"令人费解,也许是一种大床,因为彭有"盛大貌、强壮貌"之义。明清家具术语中有所谓的"鼓腿彭牙",指的是家具在束腰以下,腿和牙子都向外凸出的做法。此称见于《清代匠作则例》,如今已经成为流行的家具术语。鉴于后来出现的"鼓腿彭牙",敦煌唐代中后期归义军时期的"彭床"也有可能是一种在牙子等部件上具有凸起变化的床。

S.1366《归度军衙内面油破历》中的"牙床"①,可能指的是一种饰有花牙(有雕饰的牙子)的眠床或坐榻,后来泛指精美的床。例如,南朝梁萧子范《落花》诗曰:"飞来入斗帐,吹去上牙床。"唐李商隐《细雨》诗曰:"帷飘白玉堂,簟卷碧牙床。"清孔尚任《桃花扇·闹榭》载:"承众位雅意,让我两个并坐牙床,又吃一回合卺双杯,倒也有趣。"清代以来民间还流传所谓"下得厨房,出得厅堂,上得牙床"的俗语。再如,湘西、鄂西土家族地区至今仍在制作一种"滴水牙床",其实是一种架子床,这种床仿土家民居屋檐排水的层进结构,而屋檐乃滴水之需,因而得名。这种床层层叠叠,一般三进,最多七进,精雕细刻,内容丰富,表现"八仙过海""金瓜垂吊""五谷丰登""龙凤呈祥""松鹤延年"等吉祥题材。因做工精细,耗时漫长,故又名"千工床"。今天的家具界仍沿用牙子、牙板、牙条等带"牙"的名词。牙子,一般指的是家具面框下连接两腿之间的部件,南方木匠称为"牙板"。在束腰家具中则指的是束腰以下部位的主要连接部件,设在其他部位的一般称为牙条。

日本正仓院藏有一件木画紫檀棋局②(图5),此物是圣武天皇③御物,工艺精良,一般认为出自中国唐朝巧匠之手。这件家具被完整地记载在《国家珍宝帐》中,曰:"木画紫檀棋局一具,牙界花形眼,牙床脚,局两边着环,局内藏纳棋子龟形器,纳金银龟甲龛。"其中的"牙床脚"指的是棋局下面以锯齿般花牙子装饰的托泥式壸门座,这应是沿用中土唐朝的称谓。唐朝时期日本的古文书《宁乐遗文》中卷《西大寺资财流记账》中也记有"漆牙床""牙床""居牙床榻二基(漆,高各三尺,长三尺七寸,并金铜钉并肱金)"。由此看来,牙床在当时的日本也是一种流行的家具术语。

努尔苏丹(哈萨克斯坦首都,原名阿斯塔纳)出土的双陆局(图6)、陕西富平李凤墓出土的初唐三彩花牙壸门托泥榻(图7),其壸门托泥的形态与之相仿。因此敦煌文书中的"牙床"的造型与结构很可能近于这件棋局下面具有花牙雕饰的壸门托泥座。具有花牙雕饰的壸门托泥的造型与结构在唐代家具中运用广泛,在唐代绘画和

---

① 《汉语大词典》解释牙床为"饰以象牙的眠床或坐榻",然而其出处不明,待考。
② 中国古代文献中也称作棋枰,即今天的棋盘。
③ 天平胜宝八年(即唐玄宗天宝十五年,756年),圣武天皇驾崩,光明皇后将其生前常用与喜爱之物以及大佛开光仪式时的佛具、器物分五批捐赠了东大寺,均珍藏在正仓院中,完好地保存至今。

出土明器中也颇为常见,可成为床榻、坐具,也可做成承具、托盘、置物台等。譬如,河南安阳隋代张盛墓出土白瓷围棋盘(图8),这是目前所见时代最早的19道围棋盘。还有唐周昉《调婴图》中的仕女所坐方床、敦煌第159窟壁画中的食床等。

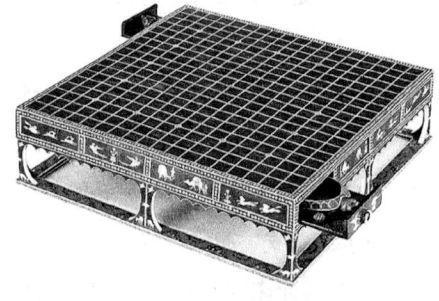 

图5　日本正仓院藏唐代木画紫檀棋局　　图6　努尔苏丹出土的双陆局(斯坦因摄)

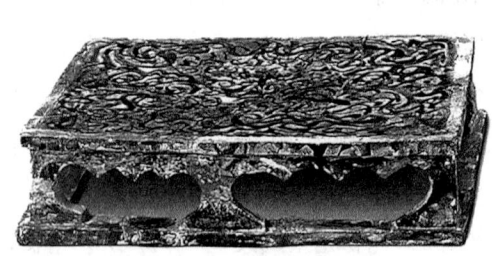 

图7　陕西富平李凤墓出土初唐三彩牙脚壶门榻　图8　河南安阳隋张盛墓出土隋白瓷围棋盘

譬如,宋赵与时《宾退录》卷一○载"黄金阁子锁牙床",牙床后来泛指高等级的床具,"造牙床木匠"是一种制作高级床具的木匠。由此可见,当时的木匠所从事的工作内容较为丰富,已经有了较为细致的分工。

日本九州岛大学文学部藏东哲20号敦煌文书《新大德造窟檐计料(拟)》[①]记载了较为详细的建造窟檐所需要的材料数量与尺寸,是敦煌木匠施工情况的一个重要

---

① 该文书记载如下:"1. 新大德造窟檐计料材木多少起□□。2. 大栿要肆,各长壹丈贰尺五寸,径壹尺贰寸。3. 柱肆个,旧有;栏额三,旧者堪用。4. 桿、枕、方子叁条,各长壹丈贰尺伍寸,径头要捌寸。5. 枕子计要六截,各长壹丈贰尺伍寸,径要捌寸。6. 丞橼方子三片,各长壹丈贰尺伍寸,径要捌寸。7. 丞柱通地枋长贰(丈)捌尺。8. 驼峰肆,要榆木壹丈、径捌寸。9. 马头肆个,各长壹丈参尺。10. 要小科子贰拾个,计用榆贰丈,径捌寸。11. 大科肆,要榆木伍尺,径壹尺贰寸。12. 贴捌个,各长伍尺,径伍寸,要榆木。13. 花贴要肆,各长三尺伍寸。14. 门额方要好干木,长玖尺,阔捌寸。15. 门神方子亦长玖尺,径陆寸。16. 门枇方子贰,各长捌尺,径捌寸。17. 门眉三,并鸡栖壹,桑木等不用,差。18. 南间沙窗额方子长玖尺,径陆寸。19. 腰方亦玖尺,径陆寸。20. 南窗门枇贰,各长伍尺,径伍寸。21. 门神玖尺,径陆寸。22. 北边沙窗额,亦长玖尺,径陆寸。23. 腰方亦玖尺,径陆寸。24. 门枇要贰,各长伍尺,径伍寸。25. 沙窗门切长玖尺,径陆寸。26. (原卷此行涂去)。27. 要櫺子,三拾笙。"

资料。其虽属大木作,但可作为研究敦煌家具的相关参考资料。

敦煌文书中,涉及手工艺时还出现了大量的"博士"称呼。博士的称谓古今有异,"博士"在今天指的是高等教育中最高的学位,而在古代,每个时期的含义均有所不同。早在我国战国时已有博士的称谓,但是为一般学者的通称,而非官职。战国末期至秦朝,秦有博士70人,他们是议论政事及礼仪的官员。譬如,博士淳于越等非议朝政,惹得秦始皇大怒,坑杀儒生及方士460余人。

"博士"在敦煌文书中又有了特定含义。据郑炳林、马德先生研究,敦煌工匠称博士的历史从记载来看可追溯到吐蕃统治时期。① 马德先生认为,博士是古代对具有某种技艺或专门从事某种职业的人的尊称,在敦煌文献中又俗称"把式"。敦煌工匠中,可以受雇于人,具备过硬的专业技术,可以从事高难度技术劳动并独立完成所承担的每一项工程的施工任务的工匠,均称作博士。②

唐五代敦煌文书中反映的博士是当时某种工匠的名称,譬如茶博士、酒博士、擀毡博士、起毡博士、泥博士、泥沙麻博士、造塔博士、铁博士、造银碗博士、古露博士、写博士、点釜博士、烈钥匙博士、伞骨阇梨兼钉叶博士等。在石窟壁画绘制行业则有画神脚博士、画博士,如S.4782《乾元寺堂斋修造两司都师文谦诸色斛斗入破计会状》记有:"麦捌硕,油伍胜,粟壹硕柒斗,修南殿画神脚博士用。"可见博士的称呼几乎运用于当时的各行各业。

敦煌文书中与木作、家具有关的"博士"也多有记载。例如,P.2032V《后晋时期净土寺诸色入破历算会稿》记载:"面一斗,木博士修治火炉及门用。""粟柒斗,卧酒,屈木博士造檐初下手局席用。""面陆斗,造床博士用。""面柒斗,造床博士、人夫等五日中间食用。"木博士、屈木博士、造床博士这些称谓显示了木作与家具制作技术的分工与完善。

随着科技的发展,最晚到宋代已经发明了框架锯和刨子等。例如,敦煌五代宋籍账文书P.3875V《丙子年修造及诸处伐木油面粟等破历》涉及多种木作工匠(如木博士、载木博士、拽木博士、放木博士)的记录,如"面壹斗,载木博士夜食用""面贰斗、粟贰斗、油□□,□日作看铁博士及木博士破用""载木博士,两团僧破用""面四斗、油半升、粟□斗,第二日三时看铁□博士、拽木博士食用""面四斗、油一抄,早上放木博士食用"。

另外,由于木匠活离不开锯子,因此还有涉及加工锯子的工匠类别的记录。譬

---

① 郑炳林:《唐五代敦煌手工业研究》,载郑炳林主编:《敦煌归义军史专题研究》,兰州大学出版社1997年版,第239—273页;马德编著:《敦煌工匠史料》,甘肃人民出版社1997年版,第11—13、74、83页。
② 马德:《敦煌的农民工匠及其"兼业"》,《敦煌研究》2010年第5期。

如,"面壹斗五升,早上、日作、夜头看错锯博士食用""面贰斗、粟贰斗,第□日看错锯博士用""面一斗,宋博士错锯食用""面一斗,□起看团锯博士用""面一斗,开锯齿博士两日食用"。鉴于与锯子加工相关的"博士"竟然有"错锯博士""团锯博士""开锯齿博士",显然这一类加工锯子的工艺已经分为"错锯""团锯""开锯齿",说明当时锯子运用广泛,其相应的木材加工技术已较为发达。

敦煌文书中,"先生"这一称呼具有新的含义。譬如,P.2032V《净土寺诸色入破历》记有"面二斗,画床先生用"。画床先生指的可能就是画床工匠。再如,敦煌曹氏归义军初期的籍账P.2049V《后唐同光三年正月沙州净土寺直岁保护手下诸色入历算会牒》第269、270行记有:"粟壹斗,先善惠手上与画柒器先生用。""柒"可能是"漆"的俗写,其中的"画柒器先生"可能就是漆器工匠。这样一来,敦煌籍账文书中记载了许多漆器用具名称就能得到合理解释了,因为敦煌本地已有专门从事漆器生产的工匠。当然,高等级的漆器应当是来自盛产漆器的南方地区,属于布施物件。

四、结语

敦煌文书是研究中国中古家具艺术文献的宝库,以上围绕敦煌文书中记载的"家具""家具什物"及木工称谓如"木匠""博士""先生"等相关名词,有机结合敦煌壁画图像、考古出土物、古代艺术作品以及传统家具史资料并对其进行归纳、解析与互证,这些特色鲜明、具体生动、为我们提供不同视角与内涵的案例,将丰富学界对于中国中古家具文献的研究,为深化研究敦煌家具图式带来帮助。至于敦煌文书所载家具资料与卧具、坐具、承具、屏具、皮具、架具①的具体关联与文化关系,笔者将以另文阐释。

---

① 以上六种分类按照今天的家具分类法来进行归纳与解析。

视角、方法与叙事模式[*]
——中国佛教美术史研究的相关问题探讨

于向东[**]

摘　要：本文在回顾中国佛教美术史研究历程的基础上，着重从研究方法论层面探讨相关问题，归纳出三种主要叙事模式；进而指出，基于风格分析的叙事有助于揭示中国佛教美术的艺术价值，本土化阐述侧重于呈现文化的交流与融合，而以"道场观念"为基础的叙事便于了解佛教美术承载的信仰观念与宗教功能。相比较而言，风格分析是传统写作关注的重点，本土化方面有待于系统阐述，而立足于"道场观念"的叙事亟待增强，其中蕴含很大的拓展空间。

关键词：中国佛教美术史　编著　视角　方法　叙事模式

20世纪80年代以来，经过考古学界的不断努力，中国佛教美术研究领域取得丰硕的成果，比较著名的大中型石窟及殿塔考古报告陆续发表，地下的窖藏佛教造像时有发现，散落在海内外博物馆的佛教艺术品不断公布于网络媒体，佛教美术作品资料越来越多地呈现于公众视野；学术界不断推出有关中国佛教壁画、雕塑等方面的系列画册，各种电子资料库也在建设中；与此同时，一些大中型博物馆开始设立专门的佛教美术展厅，还有一些地方建立专门收藏、展示出土佛教美术文物的博物馆。

与此同时，随着中国研究生教育的快速发展，一批佛教美术史方向的硕士、博士

---

[*] 本文系2017年国家社会科学基金重大项目"多卷本《中国宗教美术史》"（项目批准号：17ZDA237）子课题"中国佛教美术史"的阶段性研究成果。
[**] 于向东，江苏盐城人，东南大学艺术学院教授、艺术学博士；研究方向：佛教美术史。

得以培养,佛教美术研究队伍持续发展,公开出版发行的中国佛教美术专题论著越来越丰富。近年来,相关主题的国际、国内学术讨论会频繁举办。这一切持续影响、改变着学术界与社会大众对于佛教美术知识的认知,预示中国佛教美术史研究日益摆脱边缘化的境地。可以说,佛教美术与墓葬美术已经成为中国美术史领域中比较活跃的学术领域。然而,就通史性质的中国佛教美术史而言,出版的中国佛教美术史著作数量十分有限;相比于一般的中国美术史而言,这一领域的研究与撰述明显滞后,亟待发展与提升。

本文认为,中国佛教美术史研究在两个方面有待于突破:其一,系统地考察调研古代石窟、寺院殿塔,四川、陕北境内的中小型石窟等尤其值得关注,与此同时,对于海内外馆藏佛教美术品进行全面调查与整理,由此不断充实佛教美术史料的基础工作。随着研究视角、方法及叙事模式的多元化,佛教美术史料的性质会被重新认识,其采集范围会逐渐扩大,资料整理方法也会有所变化。其二,总结近几十年中国佛教美术史研究的经验得失,在研究理论的方法论层面进行自觉省思,无论对于《中国佛教美术史》的编著,还是专题研究而言,这个方面的探讨都有比较重要的学术意义。方法论研究对于一个学科的发展与成熟具有不可忽视的影响。本文即拟在学术界已有研究基础上,对上述两个方面的问题做进一步的探讨。

一、中国佛教美术史研究方法论层面的学术成果

迄今为止,关于中国佛教美术史研究方法论层面的讨论,公开发表的专题论著数量极其有限,大多成果散见于学者们论著的章节片段中。一部分学者在佛教美术学术史回顾中兼谈方法论问题,另一部分学者则在专题研究时尝试运用新的方法,并对这些方法做出适当的解释,还有些学者针对其他宗教美术提出新的研究方法,对于中国佛教美术史研究具有启迪意义,下文一并评述。

李玉珉的《中国佛教美术研究之回顾与省思》一文,比较全面地回顾了近百年来欧美、中、日学者的研究成果,并对他们的研究方向与方法做了介绍;在此基础上,简要探讨中国佛教美术研究的方法问题,如艺术风格的再省察、图像学的再精进与图像义理学的展开等。值得关注的是,她明确提出图像义理学为佛教美术研究的一种重要方法,这是颇有见地的。图像义理学对于研究者的学术素养提出较高的要求,"但因图像义理学牵涉的范围甚广,不但要有佛教图像学的基础,同时对佛教史与佛教思想也要有相当的认识,内容复杂。这一方面的研究,目前无论中外学者皆未充分展

开,尚有很大的发展空间"①。近 20 年来,已有学者运用此种方法对中国石窟展开个案研究,提出一些比较重要的学术观点,譬如郭祐孟就以敦煌莫高窟第 14 窟为例,探讨了密教石窟的体用观问题。②

巫鸿对于美术史研究的方法论着力甚多,而且对中国佛教美术史一些个案做过深入分析,这些成果分布在他的《美术史十议》《礼仪中的美术:巫鸿中国古代美术史文编》等著作中,对于本文的研究课题具有比较重要的参考价值。巫鸿曾对敦煌莫高窟第 323 窟进行实例分析,并提出"建筑和图像程序"的研究方法:"其基本前提是以特定的宗教、礼仪建筑实体为研究单位,目的是解释这个建筑空间的构成以及所装饰的绘画和雕塑的内在逻辑。虽然'图像程序'与单独图像不可分割,'程序'解读的是画面间的联系而非孤立的画面。根据这种方法,研究者希望发现的不是孤立的艺术语汇,而是一件具有历史意义的完整作品。"③这一研究方法有利于揭示佛教图像的叙事模式、设计意图以及赞助人动机等。

沙武田在对吐蕃统治时期敦煌石窟的专题研究中,尝试采用西方艺术史和图像学领域的方法,并结合"图像证史"方法,对于"原创性"洞窟做了探讨。他写道:"大量'原创性'(original)洞窟与图像的出现,昭示出敦煌石窟营建思想的变化,以及洞窟造像新思想的出现,图像可以证史,石窟艺术的研究,必然会对研究敦煌中唐、吐蕃统治时期的社会历史、宗教信仰、思想意识等领域提出新问题,从而使我们对敦煌中唐的社会与历史有更进一步的认识。"④由此可见,新方法可以为认识佛教美术资料提供新视角,进而引申出新观点。

此外,学术界关于中国美术史研究方法论的讨论,对于中国佛教美术史研究也有比较重要的启迪意义与借鉴价值。以墓葬研究为例,立足于门类艺术基础的传统研究,一般聚焦于墓中出土的"重要文物",此种研究有其优点,但是局限性也不容忽视,正如巫鸿指出:"如果没有一个整体的'墓葬观念'作为分析的基础,这些专门性研究在增添某种特殊知识的同时也消解了它们赖以存在的文化、礼仪和视觉环境,不知不觉中把墓葬从一个有机的历史存在转化成储存不同种类考古材料或'重要文物'的地下仓库。"⑤对于佛教美术史研究而言,同样存在着类似的情形,当我们聚焦于佛教寺

---

① 李玉珉:《中国佛教美术研究之回顾与省思》,《佛学研究中心学报》1996 年第 1 期,第 233 页。
② 郭祐孟:《敦煌密教石窟体用观初探——以莫高窟第 14 窟为例看法华密教的开展》,《圆光佛学学报》2006 年第 10 期。
③ 巫鸿:《礼仪中的美术:巫鸿中国古代美术史文编》,郑岩等译,生活·读书·新知三联书店 2005 年版,第 418 页。
④ 沙武田:《吐蕃统治时期敦煌石窟研究》,中国社会科学出版社 2013 年版,"导论"。
⑤ 巫鸿:《美术史十议》,生活·读书·新知三联书店 2008 年版,第 78 页。

院或石窟中的雕塑或者壁画研究时,时常忽视它们赖以存在的文化、礼仪和视觉环境,主要原因就在于研究者缺乏整体的"道场观念"。没有"道场观念"作为分析基础,也就难以解释寺院或石窟中建筑、雕塑、壁画和器物之间的内在联系,以及其中蕴含的礼仪功能、设计意图。

李凇在撰写中国道教美术史时,同样意识到传统美术分类的局限性,认为此种分类"强调了物质形态的一致性,忽略了主题内涵和功用的一致性",由此放弃了此种分类,采用新的选择"道教美术史"材料的方法。他将"道教美术"视为具有三个层次的立体结构,核心圈是道观殿堂内的绘画、雕塑、建筑等视觉材料,其次是"准道观"(如土地庙、城隍庙等)殿堂内的视觉材料,再次是有道教倾向或出自道教信仰者的"艺术品"。① 核心圈材料是关注、分析的主体对象。面对更为庞杂的中国佛教美术史的材料,此种观照、选择材料的方法,值得参考与借鉴。

黄厚明对于艺术史研究方法论做过思考,提出一些有价值的见解。他分析图像文献与文字文献在跨学科语境中的角色与功用,指出不能把图像变为佐证文献叙事的插图:"图像和文献并不是某一学科的专利,但对艺术史研究而言,文献证据只是旁证,它的价值需要通过或回归视觉证据而获得。"② 对于图像文献属性及其特殊价值,佛教美术史研究者同样要给予充分的重视;此外,佛教美术史与佛教史之间的分界与联系也值得深入辨析。

上述学者们的研究涉及美术材料分类、建筑与图像程序、图像义理及功能分析等,这些方面的探讨对于中国佛教美术史专题研究与通史编著都有重要的意义,在进一步探讨方法论前,有必要简单回顾一下中国佛教美术史的编著历程。

二、中国佛教美术史的编著历程及相关问题

关于中国佛教美术史研究,日本学者大村西崖是一位重要的先驱者。在他1915年出版的《中国美术史雕塑篇》中③,佛教雕塑占据了很大篇幅,如果将相关内容独立开来,几乎可以视为一部中国佛教雕塑史。大村西崖的贡献,一方面在于注意到造像记对于佛教美术史研究的重要性;另一方面在于他尝试从通史的视角对中国佛教雕

---

① 李凇:《中国道教美术史》,湖南美术出版社2012年版,"前言"。
② 黄厚明:《艺术史研究的守界与跨界》,《民族艺术》2014年第2期,第75页。
③ 大村西崖:《支那美术史雕塑篇》,日本佛书刊行会1915年版。作者按:1980年,此书由日本国书刊行会再版,改名为《中国美术史雕塑篇》。

塑的发展进行整体的观照，由此深刻影响了其后的学者。松原三郎的《中国佛教雕刻史研究》[1]在一定程度上延续了大村西崖的分析方法、叙事模式，他依据有造像记的作品，深入叙述北魏至五代时期佛教造像的风格演变，同时关注图像、风格的地域性特点。立足门类，关注作品样式风格是两位学者的共性，也对中国学者的佛教美术史研究产生较大的影响。[2]

20世纪90年代以后，中国佛教美术史才有严格意义上通史性质的著作出版。在金维诺、罗世平撰写的《中国宗教美术史》（江西美术出版社1995年版）中，佛教美术是重点关注的对象，两位作者对东汉至明清期间的历代佛教美术做了比较全面的叙述，某种程度上，可以视为中国佛教美术史写作的一次积极尝试，该书的分析方法、叙事模式对于其后中国学者有一定的影响，具有比较重要的学术意义。

关于中国佛教美术史，还有一些学者陆续编写了相关著作，如李玉珉的《中国佛教美术史》（东大图书公司2001年版），阮荣春、张同标的《中国佛教美术发展史》（东南大学出版社2011年版）以及赖永海、王月清的《中国佛教艺术史》（南京大学出版社2017年版）。此三部著作都立足于历代佛教美术代表作的分析，或详细引证佛教史料文献，或侧重探讨时代风格特点与样式演变，为佛教美术史研究做出了一定的贡献。受一般中国美术史研究的影响，三部著作仍以艺术门类作为研究基本单元，研究对象以每个朝代或时期内单铺壁画、雕塑等作品为主，每个单元之内的风格演变、类型发展被清晰梳理与描述。但是由于采用的仍是传统的艺术分类与分析方法，整体性的"道场观念"等依然没有受到充分的关注。由此看来，传统佛教美术史书写模式仍有着相当大的影响。

笔者编著的《中华图像文化史·佛教图像卷》，尝试以佛教图像与信仰的关联作为叙事的中心，与此同时兼顾本土化层面的分析。[3] 由于放弃传统艺术分类以及选择代表作的标准，如何从数量极大、复杂多样的佛教美术史料中选择有代表性的作品或个案进行阐释、分析，就成为一个重要的难题。汪小洋教授主持申报的国家社科基金重大项目"多卷本《中国宗教美术史》"于2017年度立项，"中国佛教美术史"是其子课题之一，项目开题时，与会专家学者就美术史编著的方法等做了比较深入的讨论。[4]

由于研究角度、方法、目的的差别，导致选择的代表作、叙事模式等不尽相同。有鉴于此，从方法论层面探讨中国佛教美术史的写作，既有一定的史学史理论价值，又

---

[1] 松原三郎：《中国佛教雕刻史研究》，日本吉川弘文馆1966年版。
[2] 参见金维诺：《中国古代佛雕：佛造像样式与风格》，文物出版社2002年版。
[3] 于向东：《中华图像文化史·佛教图像卷》，中国摄影出版社2017年版。
[4] 笔者为该项目子课题"中国佛教美术史"负责人，参与了该项目的开题过程。

有指导通史编著与专题研究的实践意义。

三、中国佛教美术史的研究对象、视角与叙述模式

中国佛教美术史的研究,与对中国佛教美术属性的认识紧密关联。关于中国佛教美术属性,既需要从其与中国佛教的内在联系角度做出理解,又需要将其置于具体的历史发展进程中进行观照。

作为域外传入的视觉文化体系,一方面,中国佛教美术的基本元素,如佛像、寺院、石窟等,与南亚、中亚等广大区域的佛教美术具有共同性;另一方面,佛教在中国历史文化背景下的发展与演变历程,又使得中国佛教美术形成自己的特殊性,无论在造型样式、艺术风格,还是在承载的思想、信仰方面,都可以发现有别于域外佛教美术之处。

从门类艺术角度来看,中国佛教美术包括建筑、雕塑、绘画、工艺美术等视觉形式,它们绝大多数出自无名工匠之手,所反映的不是创造者(或制作者)的个人艺术想象,而是集体的文化意识。如果从内在属性上给出一个定义,"中国佛教美术"就是以传统的视觉艺术形式表达中国佛教的义理思想与信仰观念,由此形成的一个有内在联系的视觉系统。这些视觉形式从属于佛教礼仪或修法活动的场合和空间,此种场合和空间在佛教中通常称为"道场"①,它们反映了佛教美术的内在逻辑和视觉习惯。

在理解中国佛教美术属性的基础上,可以重新认识佛教美术的基本材料单元,并探讨"建构"中国佛教美术史的方式。佛教美术的基本材料单元不是相对孤立的建筑、雕塑、壁画等,而是多层次的视觉材料系统,具体可以分为三个层次:第一类是石窟、寺院道场中有机联系的各种视觉材料,如建筑、壁画、雕塑、陈设物等,它们既是佛教美术材料的内核层,也是佛教美术史重点关注的研究对象。第二类分散于博物馆等中相对孤立的佛教壁画、雕塑等,这类作品往往因为艺术审美价值较高而备受关注。使用这类"实物"材料时,美术史学者需要敏锐地意识到它们并不等同于"原物",通过对"实物"的原初环境、礼仪空间及与其他材料关联的想象性"复原",它们才能更多呈现出"原物"的研究价值。② 它们可以被视为中间层研究材料。第三类可以称之为"准佛教美术作品",如宋元以后文人笔下的佛教题材绘画、具有装饰艺术性质的佛教工艺品等。此类绘画的性质已经接近"架上绘画",它们并非为了特定的道场需要

---

① "道场"是指成佛成道的场所,泛指修行学道的处所,它们是佛教、道教中诵经、礼拜、禅观、举办法会等活动的礼仪空间或场所。佛教中一般称地表寺院、石窟寺等为道场。
② 参见巫鸿:《美术史十议》,生活·读书·新知三联书店2008年版,第42—53页。

而创作，表达的往往是艺术家个人的艺术想象与情感观念，因此不能视为严格意义上的佛教美术作品。此类材料只能作为中国佛教美术史研究的辅助材料或文献，属于外围层材料。

上述有关佛教美术的归纳与分类，扩大了佛教美术史料的定义与范围。整体性的"道场观念"使得相关佛教美术材料获得了内在联系，由此成为佛教美术史主要的研究对象和分析框架。在此框架中，有利于我们分析佛教道场中建筑、雕塑、绘画及器物的设计意图、观看方式与礼仪功能，从而为佛教美术史奠定更广阔的研究基础。

需要说明的是，佛教美术材料蕴含着多方面的文化与艺术价值，从单一的视角进行观照必然有其局限性，佛教美术史研究也不应采用单一的方法或理论。每一种研究方法或理论都有自身的功能与目的，它们之间的互动，有利于研究内容的丰富与观念的突破。采用不同的分析方法有利于全面深入了解、发掘中国佛教美术材料的价值。由此看来，立足于艺术门类，注重风格分析的传统美术史研究，仍有其特有的学术价值，对于中国佛教美术史而言，这个领域的探索仍需要继续深入。与此同时，伴随着对于佛教美术材料新的认知观念的出现，佛教美术史也应采用有别于传统的叙述模式。

本文认为，中国佛教美术史的写作主要可以采用三种叙述模式。

首先，在中国佛教美术的发展历程中，就艺术风格而言，不同历史时期往往呈现出比较明显的差异性，也就是说，作品的风格通常具有时代性特点，譬如东汉至十六国时期的朴拙、南北朝的清秀、唐朝的沉雄、宋朝的雅致、明清的通俗等。据画史文献来看，顾恺之、陆探微、张僧繇、吴道子、周昉等少数具有杰出创作力的艺术家，对佛教美术风格的发展产生较大的影响。尽管如此，这些艺术家的作品仍然受到时代审美趣味的制约，其风格依然具有明显的时代共性特征。基于风格发展的叙事模式，容易为我们呈现相对明晰的佛教美术史形状，对于认识中国佛教美术的发展具有一定的意义。此种偏重风格分析的叙事模式也为一般中国美术史所共用，毋庸讳言的是，它们不太重视阐述佛教美术形式与佛教信仰、社会文化之间的内在关联，对于佛教美术的创作目的与宗教功能难以做出令人信服的解释，这是此种叙事模式的不足之处。

其次，以佛教美术本土化为中心可以建构美术史的另一种叙事模式。佛教美术自汉代传入中土以后，不断吸收本土的艺术元素与表现手法，可以说本土化是中国佛教美术发展史的重要旋律之一，直至近现代，本土化进程依然在延续、发展。具体而言，中国佛教美术的本土化主要表现在建筑形制、艺术造型、样式等方面，譬如楼阁式佛塔的出现、佛菩萨等造型的汉化、褒衣博带佛衣样式的产生等，都是中国佛教美术史中重要的艺术现象，值得深入分析。近几十年来，一些学者对于这个领域做了专题研究,取得比较丰硕的研究成果,费泳的《中国佛教艺术中的佛衣样式研究》就是有代表性的一部著作。① 除了艺术造型、样式外,中国佛教美术的本土化还涉及造像组合、特殊题材与形式的佛教图像等,如三教合一的石窟造像、屏风式变相等,它们也是富有中国本土特色的佛教美术。② 已经出版的中国佛教美术史著作,大多关注到佛教美术的本土化,但是就总体而言显得不够系统,有待于进一步发展与完善。

最后,中国佛教美术作为佛教思想、信仰的载体,它的存在形态、方式与佛教道场中的礼仪、修法活动紧密关联。从这个角度来看,以"道场观念"为基础,分析不同阶段中国佛教美术呈现的信仰特色,就成为中国佛教美术史研究的一项重要任务,由此决定一种新的叙事模式存在的必要性。此种叙事中,"道场观念""信仰"成为重要的关键词。相比前两种,这一叙事模式更强调将佛教美术置于原初的宗教、礼仪、视觉环境中进行分析,充分关注到佛教美术的创作目的、应用方式与艺术功能等。科学性的考古发掘由于记录了包括遗物、环境、相对位置等比较全面的信息,其成果报告就成为此种佛教美术史研究的重要参考资料。值得注意的是,这一叙述模式容易忽略佛教美术的艺术形式特征,仅把图像当作插图来应用,是叙述的陷阱之一。

随着研究视角、叙述重心的转变,以往被忽视的一些重要佛教美术现象将进入美术史学者的视野,对此类现象及其原因的分析、阐释也会成为佛教美术史研究的一部分。譬如,南北朝至隋唐时期,佛塔在寺院布局中的中心地位逐渐被佛殿取代;与此同时,中心塔柱式洞窟(也称塔庙窟)由盛而衰,其地位也被覆斗式窟(也称佛殿窟)取代。值得注意的是,北朝中心塔柱式窟内流行的本生、佛传故事图像,很少出现于覆斗式窟,后者中占主流的图像是大乘经变。传统立足门类、注重风格、样式分析的美术史,很少对此类建筑、佛教题材图像衰微的原因进行分析,更不会探讨它们之间的内在关联;然而,从整体性的"道场观念"角度来看,随着佛教信仰潮流及修法方式的转变,寺院、石窟之类的"道场"也会发生变化,佛教建筑形制及其格局、建筑内相关壁画、雕塑等必然会有相应的改变。

由此可见,视角、方法、叙事模式的转变,使得中国佛教美术史研究的广度、深度不断拓展。在上述三种叙事模式中,风格分析有助于揭示中国佛教美术的艺术价值,本土化阐述侧重于呈现文化的交流与融合,而以"道场观念"为基础的叙事便于了解佛教美术承载的信仰观念与宗教功能,它们相辅相成。编著《中国佛教美术史》时,可以在三种叙事模式中有所侧重,相比较而言,风格分析是传统写作关注的重点,本土

---

① 费泳:《中国佛教艺术中的佛衣样式研究》,中华书局 2012 年版。
② 参见汪小洋主编:《中国佛教美术本土化研究》,上海大学出版社 2010 年版。该书主要收录有关中国佛教美术本土化的七个专题论文,十几位学者参与相关专题研究。

化方面有待于系统阐述,而立足"道场观念"的叙事亟待增强,其中蕴含很大的拓展空间。

四、观念与方法:有关中国佛教美术史料的思考

中国佛教美术史的研究有赖于美术史料的整理、辨析等基础工作的开展,鉴定真伪、断代、图像辨识等基本研究手段是不可或缺的;在此基础上,应该重视最具特色、代表性的佛教美术材料的描述与解读,进而阐述其中的艺术价值、文化交流与信仰观念等。

近30年来,随着图像的史料价值受到人文学者的广泛关注,图像的跨学科研究逐渐成为一种学术潮流,与此同时,也导致美术史与其他学科之间的界限变得越来越模糊。在此背景下,有必要思考从属于艺术史学科的佛教美术史与类属于一般历史学科的佛教史之间的界限与联系。传统偏重风格分析、样式本土化研究的佛教美术史明显有别于佛教史研究,从属于两个不同学科之间的研究者之间交流甚少,但是随着"道场观念""信仰"等作为关键词进入叙事模式,佛教美术史与佛教史之间的学科距离正在不断缩小。笔者赞同黄厚明提出的观点,对于艺术史研究而言,应该立足于视觉证据的解读、阐释,文献证据只是旁证。[①] 图像等视觉证据有着自身特有的"语言元素"与"语法",对于图像的辨析、解读、阐释是艺术史家必须具备的基本能力。如果缺乏这种能力,就容易把图像等视觉材料变成思想史研究的"插图",艺术史作为一种学科的基础将会被消解。

以隋唐佛教宗派信仰研究为例,佛教史主要立足于文字记载的文献史料分析,佛教美术史则主要利用相关的图像等视觉材料,由于两种史料蕴含的信息有别,导致研究的侧重点不尽相同。佛教史学者根据文字记载的文献资料,可以对包括三论宗在内的隋唐佛教宗派的源流、代表人物、思想观念等展开深入分析,佛教美术史学者则通过对此期丰富的石窟美术资料分析,探讨相关宗派的信仰观念、修法实践等,研究视角与侧重点不尽相同。此期石窟中,由于净土宗、密宗等观想修行方法对图像等有较大的依赖,导致相关图像得以大量制作并留存于世;相比而言,偏重抽象理论思辨的三论宗就不太重视佛教图像的功能,石窟中也几乎见不到与此宗思想紧密相关的

---

① 参见黄厚明:《什么是艺术史?为什么是艺术史?——方闻先生中国艺术史研究札记》,《清华大学学报(哲学社会科学版)》2008年第3期。

图像。由此可见,依据隋唐石窟的丰富西方净土、密教图像等,可以比较充分地解释此期净土宗、密宗的思想观念、信仰特点以及传播情况,而图像史料的匮乏却难以支持对三论宗的相关研究,后者需要依赖文字记载的文献史料。由此可见,文字记载的史料与图像史料之间存在互补性。隋代、初盛唐时期,龙门石窟等中一度流行"阿弥陀佛五十菩萨瑞像",然而相关信仰在文献史料中的记载寥寥无几,在此情形中,图像作为视觉证据的价值就进一步凸显出来。

综上所述,可以发现佛教美术史与佛教史研究依据的主要史料性质有别,两者研究的侧重点也不一致,它们之间既有各自的学科界限,又存在比较显著的互补关系。这种学科之间的良性互动,使得我们可以更全面、深刻地理解佛教在中国立足并不断发展的历史进程。

中国佛教美术史料极其丰富。20世纪以来,海内外学者针对遗存在各地石窟、寺院、窖藏中的美术资料做了大量考古调研工作,取得重要的成果;与此同时,海内外馆藏的佛教美术精品资料陆续公布于世。一些佛教美术史学者也积极参与此类资料的整理与出版工作,为中国佛教美术史研究奠定了较好的基础。对于这个领域的工作,本文认为需要在两个方面进一步开展:一方面,运用已有的经验、方法,对于中国各地中小型石窟、海内外馆藏的佛教美术史料展开更全面、深入的考古调研,这可以视为在量的层面的努力;另一方面,运用新的视角、方法省思传统的资料搜集、整理与出版工作,可以为中国佛教美术史的研究充实新的资料,此为"质"的层面的突破。回顾近几十年学术界整理、出版的佛教美术史料图册,有利于更好地理解后一方面的问题。

1989年,由100余位学者主编、文物出版社等五家出版社协同编辑出版的60卷《中国美术全集》全部面世,是中国学术界一项标志性的文化工程。全集分绘画、雕塑、工艺美术、建筑艺术与书法篆刻五大编,全面展现中国从原始社会至清代各历史时期门类艺术的发展与成就。在绘画、雕塑、建筑三大编中,佛教题材作品占据了较大的比重,这在一定程度上可以视为中国佛教美术资料的一次大规模搜集、整理与出版工程,具有里程碑的意义。2011年,302卷《中国美术分类全集》出版工程的完成,是中国文化学术界又一大盛事,此项工程由数百位学者和3000多位编辑出版工作者历经25年的共同努力,在30多家出版社合作参与下得以付梓。值得注意的是,中国佛教美术史料由此得以更全面地汇集、整理,据笔者统计,在雕塑类29卷中,佛教石窟雕塑、寺观雕塑与藏传佛雕塑共有21卷;绘画类88卷中,佛教寺观、石窟壁画、版画共有33卷;建筑类24卷中,佛教建筑有3卷。先后出版的这两套全集在大门类上采取一致的分类方法,选择代表作的角度、标准均有偏重审美价值的倾向,这些均暗合于立足门类、注重风格的传统美术史研究。2013年,由星云大师总编,约300位法师、140位学者参与编辑的20册《世界佛教美术图说大辞典》出版,具有重要的学术意义,对佛教美术史研究有着重要参考价值。辞典的资料范围,由中国扩展到亚洲各地的佛教艺术,显示了开阔的取材视野,但是采用的仍是传统的艺术分类与图像分析方法。

1980年开始,由中国文物出版社与日本平凡社合作陆续出版的17卷《中国石窟》,比较系统地发表了中国石窟艺术的重要作品及相关论文,对于中国佛教美术史的研究具有重要的推动作用。此套书附录中的石窟平面、剖面图,属于考古学常用的实测图,对于理解洞窟的整体性"道场观念"而言,具有十分重要的意义。由此可见,《中国石窟》编辑的角度、方法,一定程度上有别于以上两套中国美术全集。1999—2005年期间,由香港商务印书馆陆续出版的26卷《敦煌石窟全集》,针对敦煌石窟美术采用了新的分类方法与选编视角,丛书分为佛教、艺术、社会三大类,由此彰显石窟图像与佛教信仰、社会文化之间的紧密关联,佛教美术史研究的新角度、方法对史料的搜集、整理已经产生了积极的影响。

上述出版成果极大地丰富了我们对于中国佛教美术的门类知识,也让人容易了解中国佛教建筑、雕塑、绘画等的发展、演变历程,这是值得肯定的。丛书精选的图片大多是单件壁画、雕塑作品,其中不乏某个局部被特写放大的图片,它们便于读者看到古代匠师精湛的艺术技艺,感受他们丰富的艺术想象力、创造力,也让我们体会到图像采集者、编辑者对艺术之美的追求。然而,换一个角度来看,它们有自身难以超越的局限性,犹如一个精美瓷器破裂后的碎片被人工重新拼合为其他样式后,我们虽然可以欣赏到碎片的局部之美与新样式的独特性,却无法想象原初瓷器的整体形象,更难以把握其原初的功能。同样的道理,利用现代摄影技术,从特定视角采集出来的石窟、殿堂的一件件壁画或雕塑,已被转化为单件的、孤立的"艺术作品",再经过编辑者的重新排列、组合,编辑成门类艺术图册,它们由此脱离原初的礼仪、视觉环境,隐藏其中的整体性的"道场观念"被消解,理解它们的宗教、文化功能就变得更为困难。

从这个角度来看,一方面,中国很多寺院、石窟中的美术史料,有必要从整体性的"道场观念"的角度进行重新采集、整理;另一方面,考古学的实测图、原初环境的全景式照片等等可以作为新的史料,纳入采集者、编辑者、研究者的学术视野。这样可以改变我们对佛教美术史料的传统认知,中国佛教美术丛书的编辑、中国佛教美术的研究以及中国佛教美术史的编著,也将步入一个新的历史阶段。这里既有全方位的视角、多样化的分析方法,又有多层次的叙事模式。开阔的学术视野预示着中国佛教美术史研究领域有着广阔的学术前景。

灶神纸马研究[*]

林鋆生[**]

摘　要：灶神纸马最迟在唐代便已经出现。随着时代的发展，灶神纸马的样式内容开始日渐丰富起来：有灶神单独出现的，也有配祀灶神夫人的，形式多样，生动活泼。灶神纸马的出现一方面体现了人们生活具有很强的世俗气息，另一方面也体现着人们对自我生命，尤其是自我与神灵关系的一种思考。

关键词：灶神纸马　世俗性　自我认知

在已有文献中，有较多关于纸马的论述，其中具有代表性的作品是陶思炎的《论纸马的信仰背景与艺术基础》一文，耿涵的专著《中国民间造神：内丘神码与民间信仰实践》亦对纸马的发展有一个较为系统的梳理。但专门论述灶神纸马的文献相对较少，即使有论及灶神纸马的文献，也都是捎带而过，缺乏系统论述。因此，本文专就灶神纸马进行论述，试着厘清灶神纸马的缘起，并从图片学的角度来展现灶神纸马的类型，进而从宗教学的角度尝试挖掘其深层的符号意义。

---

[*] 本文系福建省社会科学基金项目"灶王经文献整理及其思想研究"（项目批准号：FJ2018X015）、宁德师范学院引进人才项目"闽东畲族灶神信仰研究"（项目批准号：2017Y02）的阶段性研究成果。
[**] 林鋆生，哲学博士，现为宁德师范学院语言与文化学院讲师；研究方向：易学与道家道教文化。

一、灶神纸马的缘起

清朝学者赵翼在《陔余丛考》中引《天香楼偶得》说:"俗于纸上画神像,涂以色彩,祭赛既毕则焚化,谓之甲马。以此纸为神所凭依,似乎马也。……然则昔时画神像于纸,皆有马,以为乘骑之用,故曰纸马也。"①清朝学者对纸马下了定义,简而言之,纸马即做祭祀之用的画着各种神佛图案的纸张。纸马"在各地民间形成了一些不一的俗称,诸如:'楮马''神马''神纸''神像''马纸''佛马''云马''马子''菩萨纸'等等"②。宋戴侗撰《六书故》卷二一记载:

> 唐明皇渎于鬼神,王玙始鉴纸为钱以代币,用纸马以祀鬼神。③

可见,纸马最迟在唐明皇时期便已经产生,"印绘纸马盛行于宋代,当时的寺院禅林,每逢祈祷或盂兰盆会,印造《般若心经》与纸马、纸钱,经罢焚化,谓人鬼异道,若火化之,则鬼得受用"④。引文说明对于普罗大众而言,纸马提供了一种更为方便的与神灵沟通的途径,因此日渐流行起来。

灶神纸马是纸马的一个有机组成部分,又称为"灶马",即当前我们所熟悉的灶神年画。"灶马"一词最早出现在唐段成式《酉阳杂俎》中,文中说道:

> 灶马,状如促织,稍大,脚长,好穴于灶侧,俗言灶有马,足食之兆。⑤

唐孙思邈的《千金要方》中亦言:

> 治诸疮癣疗不差方:水银壹斤,猪膏腊月者伍斤,右贰味,以铁器中垒灶马,通火七日七夜,勿住火炊之停。冷取猪膏,去水银,不妨别用以膏,涂一切诸疮,无不应手。⑥

---

① 赵翼:《陔余丛考》,栾保群、吕宗力点校,河北人民出版社1990年版,第608—609页。
② 陶思炎:《论纸马的信仰背景与艺术基础》,《广西民族大学学报(哲学社会科学版)》2011年第2期,第84—88页。
③ 《景印文渊阁四库全书》第226册,商务印书馆(台湾)1986年版,第398页。
④ 王树村:《纸马艺术的发展及其价值》,《美术研究》1990年第2期,第45—49页。
⑤ 段成式:《酉阳杂俎》,四部丛刊景明本,第92页。
⑥ 孙思邈:《千金翼方》卷二四,元大德梅溪书院本,第445页。

然而引文两处"灶马"似乎不是灶神纸马之简称,而当指某种类似促织的动物。《酉阳杂俎》中的意义明确,作者直言"灶马,状如促织",显而易见,这里的灶马并非指灶神纸马,而是指一种有生命的动物,但是《千金要方》中所言及的灶马则不确定是一种生物还是灶神纸马,因为两种意义在此处引文中皆可解释,故无法确定此处灶马的确切意义。"灶马"作为灶神纸马的确切记录则出现在唐李绰撰的《辇下岁时记》中:

> 十二月二十四日交年,都人至夜请僧道看经,备酒果送神,烧合家替代钱纸,帖灶马于灶上,以酒糟涂抹灶门,谓之醉司命。①

宋陈元靓《岁时广记》卷四〇中也引用了"醉司命"这一概念。显而易见,由所谓的"帖灶马于灶上"可知,这里的灶马便明确指的是灶神纸马。这便是灶神纸马的最早出处,此后,灶神纸马便成为祭灶时的一个主要象征符号,一直延续至今。

二、灶神纸马的类型

在祭灶活动中,灶神纸马种类丰富,各个地区由于区域的不同、风俗的差异,都各有特色。从笔者所搜集的资料以及中国厨房文化博物馆的馆藏灶神纸马观之,大致可以分为以下几种类型。

(一)单层图

单层图灶神纸马又分为以下几类:

1. 单独一位灶神

如图1所示:该纸马简洁明了,图中灶神单独出现,没有配灶神夫人,灶神身前的案桌亦极为简单,左右仅仅各有一犬用以看家护院。这是灶神纸马中较为简单的一种形式。

2. 配祀一位夫人

如图2所示,灶神配祀一位灶神夫人,左右两边各有两个小人,皆属于灶家神灵里的人物,具体职责不明,当类似于今天的助手之角色,例如运水童男、搬柴童女等。案前摆着香炉、烛

图1 灶神纸马(一)
图片来源:图1—16均来源于河南省中国厨房文化博物馆。

---

① 陶宗仪:《说郛三种》,上海古籍出版社1988年版,第329页。

台、锦囊,象征吉祥和财富。整个画面色彩鲜艳,充满喜庆之感,世俗色彩浓厚,可以体现春节前人们的喜悦心情。从顶端交叉的两面五星红旗可以推出,这张灶神纸马当是 1949 年以后的物品。

3. 配祀两位夫人

图 3 和图 4 的特征是以灶神为主神,其形象在图中占据了很大比例;两位夫人则显得无足轻重。整个画面以灶神为主,他正襟危坐于画面中央,两位夫人只是作为衬托而出现的,她们以

图 2　灶神纸马(二)

站立的姿势出现,若侍女般陪衬于灶神左右。灶神夫人更多只是由于一种世俗情感的需要而出现在灶神的左右两侧,在一定程度上实则体现了人们"娱神"的目的。人们希望通过灶神夫人的出现,从而更好地让灶神"上天言好事",此举与神话中所描述的向河神进贡少女之事件有异曲同工之处。同时这也是阴阳和合思想的具体体现,即所谓"一阴一阳之谓道"①,天地相交则泰,天地不交则否,即使是神灵,他们也要遵行这样的行为规则,就像希腊神话中的神灵虽然神通广大,但是却逃不出"命运"的约束一样。

图 3　灶神纸马(三)　　图 4　灶神纸马(四)

(二) 双层图

双层图灶神纸马可分为以下几类:

1. 配祀一位夫人

图 5 中,灶神和灶神夫人在第一层,周围是福水善火等灶家成员,他们簇拥在灶神、灶神夫人左右;第二层则是灶神骑马到南天门报告人间善恶。因此,这张纸马在

---

① 黄寿祺、张善文:《周易译注》,上海古籍出版社 2004 年版,第 503 页。

空间安排上说明了天在人与灶神之上。与此不同的是,图6中,灶神夫妇在第二层,第一层的图像则描述了一个家庭其乐融融地出来迎接财神的情景。若将两张纸马叠加起来看,似乎可以看出灶神正好是沟通天人的枢纽角色。

图5　灶神纸马(五)　　图6　灶神纸马(六)

2. 配祀两位夫人

图7和图8的主要区别在于颜色以及灶神夫妇的位置。图7为彩色纸马,以红颜色为主色调,这也是灶神纸马的主要色调,象征吉祥、喜庆、富贵;灶神夫妇的位置在第二层。图8为黑白纸马,灶神夫妇的位置在第一层。

图7　灶神纸马(七)　　图8　灶神纸马(八)

(三) 三层图

三层图灶神纸马又分为以下几类:

1. 配祀一位夫人

图9的主角为位居第二层的灶神夫妇;第一层为财神,中间的聚宝盆也是纸马中的一个重要符号,象征财源广进;第三层则为送子娘娘,象征着子嗣繁荣;分立两旁的则是八仙像,八仙过海各显神通,寄托着人们希望自己在现实社会中亦能有十八般武艺来面对各种困难。图10中,灶神夫妇也是位居第二层,二者中间放着一个聚宝盆,

但是灶神夫妇图像所占的比重较小，整个画面所突出的乃是第一层和第三层的灶神。一、三两层的灶神左右簇拥着灶神家族的各个成员，若众星拱月，由此进一步突出灶神的地位。左右两列同样也是八仙图。

图9　灶神纸马（九）　　图10　灶神纸马（十）

2. 配祀两位夫人

图11所展示的是一位灶神配祀两位夫人的情况，图中的其他人物亦为八仙与灶家神灵，整个画面虽然五颜六色，但是却通过白色把灶神夫妇很好地突显出来。灶神夫妇处于最高的第三层，人物所占的比例也最大，以此说明其在纸马中的核心地位。

（四）特殊类型

图11　灶神纸马（十一）

上述的各种类型皆以图片的层次和灶神配祀夫人为标准来划分。以下主要叙述灶神纸马中的特殊类型。

1. 特殊形象

如图12所示，灶神于此图中仍与火神形象相联系，其名为"火帝真君"，其形象与后世的官员、老者形象有着鲜明的差异。图中灶神（火神）额头中央有一只眼睛，乃是明察万民善恶而丝毫不爽的重要象征；整张脸部皆为红色，且有象征光明的一圈光环，同时手持利剑，此剑是体现灶神赏善罚恶以及拥有巨大权力的重要符号。

2. 特殊地点

图12　灶神纸马（十二）

如图13和图14两图所示，灶神乃是在厨房中出现。这两张灶神纸马更具有故事色彩和叙事效果。主炊事的人在厨房中炊爨，灶神便出现在升起的青烟之中，亦神亦鬼，人们可予以不同解读。显而易见，这两张图中灶神出现的地点与他处不同，同时亦非正襟危坐，更能体现灶神与厨房的紧密关系。

图13　灶神纸马（十三）　　图14　灶神纸马（十四）

3. 特殊时间

图15和图16出现在"文革"前后。在"打倒牛鬼蛇神"的口号下，灶神自然不可避免地也属于被打击的对象，于是乎灶神纸马中的各种形象都发生了相应的变化。灶神夫妇变为一对现实生活中的寻常夫妇，笑容可掬；灶家神灵变成了一个大家庭中的晚辈，其乐融融；八仙也变成了八个凡人：总而言之，就是以凡人代替了之前的神灵。但是整个纸马的主色调还是不变，以红和黄为主，传递给人喜庆吉祥之感。

图15　灶神纸马（十五）　　图16　灶神纸马（十六）

4. 特殊材料

随着经济的发展，人们的生活水平逐渐提高，生活方式也在慢慢发生改变，部分人群对原有的风俗习惯做出了适当的调整。从灶神纸马的角度言之，一些人为了省时省力，直接把灶神纸马印在瓷砖上，这样便不用年年更换灶神纸马。图17所展示的就是这种情况。对这种现象，仁者见仁，智者见智，但这就是一种客观存在，是民间信仰的一个生动活泼的表现。这种转变实实在在地表现出人们随着生活节奏的变化而对原有事物态度的转变。而在一些偏僻的农村地区,也有少数家庭直接在厨房墙体上做一个神龛,以供奉灶神,保佑家庭平安。

图17　灶神纸马（十七）

图18　灶神神龛

"灶"是每个家庭最重要的组成部分之一。一者,它代表了饮食;次者,它象征着子嗣传承;再次,它意味着追思祖先;最后,它体现了赏善罚恶。因此,人的两大特征,即"食"与"色",在灶这个意义符号中皆得到了鲜明的体现。自然而然,灶神崇拜也成了较为普遍的崇拜。在这种信仰的推动下,灶神纸马也成了流行的纸马之一。四川、福建、广州、海南、湖南、湖北、江西、河南等省份皆有小年祭灶习俗,灶神纸马仍被广泛使用。

三、灶神纸马的文化内涵

灶神纸马的文化内涵主要包括两个方面:第一,从灶神纸马的形式和内容来说,都落在"马"这一符号上;第二,透过这些表象,更深层次表达的是主体对生命的一种思考和认知。

（一）"马"的意象

灶神纸马,"纸"说明了制作材料,而其文化符号内涵则主要落在"马"上面。"马"象征着力量、光明和阳刚之气,是"乾"的一个重要象征。《白虎通·封公侯》曰:"马,阳物,乾之所为,行兵用焉。不以伤害为度,故言马也。"此即言说马乃阳刚之物。《周易》有言:"乾,健也;坤,顺也;震,动也;巽,入也;坎,陷也;离,丽也;艮,止也;兑,说也。乾为马,坤为牛,震为龙,……兑为羊。"朱熹注:"'远取诸物'如此。"①书中又言:"乾为天,为圆,为君,为父,为玉,为金,为寒,为冰,为大赤,为良马,为老马,为瘠马,为驳马,为木果。"②从引文可见,"马"与"乾"卦有着密切的联系。若朱夫子所言,"马"乃"乾"卦"远取诸物,近取诸身"③而得到的一个具体形象。所以,人们又自然而然地将"马"与"乾"卦的代表符号"龙"相联系,以强调"马"作为阳物的突出特征,因此,"马"也成了现实世界中分享了"龙"的特征的主要动物之一。《周礼·廋人》有言:"马八尺以上为龙。"④此言"马"与"龙"同源的可能性,关键只在于马的大小,能高于八尺者则为龙,"为龙"于此处或许有两层意思,一者言其真的变成龙;二者言其在很大程度上具有了龙的特性,但形象仍是马。无论取何种解释,这句话直接说明了两种形象之间的密切联系,而这种联系则是"纸马"选取"马"作为其符号象征的重要内在原因,即希望通过类比的思想,最大限度地扩大人的意志所能到达的境地,从而实现自己与神灵世界的沟通。"龙"这一符号所具有的内涵直接体现在它乃是神化的存在物,它分有了神的属性,为人所熟悉但却又离人十分遥远,龙的这种象征性从乾卦爻辞中便得到了很好的体现。这种似近还远的特性与"举头三尺有神明",然而又"视之不见,听之不闻,搏之不得"(《道德经》第 14 章)的神灵,正好极为相似。人们希求在现实中寻找到这样一种具有"似有还无""似无又有"特性的存在,即一种具有神性的存在。由于"马"所体现出来的与"龙"的共通性,于是人们便把"马"这一特殊符号作为中介运用到纸马当中,试图实现这一愿望。

从另一个角度观之,马在当时的现实生活中又是极为重要的交通工具,"服牛乘马,引重致远,以利天下"⑤,良马可日行千里,斯可致远,利于天下,其力量令人叹服,其作用举足轻重。《初学记》卷二九引《春秋说题辞》言:"地精为马,十二月而生,应阴纪阳以合功,故人驾马。任重致远利天下。"⑥"天下有道,却走马以粪;天下无道,戎马生于郊"(《道德经》第 46 章),无论天下有道、无道,马皆在人们生活之中扮演着重要角色,成为一个重要的生活工具和文化符号,这些皆说明了马在人们生活和文化当中的重要作用。马作为鬼神上天入地的坐骑便成了顺理成章的结果。

因此,由文化符号与现实作用,以及观物取象的类比思维等因素共同决定了"纸马"这一意义符号的出现。从人们与灶神纸马的关系中,我们可以提取出这样一种关

---

① 朱熹:《周易本义》,廖明春点校,中华书局 2009 年版,第 264 页。
② 朱熹:《周易本义》,廖明春点校,中华书局 2009 年版,第 265 页。
③ 朱熹:《周易本义》,廖明春点校,中华书局 2009 年版,第 246 页。
④ 郑玄、贾公彦:《周礼注疏》,彭林整理,上海古籍出版社 2010 年版,第 1262 页。
⑤ 朱熹:《周易本义》,廖明春点校,中华书局 2009 年版,第 247 页。
⑥ 《景印文渊阁四库全书》第 890 册,商务印书馆(台湾)1986 年版,第 464 页。

系,即"人—马—龙—神鬼—人"的关系,这里需要强调的是,由"人"出发,到达"神鬼"之后,还要再复返回到"人",而并非仅仅停留在"神鬼"上。"人"的行为和思想总是直接或间接地返向"人"本身,这是"人"的局限和自利的体现,同时又是"人"的能量与魅力所在。这与我们民族围绕天地人三才之道来建构文化的主要趋势是不谋而合的。我们需要看到的是,正是"人"的这种特性从根本上决定了灶神纸马的存在,这是灶神纸马之所以产生的更深层的原因,即"人"存在一种不断返回自身的精神需要,这种内在需要乃是人的生存需要的一种自然延伸,而灶神纸马的产生则是这种内在需要的具体表现。

(二) 对生命的态度

民间信仰是我们民族理性发展后的一种集体选择。灶神纸马生动地表达了普罗大众对生命的态度,这种态度主要体现在两个方面:其一,对祖先的崇拜;其二,对人神关系的思考。

1. 对先祖的崇拜

周朝以礼养民,同时以礼治民,并以此为手段建立了一个宗法性社会,"敬天法祖"成为一个重要思想。相对于商朝,这可以说是思维方式和生活方式的一个重要转变,这种转变对后世人们崇拜祖先的行为有着深刻的影响。"祖先"的概念被提到了一个新的历史高度,"先祖者,类之本也;……无先祖恶出",先祖与天地、君师一起成为"礼之三本",不可偏废,"三者偏亡,则无安人"①,因此,"祖先"的概念成为治国安民的一个必要手段,成为政治建构的一个重要环节。灶神信仰在先秦时期便是在此大环境中演变发展的,此时的灶神崇拜已经从原来的火神崇拜转变过来了,由野外转向屋内,由流动转向固定,成为家的一个重要组成部分。此时,在礼允许的范围内,百姓只能祭祀灶神。在当时重视祭祀先祖的大背景下,百姓在自己少有能进行的祭祀中自然蕴含了对先祖的祭祀。

到了汉朝,亦十分重视礼乐的教化作用,"汉兴,拨乱反正,日不暇给,犹命叔孙通制礼仪,以正君臣之位"②,他们认识到"乐以治内而为同,礼以修外而为异;同则和亲,异则畏敬。……王者必因前王之礼,顺时施宜,有所损益,即民之心,稍稍制作,至太平而大备"③,礼乐一直都是统治阶层维护统治的一个必要手段。这种礼乐规范的重要体现便是三纲五常思想的提出,掌权者以之来规范人与人之间的关系,于是周代

---

① 司马迁:《史记》,中华书局 1982 年版,第 1167 页。
② 班固:《汉书》,中华书局 1962 年版,第 1030 页。
③ 班固:《汉书》,中华书局 1962 年版,第 1028—1029 页。

时提倡的"敬天法祖"逐渐转变为"父为子纲""夫为妻纲"等更具有社会规范意义的伦理纲常,其控制范围进一步缩小到家族。随着姓氏制度的确立①,渐渐形成一个以家族为单位的极为严密的道德价值网,以使人们依据这些主要的价值判断来规范自己的一言一行。"家"的概念正式成为建构社会伦理体系的核心概念。灶神作为家神,成为家的重要象征,《灶王经》中规定敬天尊祖、父慈子孝、夫妻和睦、妯娌协调、珍惜食物等内容,其中很重要的一个特点就是承载着对先祖的思念。小年祭灶亦是祭祀祖宗。在很大程度上,灶神就是祖先的一种象征。在祭灶过程中,焚烧灶神纸马这一行为就是一个重要的意义符号。灶神纸马具有易燃、便宜、画面形象传神等特点。当点起火时,灶神纸马在短时间内化成灰烬,明亮的火光象征着光明和祭祀者的期望,以及信仰的纯粹性。在一定程度上,这种由灶神纸马燃烧而发出的火光可以看作个体内心信仰外化的一种具体的表达方式。当最后火星熄灭时,祈祷者的内心或有怅然若失之感,因为"火光"消失了,而这些火光又正好是希望的象征,祈祷者因为火光的消失,心中的希望转成一种不确定的因素,但是这种不确定感又会随着之前的祈祷与希望而变成"二次希望",这种"希望—失落—二次希望"的模式正是人们在现实生活中很难避免的生活模式。这种模式既是人们在信仰过程中的心理体验过程,也是现实中"希望—失望—希望"不断循环的生活形态的反映。民间信仰的一个重要意义就在于可以很好地克服这种循环模式所引起的不确定性和失落感。对于灶神信仰而言,对这种不确定性和失落感的克服,很重要的一点就在于把祖先作为一个重要的中介和意义向导。这也是祭灶和祭祀祖先能够合二为一的一个深层原因。在客观意义上,灶神纸马表现了人们在现实生活之中的某种生活状态和行为惯性,成了民间信仰的一个典型的表达方式,承载着人们朴实而纯真的信仰。从灶神纸马这个意义符号中便可以窥探出其中所积淀的文化信息,这些文化信息便成了灶神纸马文化内涵的一个重要方面。

2. 对人神关系的思考

灶神纸马在一定程度上体现了人们信仰的世俗化,这种世俗性可以说是人们集体选择的结果,客观上也说明了人们对人神关系的集体认识。对普罗大众而言,他们大多不会理性地考虑人神关系这个层面的问题,虽然如此,仍有两个方面的原因导致了这种结果的发生。首先,灶神信仰并非仅仅限于普罗大众,上层社会也涉及灶神信仰,而这些人群中便有部分人群会将灶神作为中介来思考人神关系;其次,虽然普罗大众在主观上并未做出此般思考,但是在客观上确实存在这一层面的思考,这种客观

---

① 参见徐复观:《两汉思想史》,华东师范大学出版社2001年版,"自序"。

思考主要体现在人们在现实生活中对待灶神的"日用而不知"的指导思想和具体言行举止之中。这两个方面的共同作用使得灶神信仰呈现出自身的发展轨迹。

灶神纸马呈现出来的多数都是一副和气融融的俗世景象。观之颜色,以红色和黄色为主要色彩。红色和黄色本身都是暖色调,代表着光明与温暖,在我国还有富贵、祥和的意义。因此,这些极具民间气息的灶神纸马便更多地使用了红色和黄色,以寄托人们希望获得吉祥、富贵的心理。如果追溯更深层次的原因,则要追溯到《周易》思想中去。《周易》尚黄,五色之中,黄色代表了中央土的颜色,统领四方。而红色则象征五行中的火,这自然与被称为祝融之神的灶神息息相关。因此,这两种颜色便成为灶神纸马的主要颜色。灶神纸马中,灶神形象多是和颜雍容的老者和官员形象,这一方面说明了灶神在不断的发展演变中日趋世俗化,人们与灶神之间的关系日益密切,另一方面也体现了民间信仰乃是一种较为活泼的信仰存在形式,是普罗大众对自我与神灵之关系进行思考后而得出的一个相对理性的结果。

人神关系是一个需要去严肃对待的命题。此处需要说明的是,"神"并不只是指待一种神秘存在,它还具有一种形而上的色彩,如《易传》所谓的"阴阳不测之谓神"[①]。无论我们是否有理性地思考这一关系,但是不可否认的是,这个问题一直作为一个基本问题影响了人们生活的方方面面。我们对"神"这个形象会有不同的理解,但是当我们仔细思考时,便可发现这个概念实则或隐或显地表现在人们生活的举手投足之中。儒家对祖先的重视,道家对大自然的推崇,佛家对佛陀、菩萨的尊奉,这些都可以被看作人对"神"的重视之体现。"神"在这里并非特指某种类似于基督教上帝之类的独立存在,它是一个泛化的概念,可以说一切万有皆"神",而一切万有又是对"神"的否定,"神"指一切,而一切又非"神"。"神"在既是且非、非是非非以及非非是非非非的形式中得以展开和完成。程氏言:"夫天,专而言之则道也;分而言之,则以形体谓之天,以主宰谓之帝,以功用谓之鬼,以妙用谓之神,以性情谓之乾。"[②]"神"在程氏看来,已经成为"天"的一种妙用,即"神"与"天"产生了重要的联系。于是"人神"关系,在我们文化的价值范畴中便在很大程度上被转化为"人天"关系。

透过灶神纸马,我们可以看到人们对自我身份、位置的一种观察和思考,同时也通过观察自我来重新审视自我与灶神信仰的关系。与八卦卦象和卦爻辞之间的关系相类似,灶神纸马更多体现为一种象,这种象又会通过具体的经文表现出来。因此,从灶神纸马中所表现出来的主体对自我身份、位置的思考便会更加具体地转化成文

---

① 朱熹:《周易本义》,廖明春点校,中华书局 2009 年版,第 229 页。
② 程颢、程颐:《二程集》,中华书局 1981 年版,第 695 页。

字,以一种更为直接的方式来表达这种人神关系。如《灶王新经》中有言:

> 每年八月初三日,灶君圣诞之辰,又同月二十四日,夫人李氏诞辰,俱宜庆祝,虔诚斋供一筵,香烛一堂,诵经礼忏,庆祝圣寿,自然人眷平安,消灾免难,转咎为祥。又于每年十二月二十四日,灶君升天,二十三夜虔设香花灯果化财奉送,至三十日,灶神回宫,复设斋供迎接。何罪不消,何灾不灭,何福不至,何求不应,自然转贫为富,转贱为贵,转祸为福也。即说咒曰:
> 家有灶王经,鬼魅不敢侵。
> 家有灶王经,财旺家道兴。
> …………
> 家有灶王经,疾病不缠身。
> 家有灶王经,疫疠远离门。
> 家有灶王经,富贵保长春。
> 家有灶王经,水火不能侵。
> 家有灶王经,子贵并孙荣。
> 家有灶王经,百福自骈臻。
> 说此咒已,一切男女,皆大欢喜,信受奉行,作礼而退。①

引文一方面表达了灶神信仰对人们提出的要求,如在灶神、灶神夫人诞辰以及腊月二十三夜晚需要设斋供奉,如果人们能够如此言行,那么灶神所给予崇拜者的承诺则是"何罪不消,何灾不灭,何福不至,何求不应,自然转贫为富,转贱为贵,转祸为福";另一方面则表达了人们对灶神信仰的态度,即人们希望灶神能够保佑家庭和谐美满,使得"鬼魅不敢侵,财旺家道兴,三灾即除根,八难自离身,男女得安宁"。这种期许便是人们对灶神信仰与自我关系思考后的一种结果。这种结果更多是以个体处于一种被动地位的立场上言说的,信仰者在客观上将自我置于灶神的对立面,希望通过对灶神的礼敬行为而得到灶神的庇佑。这也是民间信仰的一个典型的心理结构:信仰者—愿望—崇拜行为—崇拜对象。将之再进行抽象,便可得到"信""愿""行""神"以及由上述四者相互作用反馈而形成的"报"与"返"这六个符号。"报"乃是由"神"而指向"人",是"神"对"人"所进行的系列行为的反馈;"返"则是由"人"指向"神",是"人"对"神"的反馈所做出的再次反馈,是一种重要的动力,如《道德经》中所

---

① 《灶王新经》,宾阳大新村藏板,同治辛未年刊刻,藏于中国厨房文化博物馆。

谓的"反者,道之动"(《道德经》第 40 章),如此形成一个循环。这个循环过程中各个因素都会发生相应的变化,而这些变化便是主体对神人关系思考的结果。可以说灶神纸马正好与灶王经书相得益彰,两者相互补充,相互解释。因此,在灶神纸马中,透过"象"我们可以观察到这一信仰中存在的"意",这个"意"落实到现实层面就是信仰者的具体崇拜行为,表现在心理层面就是上文所述的心理结构。这正是人们对人神关系进行思考后的一种自然结果。

四、结语

灶神纸马肇始于唐代并发展至今,在此过程中,慢慢成为一个重要的民间信仰[①]符号。灶神纸马所体现的文化特质生动活泼地体现了我们民族对人神关系的一种思考,以及由此而做出的文化选择。这种思考和选择从根本上都是指向"人",而非"天""道"或者"神"。我们的民间信仰正是基于这种前提来建构自身的文化。灶神纸马形式丰富,内容活泼,体现了浓厚的"人"的因素。在研究灶神信仰的基础上,我们亦可由灶神纸马所反映出来的文化符号意义去进一步探讨民间信仰的文化内涵、民间信仰对文化建构的意义、民间信仰在人们生活中究竟扮演何种角色、民间信仰的未来发展趋势等问题,切不可将民间信仰等闲视之,或仅仅从所谓的信仰虔诚性[②]这一角度出发而将之置于佛教、道教、基督教等制度性宗教之下。

[①] 需要说明的是灶神也被纳入道教的神灵信仰体系中,因此也是一个道教神灵。但从灶神信仰长期的传播和存在形式观之,其更符合民间信仰这一范畴。
[②] 尤其不能简单地从西方一神教的角度出发而否定民间信仰的虔诚性,甚至直接否定民间信仰的合理性,而认为民间信仰并非信仰。

珍稀文献整理与研究

天柱县高酿镇春花村文书研究*

栾成斌 杨莎莎**

摘 要：清水江文书是清水江流域散存于民间的珍贵历史文献，是深入分析研究明清以来贵州东南部与周边地区社会生活、经济、政治、文化全貌的重要原始契约史料。天柱文书属于清水江文书的一部分，深刻反映了天柱县少数民族地区历史发展的各个方面，对于研究贵州乃至更广地域内明、清、民国时期的相关历史都具有极高的文献参照价值。本文主要是对天柱县高酿镇春花村文书的介绍与分析，以春花村的部分契约文书为个案，结合当地历史与社会发展的背景，首先对春花村的概况做一个简单的介绍；其次探讨春花村契约文书的分类及其总体特点；最后，对春花村有代表性的部分文书进行分析，主要涉及田赋制度、农民起义、鱼鳞册、土地契约、家庭事务处理契约这五个方面。

关键词：清水江文书 天柱文书 春花村

---

* 本文系 2018 年度教育部人文社会科学研究青年基金西部和边疆地区项目"明清以来湘黔桂多民族互嵌地区的开发治理及族群互动研究"（项目批准号：18XJC770010）的阶段性研究成果。
** 栾成斌，男，山东青岛人，历史地理学博士，贵州大学历史与民族文化学院区域历史与土司文化研究中心主任，讲师，贵州省中华传统文化与贵州地域文化研究中心兼职副研究员，贵州省社科院黔学研究院研究员，贵州省历史学会常务理事；研究方向：区域民族史、经济史。杨莎莎，女，贵州省天柱县人，贵州大学 2020 级民族学硕士研究生。

一、春花村文书的种类及特点

(一) 天柱县高酿镇春花村概况

契约文书对研究天柱县高酿镇春花村的历史是极其重要的资料,它是当地人进行交易立约的一种保障,不仅可以准确地看出该地方的习俗与法规,而且对了解该地的社会经济发展历史有着重要的作用。

高酿镇位于天柱县南部,距县城 12.5 千米,东邻坌处镇,西交石洞镇,南接锦屏县,北连凤城镇。全镇共辖有 35 个行政村,1 个居委会,406 个村民小组,近 7100 户,总人口约 30 000 人,其中侗族人口众多,占 99.8%。① 高酿地名的来源与侗族人民有着莫大的联系。据说是"因其地势较高,冲头有股清泉注入其间,能灌溉大片良田,故名高酿"②。其中,"灌溉"在侗语中称"酿",因此有了此名。该镇境内作为侗族聚居区,至今仍保留着淳朴的侗族风情。居民居住处大都依山傍水,建筑风格也多为干栏建筑,青瓦堂舍,宽敞明亮。当地保留下来的历史文物也颇多,其中被列为天柱县人民政府文物保护的有丰保村的"抗日阵亡将士纪念碑""硝洞风雨桥""高酿碉堡",地良村的"龙氏宗祠"等。

春花村则处于天柱县高酿镇东部,距离镇中心 5 千米。村委会驻地上花冲,辖 10 个自然寨 695 人;有田 33 亩,土 191 亩,主水稻,小麦、玉米、薯类次之。天柱八景之一的"春花夜月"就在此村。③ "春花夜月"位于高酿镇东部良台右侧,距县城 17 千米,地处山冲,一条小溪由西向东,经坝中注入溪口河,全长约 18 千米。在良台自然寨右侧沿溪而下的山畔上,有一巨大崖壁,中部有一酷似脸盆的圆形异石,映见着时晦时明的月光,好像天空明月映入崖壁前方池塘的水底,"春花夜月"也因此而得名。

(二) 春花村文书类型及特点

1. 文书的种类

高酿镇春花村收集到的文书种类较多,内容丰富,其中数量占比较多的是土地买

---

① 杨德润主编:《天柱县民族·姓氏·村镇·文物集成》,天柱县文体广播电视局内部印刷 2007 年版,第 564 页。
② 杨德润主编:《天柱县民族·姓氏·村镇·文物集成》,天柱县文体广播电视局内部印刷 2007 年版,第 564 页。
③ 黄再琳主编:《贵州省天柱县地名志》,天柱县人民政府 1987 年版,第 143 页。

卖契约。从文书的性质区分,春花村文书可分为官方文书和私人文书。官方文书是指民众与地方政府、中央等有关的文书,如执照、鱼鳞册。从春花村收集到的文书看,遗留于民间的官方类文书占比较少,包括三里均摊案、打仗原委记录、鱼鳞册、土地管业执照、纳税凭单、纳粮清单、田赋收据、民国年间天柱县新契申请书、陈报单收据、拨册立户凭单等。时间跨度从光绪十三年(1887年)到民国三十一年(1942年),其中有一份纳税凭单和新契申请书年份不详。

私家文书是指民众在日常生活中因为某种需要而订立的文书。此类文书的作用是相互制约,但非强制性的。买卖、合同等类型的契约都属于私家文书,春花村的私家文书按类型可划分为买卖契约、婚姻契约、析产契约等。

买卖契约的内容主要是各种动产与不动产之间的交易,如田地、房屋及基址、阴地、山场等。"立卖(买)某契字人"指明契约种类为买卖契约、要买卖的东西和买卖东西的人;正文"今因家下要钱使用,无所出处",说明签订契约的原因;然后详细说明要进行买卖物品的情况;最后有签订日期及凭中人签字。此为春花村一则完整的买卖契约所包含的基本要素。契约一旦签订,所要买卖的内容的所属权就发生了转移。①

婚姻契约,指与婚姻中人身关系或财产关系相关的一种契约文书,还有陪送土地文约以及与婚姻相关的纠纷契约。离婚书是处理婚姻矛盾的一种契约文书,签订该文书主要是为了处理夫妻共同财产的分配以及离婚后双方人身自由、婚嫁不受任何约束的问题。春花村文书中关于婚姻契约的文书很少,只有一份"民国十五年九月二十日龙政保休妻手摹字"②。

析产契约,指家庭、家族成员或者合伙人之间分家析产时所出的一种书面约定,标的物有房屋、田地、银钱、家具等。不同的地方对此类文书的称呼也不同,有分关文约、遗嘱分关、分关书、分关合同等。分关书是民间用来解决家庭财产分配纠纷的,一则分关书契约要写明财产分给哪些人、如何分,在族人的见证下,分关书具有了约束力和合法性,是被承认的一种民间法律,且对于纠纷的处理和解决具有重要的作用。

2. 特点

关于春花村文书的特点,主要有以下几个:第一,文书的时间序列完整。从现在已收集到的春花村文书来看,时间起于乾隆年间,以民国时期数量最多。现已见到最早的春花村文书为抄录于光绪十三年(1887年)的《三里均摊案》,最晚的为"公元一九五零年二月十五日龙贵登卖田地字"③。第二,统一归户。春花村文书较为集中,

---

① 裴晓婷:《契约文书的种类研究》,《兰台世界》2019年第4期。
② 张新民主编:《天柱文书》第1辑,江苏人民出版社2014年版,第167页。
③ 张新民主编:《天柱文书》第1辑,江苏人民出版社2014年版,第259页。

大多是一人手里保存有很多份,且根据立契人的姓名和契约文书持有者的姓名,可以知道两者大多有一定的关系。因此,我们可以通过了解文书持有人的家庭历史来了解文书的背景,这也有利于我们更好地认识隐藏在文书背后的社会结构。第三,种类繁多,内容丰富。春花村的契约文书种类繁多,大体而言有山林油树、田土等土地权属买卖契约;房屋、宅基地、阴地权属买卖契约;家产析分合同、土地交换契约、休妻书等私人文书;还有三里均摊案、打仗原委、鱼鳞册以及土地管业执照和各种收据凭单的官方文书。除此之外,文书的内容涉及也十分广泛,有土地制度、赋役制度变革、民间纠纷调解、婚丧嫁娶、地方习惯法等。第四,具有民族性。春花村是侗族人口聚居生活的地区,他们作为原住民,世代在此繁衍生活;契约文书是在他们生产生活中产生的,因此具有该地的民族特色。

二、春花村文书分析

(一) 土地清丈与赋税

官方文书与民间文书不同:官方文书所包含的内容关系到中央对地方的治理情况,我们可以从中看出中央与该地的联系。因此,春花村文书中《三里均摊案》和鱼鳞册不仅对天柱县有关土地问题的研究具有重要意义,同时也对有关中央对天柱县的治理的研究有重要作用。

1.《三里均摊案》

春花村的《三里均摊案》文书是一份光绪十三年(1887年)摘抄的呈报公文。该文书为我们提供了有关乾隆二至九年(1737—1744年)间天柱县少数民族地区赋税征收定额和摊丁入亩的直接证据。文书的详细记述对文字资料较少的天柱县少数民族地区赋税征收做了重要的补充。在向我们揭示了田赋征收的复杂过程和之前在田赋方面存在的种种弊端的同时,文书也记载了在此期间地方官员对田赋变革做出的努力,对研究天柱县田赋制度的改革具有重要的作用。

(1) 土地清丈问题

天柱县属苗族侗族聚居区,土地类型除了官田、屯田、民田等外,还有由少数民族耕种的"苗田"。天柱县建县是在明朝万历二十五年(1597年),土地清丈的实行则是于万历二十九年(1601年)开始的,但这个时期的清丈对象只是屯田、民田等,"苗田"并不包括在内,直到康熙年间苗田的纳税方式依旧是纳无亩秋粮,乾隆四年(1739

年)才正式开始对少数民族所居住的村寨进行田地清查。但由于山田的极不规整,丈量也仅以当时糯禾产量的计量单位"稆"作为测算田赋的依据去估算田地产量。正因为无法准确地对土地进行清查,在乾隆九年(1744年)的时候出现了"吁天淮行救活贫民事"①。

据春花村文书《三里均摊案》记载:"其田原未清丈,并无亩数,只凭田形之大小,听各寨长口报秋粮……延今一百数十余年,册籍遗,编户名变更,实有卖田不卖粮之陋习,致有田去粮存之偏枯,更有户绝遗丁之赔累。"②因没有进行严格的土地清丈,只根据田型大小估算上报粮食的产量,导致部分人贪污,出现少报漏报的现象;加之当地卖田不卖粮的陋习,田主不断地变更,所拥有的田地和所上报的粮食数量上存在差别,更有人利用田地变更来逃税漏税;除此之外,还有欺压民众的情况。这些弊端自明代以来就在天柱县出现,给贫苦人民的生活带来了严重的灾难,也由此出现了天柱县士民杨建极等"举报田税"一事。

(2) 田赋变革

也正是由于苗田的存在,天柱县也有屯田、民田、苗田三套不同的赋税征收方法。其中以民田为主的地区,按照国家普通法定方式征收;以屯田为主的地区则"照靖州卫则例";少数民族地区的"苗田"赋役征收方式及纳粮税率,采用的是由当地户首自认总额的特别方式。然而,这种由当地户首自认总额的方式存在的弊端,直到乾隆年间爆发,出现了"贵州镇远府天柱县为照田当粮。吁天淮行救活贫民事"③一事。

"为照田当粮",朝廷开始对三里苗田进行清丈,但清丈土地远比想象中的要困难得多。这件事情从乾隆元年(1736年)十一月开始,一直到乾隆二年(1737年)十二月,天柱县令刘某到任后才布置查田清册,提出"饬令各该里户、里长,协同各花户、各所有之田,丘禾把处,实开报齐全,日纳查无弊,即按照各里之原粮并丁银改征之米,计禾稆均摊派"④。虽然查田一事最终开始进行了,但过程也十分坎坷。不仅遭到了"地棍阻挠",而且在不久后,主持查田的刘令也因"丁难"而离任了,这件事情再次被搁置下来。直到乾隆六年(1741年)十一月,新县令罗某到任,乾隆七年(1742年)同刘某推动普查田地工作,查田一事才得以继续。最终确定了田赋划分原则是"依据上中下三则田亩,出禾数目多寡,均摊粮米"。至此,照粮当田一案暂时画上了句号。

《三里均摊案》之所以受到如此多的重视,原因是它保存了比史志中关于粮赋征

---

① 张新民主编:《天柱文书》第1辑,江苏人民出版社2014年版,第3页。
② 张新民主编:《天柱文书》第1辑,江苏人民出版社2014年版,第4页。
③ 张新民主编:《天柱文书》第1辑,江苏人民出版社2014年版,第3页。
④ 张新民主编:《天柱文书》第1辑,江苏人民出版社2014年版,第5页。

收变革记载的更多内容,是史志缺失部分的补充。《三里均摊案》较为翔实地记录了乾隆二年至九年(1737—1744年)对居仁里、由义里、循礼里三里赋税的整理及过程,让我们了解到了其中的一波三折。而且,有学者通过《三里均摊案》所载乾隆时期照田当粮一事,认为"照田当粮一事不唯是整理赋税定制额则,从其记述内容看,实施照田当粮的过程完成了二件大事:丁银入田、丁银改粮"[①]。因此该文书的发现是在天柱少数民族地区赋税制度方面研究的一个突破,照田当粮一案可以被认为是天柱田赋改革的一个转折点。

2. 春花鱼鳞册概况

明朝建立后,朝廷为了普查土地和人口,制定了"鱼鳞册"和"黄册"作为赋役制定的基础。鱼鳞册为鱼鳞图册的简称,是土地清册和征收赋税的依据。发现于天柱县高酿镇春花村的"民国十六年正月春花鱼鳞册",对于清水江农村土地制度、地权分配的研究具有重要意义,作为西南少数民族地区少有的鱼鳞册,可以和前人关于其他地区的鱼鳞册研究进行比较研究,互为补充与印证。

关于这份鱼鳞册,在黄敬斌与张海英的《春花鱼鳞册初探》中分析了详细情况,并对鱼鳞册存在疑惑的地方进行了探讨。春花鱼鳞册利册,实有两册,第1册封面1页,内页49页;第2册内页74页,未见封面。[②]

利册第2册首页亦署"同治十二年遵依原本重抄"字样:

> 同治十二年遵依原本重抄
> 土名 高康 共计田壹佰壹拾玖坵 田形四至自北首起
> 东至南隆岭为界 西至高康岭为界
> 南至盘塘坡为界 北至高康坡为界[③]

鱼鳞册所登记的每号土地都标明了"四至",明确了地理位置。这不仅是业主确定田产范围的依据,也是官府对该地土地管理的依据。春花村鱼鳞册的记载格式如下:

> 第壹坵 周国泰 五不等形 下田
> 何加本 杨昌傅

[①] 林芊:《论清代贵州天柱民族地区田赋征收》,《原生态民族文化学刊》2013年第3期。
[②] 黄敬斌、张海英:《春花鱼鳞册初探》,《贵州大学学报(社会科学版)》2015年第2期。
[③] 张新民主编:《天柱文书》第1辑,江苏人民出版社2014年版,第32页。

东至杨通生田　西至本人田　南至本人坡　北至本人坡 禾捌稱①

鱼鳞册上记录的"第壹坵"旁边是田主名字,再是土地形状和土地类型;在"第壹坵"的下方则是两个人名,被认为是"业主",业主既有两人的,也有一人的;再就是田土四至以及产量。

"春花鱼鳞册"是研究天柱县土地分配、转移等相关问题的重要文书。关于鱼鳞册中的"田主"与"业主"之间的关系以及他们与每块地之间的关系、在鱼鳞册上这样标注的原因等都是需要我们去分析研究的。而对他们身份的考察,再结合典田、借贷文契的特点,可以显示出永佃制在当地耕地经营中的存在。

(二) 咸同年间的农民起义

一份咸同年间《咸同年间天柱县保安团忠义师扎营堵隘御敌打仗原委》文书,向我们展示了政府军对抗起义军的详细过程。因该文书所记载的是发生在咸同年间的战事,可知这是由咸同大起义引起的一场农民反抗运动。

在清朝咸丰元年(1851年)至同治十三年(1874年)这24年间,以苗族为主体的贵州各族农民在太平天国革命的影响和推动下,爆发了一次规模空前的反清大起义,史称"咸同大起义"。在此期间,贵州全省先后共有50支农民起义队伍参加了这次大起义。其中黔东南台拱张秀眉领导的苗族农民起义(1855—1872年),历时18年,几乎席卷全省,声威远及湘、桂、川、滇诸省。

事情的开端是地方官员压榨百姓,暴横无礼,导致当地苗民生活极其艰难。苗民在地方官的逼迫下奋起反抗,随后就逐渐发展成了一场大规模的起义。在起义队伍逐渐壮大后,"咸丰十一年,贵州提督田兴恕亦奉清廷令命乌江下游州县编练团练,镇压起义军。至同治十二年黔乱始平"②。此次起义规模之大和影响之巨,在贵州历史上都是绝无仅有的,而且还是太平天国运动的一个重要组成部分,在中国近代史上占有重要的地位。

这份春花村文书并不算完整,是从"三月十七,苗匪直扑循礼里黄桥一带,窜踞冷水沿,烧十余村"③开始记录,一直到八月二十七日,历经五个多月的时间,最终平定叛乱。文书没有具体年份和背景交代,只是按时间记录政府军与起义军之间的战争情况。该文书的记录较为详细,内容包括双方每次的战斗过程、结果,以及双方的行

---

① 张新民主编:《天柱文书》第1辑,江苏人民出版社2014年版,第32页。
② 张新民主编:《天柱文书》第1辑,江苏人民出版社2014年版,第13页。
③ 张新民主编:《天柱文书》第1辑,江苏人民出版社2014年版,第13页。

为。除此之外,政府军还对在战争中对敌人造成致命伤害的士兵以奖励,激起他们的战斗热情。该文书中事件发生的具体时间应为咸丰七年(1857年),这是结合"四月廿三午时分,天柱城失守,文武官俱逃脱,无人死者"①,以及在咸丰七年黔东南、黔南各路苗族起义军先后攻克下了凯里、锦屏、天柱、台拱、麻江、思州等资料推测而来的。

《咸同年间天柱县保安团忠义师扎营堵隘御敌打仗原委》文书是以镇压起义军队的视角记录了天柱县的苗民起义,虽然内容可能因为所处阵营有些许偏颇,但是此份文书不仅说明了咸同大起义的影响之广,同时也对研究天柱农民起义有重要作用。

(三) 土地契约

1. 土地买卖契

"买卖契"是契约类文书的主要部分,其中又以土地买卖文书为主。按照交易物品的不同,买卖契可以分为卖田契、卖土地契、卖山林契、卖房屋契、卖阴地契等几类。春花村的土地买卖契约,主要是指田、土、柴山沙土、油山、山场、房屋并基地、阴地等的转让契约文书。田土转让文书是最多的,时间从嘉庆二十二年(1817年)至民国三十六年(1947年),前后历时130年。

土地在我国农村不仅是生活的来源,也是经济的来源;不仅家庭围绕土地来运转,甚至整个农村社会都是围绕着土地运转的。因此由经营土地而形成的契约文书是研究土地问题、乡村社会发展的重要资料。下面是一份春花村的土地买卖契约:

同治四年三月二十三日林寿岗卖田契

立卖田契人林寿岗,今因家下要钱使用,无从得处,自愿将到土名六留坝上田壹坵,四不等形,收谷乙石,上抵龙文馥田,下抵龙智勇田,左抵龙东海田,右抵溪为界,载粮□合□勺,四至分明,要钱出卖。先问房族,无人承买,请中上门问到林喜仕、林喜乐叔侄承买。当日凭中三面言定价壹千陆百五十文,其钱交清,亲领入手,其田卖与喜仕、喜乐叔侄永远耕营为业,不得异言,恐后无凭,立此卖契永远存照。

代笔林天性

凭中林天必

同治四年三月二十三日立②

---

① 张新民主编:《天柱文书》第1辑,江苏人民出版社2014年版,第14页。
② 张新民主编:《天柱文书》第1辑,江苏人民出版社2014年版,第122页。文书原持有者:林顺祥;来源地:高酿镇春花村二组。

根据上面这份春花村的田土买卖契,我们可以看出一份土地买卖契约文书的主要内容:

一是土地持有者姓名,即卖田方姓名。可以是一人或多人,多人如"民国六年六月十六日伍门阳氏翠银、伍荣辉、伍荣仲等卖田契"[①]。

二是卖田原因,如"今因缺少用度,无从得处"。

三是土地地名、形状、位置四至、田地产量等。如上述契约中的"土名六留坝上田壹坵,四不等形,收谷乙石,上抵龙文馥田,下抵龙智勇田,左抵龙东海田,右抵溪为界,载粮□合□勺,四至分明,要钱出卖"。田地大小、产量多寡等表述,多以"收谷多少石(稛)"来具体表明,也有契约不会说明这些,只有田地四至。田地四至是必须具体示明的,一般以上抵、下抵、左抵、右抵或东抵、西抵、南抵、北抵等来说明其四至方位。

四是交易程序,一般是"先问房族,无人成就,才请中上门问到买主购买"。确定了价钱后由凭中证明签字画押,即表示交易完成。

五是明确了买主权利和卖主责任,如"其钱交清,亲领入手,其田卖与喜仕、喜乐叔侄永远耕管为业,不得异言,恐后无凭,立此卖契永远存照"。

六是署名、画押、盖章及立契日期。署名主要是凭中署名和卖主署名,如果卖主请人代笔则有代笔人署名。

除以上这六条以外,有的还会在卖田之前协商,如"父子商议、夫妻商议、兄弟商议等",表明所卖田产是征得家人同意所做的决定。

除了卖田契,还有部分卖房契。此类契约和卖田契相差无几。反映出地权转移相对自由、活跃。

2. 交换契

交换契主要是交换田地,交换双方因某种原因而进行土地交换,并且在"二人同心意愿"的情况下立合同签字。交换是改变土地、房屋等不动产所有权的一种方式,由于频繁地进行土地买卖和分家析产,造成土地越来越零散,业主很难将其连在一起,也不便于土地的耕种。交换可以减少双方间的麻烦,也有利于农民经营土地,提高效率。

下面这份交换合同中,双方因田地不便耕种而进行土地更换,双方把要进行更换的土地四至分明。交换后,土地将换到对方名下耕管为业,田禾将换,各管各业:

---

① 张新民主编:《天柱文书》第1辑,江苏人民出版社2014年版,第139页。

民国二十九年三月六日林昌成与林昌福拨换田地字

立拨换田地字人林昌成、林昌福,今因二人田地不便耕种,二人同心意愿相换,林昌成将土名是要盘大小三(叁)坵,上一(壹)坵东抵林启焕田,南抵讲(沟),西抵山,北抵林启焕田。下二(贰)坵东抵林昌模田,南抵溪,西抵林启焕田,北抵林启芳田,四至分明,将田拨换与林昌福耕管为业,田禾将换各管各业,二人同心意愿,并无压别(逼),知情自换之后,不得异言,恐口无凭,立有拨换为据。

拨换合同(骑缝字)

代笔林启芳

民国二十九年庚辰岁三月初六日立换①

交换契与买卖契不同,它的交易程序相对简单。从土地买卖契和交换契可以看出,春花村的地权转移相对自由、活跃。人们可以根据自身需求对土地进行买卖,并不会受到制约。这也说明了春花村农民的土地数量比较多,且大多都是归自己所有,拥有土地的支配权。

(四) 家族事务处理文书

天柱文书中除了买卖类契约,也有许多事涉分家析产、离异休妻、邻里纠纷等文书。这类文书主要是利用传统习惯法去调解纠纷。在《天柱文书考释》第17册"高酿镇卷"50—51的高酿镇春花村文书中,属于民事纠纷的文书一般是涉及日常生活中的家庭财产分割、婚姻等方面。

1. 财产分割

分家在乡间极为常见,这既是流传下来的古老传统习俗,也是缓解家庭矛盾的一种合理选择。因此分家是中国家庭制度的重要内容,也是理解家庭制度、宗族乡土、社会变迁的一个要点。分家文书在族人的见证下完成,是在分家当事人之间意愿达成一致后,将共同认可的财产分配记录下来的文书,是一份具有法律效果的证明。因此,分关书在民间是处理和避免财产纠纷不可缺少的一部分。

下面是一份天柱县春花村的分关文书:

---

① 张新民主编:《天柱文书》第1辑,江苏人民出版社2014年版,第220页。文书原持有者:林顺祥;来源地:高酿镇地良村步甲组。

民国三十六年二月十四日林昌选子林顺鑫、林顺源等分关字

立分关字人林昌选,今因年逾花甲,体力衰弱,难维持家事,即请族戚将先人遗产,及自备之业,均分给林顺鑫、林顺源、林顺镛兄弟三人,做人才发三字为阄,凭捡照管各业,不得强争。欲恐无凭,立有分关各执一份为照,此据。

计开:

(1) 田项下

趴场下壹坵肆挑;竹冲横坝式坵叁挑;是要冲下壹坵叁挑;坪银下壹坵叁挑半;奎麦角壹坵叁挑半;场上炳口式坵陆挑半;眉散肆坵肆挑;是要盘岑式坵叁挑。

(2) 园项下

瓦上炳田下式坪;盘岑上壹坪。

(3) 屋项下

右新屋并后地基壹间,及盘昌园壹半坪。

(4) 山项下

各山及杉木未分在共。

(5) 养老项下

口脚田壹坵;反鼓元式坵;暨榨油脚壹坵。此四(肆)坵,除为养老送死外,林顺鑫、林顺源、林顺镛兄弟三人均分。

凭族戚林昌选、林顺鑫、林顺源、林顺镛、龙氏金容、龙氏口芝、伍氏新梅
林启焕(押)、林昌福(押)、林昌炳(押)、伍荣辉(押)、龙金容(押)、林口(印)
笔杜口押

民国三十六年后二月十四日[①]

这份文书比其他文书内容都要多且详细,这也体现了人们在对待土地财产上的谨慎,同时也是为了避免模糊不清而导致后续兄弟之间发生争吵。

该文书主要包括几个方面的内容:

1. 当事人,即立契人和财产继承人。
2. 分关原因,一般都是"今因年逾花甲,体力衰弱,难维持家事"。
3. 分配的财产来源。如"先人遗产,及自备之业,均分给其后人"。
4. 见证人,族人亲戚。通过族戚来进行遗产的分割,避免了因立关人偏心而造

---

① 张新民主编:《天柱文书》第1辑,江苏人民出版社2014年版,第265页。文书原持有者:林顺鑫;来源地:高酿镇春花村二组。

成分配不均的情况,表明了分家的公正公开,以减少日后出现财产纠纷的情况。

5. 分配方法。通过"拈阄字号","凭捡照管各业,不得强争"。这表示过程及结果公平,均通过拈阄的方式来获得自己的那一份财产,避免出现因分配不均或不满而出现兄弟相争的现象。

6. 分关书还把要分割的田地列出来,包括土名、数量以及产量。例如"趴场下壹坵肆挑"。

7. 在文书中还包括养老项,该项是为了保障分家后老人的生活而留给自己的,死后再由子孙均分。

8. 签字。为了保证分关书的合法性,族中亲戚要签名画押。

天柱文书中,涉及分家析产的契约,在处理财产时都会书写出"拈阄字号"。这是分家析产时大多会采用的一种分配方法,也是为了公平公正必须遵守的公众约定。这是民间的习俗与习惯法的一种表现,这种约定俗成的方法在一定程度上有效避免了日后出现财产纠纷的问题。

2. 婚姻冲突

不仅在分家时的财产分割上有诸多问题,在家庭婚姻中也有。

在婚姻过程中,难免会有因各种原因无法继续在一起而导致离婚的夫妻。离婚契约就是为了在离婚后双方互不干涉而制定的文书。由于婚姻冲突事端而产生的离婚、休妻、改嫁事情,文书上大多是男方来写的,原因大多是因妻子"不受夫教,多端方谗",或"年不相当,琴瑟不调"等导致的婚姻矛盾。下面就是一件春花村留下的涉及离婚问题以及为解决矛盾而订立的休妻文书:

民国十五年九月二十日龙政保休妻手摹字

立休妻手摹字人春花村龙政保,……因为年不相当,琴瑟不调,自央请房族人等甘休退转娘家,四门改嫁不得异言。我亲夫使族人等再不得借妻争事,其中并无威逼情切。今欲有凭,立有休退手摹字据。

凭亲房龙仲佑(押)

族人龙政覃龙桂石

龙秀锦请笔押

民国丙寅年九月廿日立①

---

① 张新民主编:《天柱文书》第1辑,江苏人民出版社2014年版,第167页。文书原持有者:林顺祥;来源地:高酿镇春花村二组。

上述文书是男方以年不相当为由提出离异的休书。男方在请族人做调解后离婚，"自央请房族人等甘休退转娘家，四门改嫁不得异言"。离婚后女子可以改嫁，并不会受到很大的影响。这也说明，女性虽然在离婚时处于弱势，但也有一定的权利。

"四门开放"是侗族婚姻习俗在契约文书中常出现的词，类似于法律条文的传统习俗和习惯法，主要是保护离婚后的妇女有再嫁的自由。这份离婚文书显示出，离婚双方中女性不一定处于完全被动的地位，原因是契约保障离婚后的女性有再次婚姻的自由权利，并不受到干扰。因此，我们可以看出，春花村女性的地位并不处于十分的劣势，除了在离婚后有再嫁的自由外，在家庭土地买卖上也有权干涉。

3. 过继子嗣

人们常说"不孝有三，无后为大"，可见子嗣在人们心中的地位是何等重要。对于那些没有自己孩子的人来说，过继同家族内的后辈是延续子嗣的最好选择，但过继不仅关系个人身份地位归属的转换，同时也牵涉财产的转移；因此产生了择嗣立继的契约文书，这类文书也反映了当地承续宗祧的习俗文化特点。

过继子嗣的选择也根据各地的民俗而有所不同，其中有收养同宗之次子为后嗣、过继同宗之孙承祧、以长子出继的。这些体现了族众亲疏远近调整自治的风规礼俗，同时也揭示了家庭继承权获得的程序方式。① 下面是一份春花村的过继子嗣的文书：

民国二十一年十二月十一日林昌元过继房兄林昌福次子顺植承祧分关书

立分关承祧字人林昌元，今因无嗣，凭房族亲戚等分到房兄林昌福次子顺植承祧为嗣，其元（原）所存遗业、山场、园圃、田地应归顺植私有，以作进香祭祖之费，以后兄弟各居，先父之业仍属兄弟公开勿怀异端。其顺植既承祧之后，应贡早晚香烟勿断，继本发枝，恐人心不古，立有此承祧分关为据。

枝发叶茂源远流长

分关合同

凭房族　林再传　林秀珍　林昌魁　林昌选　林再炳

凭亲戚　袁连魁　孙再芳

代笔　栗连兴

中华民国二十一年十二月十一日立②

---

① 张新民：《晚清至民国时期乡村社会生活的出继立嗣文化现象——以清水江流域天柱文书为中心》，《贵州大学学报（社会科学版）》2015年第3期。

② 张新民主编：《天柱文书》第1辑，江苏人民出版社2014年版，第194页。文书原持有者：林顺祥；来源地：高酿镇春花村二组。

过继文书包括这几方面的内容:首先,是立契人以及要过继人名字、身份,如"凭房族亲戚等分到房兄林昌福次子顺植承祧为嗣"。其次,是双方的权利与责任。在过继后,继子将得到立契人的财产,并尽自己的责任。如"元(原)所存遗业、山场、园圃、田地应归顺植私有,以作进香祭祖之费,以后兄弟各居,先父之业仍属兄弟公开勿怀异端。其顺植既承祧之后,应贡早晚香烟物断"。契约的末尾处还会写上"枝发叶茂源远流长",以表示一种祝福。最后,房族、亲戚签字,确保其有效。从该文书中我们发现,继嗣确立时遵循血缘优先,长子不出继,过继的子嗣为次子,如"林昌元过继房兄林昌福次子顺植承祧",族戚为证,财产补偿这四大原则。当然,若跳出春花村文书范围而通读已公布出版的全部天柱文书,长子出继现象也偶有出现,这一现象的民族地缘特征限于本文篇幅,留待日后详细探究。

血缘父子祖孙是人类存在最基本的关系,由此而引申出父系世系关系,无论其为家庭、家族或宗族,都构成了中国传统文化扎根的社会基础,体现了人类处理自我生存或生活关系的一种具有典型意义的原则或方法。[①] 择嗣立继是在无法继续这种原则后而产生的一种补救措施,目的只是为了延续和继承财产。过继子嗣的文书在春花村文书中虽然数量只占少数,但是对此类文书的研究,有利于我们认识乡村家庭继承关系和乡村社会。

三、总结

本文所研究的春花村文书,其包含的内容十分丰富,它的意义和价值也在文书中得到了体现。首先,春花村文书中的《三里均摊案》文书得到了学术界诸多学者的重视,主要在于它弥补了史志的空缺,丰富了天柱县关于田赋制度的内容,详细的内容让我们了解到了当时的复杂情况,这也对我们研究天柱县少数民族地区的田赋制度具有极其重要的作用。其次,鱼鳞册也是天柱文书中的一个重大发现。鱼鳞册详细地注明了土地的拥有人,鱼鳞册和土地买卖契约对我们研究天柱县土地分配与转移等问题有很大的帮助,是重要的材料支撑。最后,春花村的各种契约文书呈现出来了该地区特有的风格,包含着该地的民族特色;并且文书是以家庭为主体,家庭是社会的组成细胞,因此它所包含的内容更为细致,也更能体现社会基层的发展变化。文书

---

① 张新民:《晚清至民国时期乡村社会生活的出继立嗣文化现象——以清水江流域天柱文书为中心》,《贵州大学学报(社会科学版)》2015年第3期。

在有利于我们了解天柱民间的发展的同时,也有利于我们根据历史经验为当地的发展制定更加有效的措施。

此外,春花村文书对研究天柱苗族、侗族的"汉化进程"也有着重要的价值。天柱苗族、侗族只有自己的语言,但没有自己的文字;因此契约文书是无文字的苗族、侗族民众学习汉文过程中产生的,通过对这些契约文书的解读,会发现他们是通过签署契约,慢慢地融入王朝国家体系中来的。这也让我们了解到了更加真实的天柱苗族、侗族的民族文化和历史,打破外界对他们的偏见。

处理纠纷的契约文书也是中国传统民事法律制度研究的可靠材料。大量发现的契约文书,尤其是其中的合同、物权、婚姻、继承制度的田契、地契、婚契、分关文书等,都是根据地方的习惯法签订的,文书中包含着对某一事件的处理情况以及承诺,由该地方的"凭中"作证,这为研究中国传统民事法律制度提供了可靠的材料。

春花村文书契约是天柱县土地情况的生动反映,是研究当地土地问题第一手材料,而当地居民的村落社会生活在契约文书中也有生动的体现。"村落研究的多项成果已显示出其重要学术意义,通过揭示清水江流域村落社会结构的建构过程,丰富了对明清时期中国乡村社会的认识。"[1]可见,清水江文书的文献价值不仅限于贵州一省,同时也是研究整个明清历史的重要材料之一,类似春花村等村落社会史研究的持续推进,当是清水江文书研究不可忽视的重要领域。

---

[1] 杨军昌、王斌、林芊:《基于清水江学建构的清水江文书研究再认识》,《贵州大学学报(社会科学版)》2019年第5期。

《万历邸钞》圈点眉批作者考
——兼论《万历邸钞》与《定陵注略》的关系

王呈祥*

摘 要:《万历邸钞》是研究晚明东林党争的重要史料,小野和子考证出其撰者为东林党人钱一本。但是,对于书中圈点和眉批的作者,目前学界尚无研究。通过梳理文秉的生平家世和撰史心态,特别是其所撰写的《定陵注略》的目录、内容与《万历邸钞》眉批所存在的一一对应的关系,可以看出,文秉是《万历邸钞》圈点眉批的作者。鉴于《万历邸钞》和《定陵注略》的对应和互补关系,将二者结合起来使用,更能发挥出其史料价值,从而为促进晚明东林党争研究的发展奠定扎实的文献基础。

关键词:《万历邸钞》 眉批 《定陵注略》 文秉

一、问题的提出

众所周知,东林党争是晚明史上的一大事因缘,而《万历邸钞》则是研究东林党争的重要史料,不过,该书无撰者姓名。据日本学者小野和子先生考证,该书撰者为东林党人钱一本。[①] 此一论断,就目前的文献资料而言,基本上可以视为定论。《万历邸钞》的作者问题虽然得到解决,但是,书中随处可见的圈点和眉批的作者还是一个疑问:是钱一本自己圈批的,还是另有其人呢?目前学界尚无学者注意这一问题,笔

---

* 王呈祥,南京大学历史学院博士;研究方向:明清思想史。
① 小野和子:《明季党社考》,李庆、张荣湄译,上海古籍出版社 2006 年版,第 87 页。

者尝试解答之。

目前《万历邸钞》的通行本是吴兴嘉业堂刘氏旧藏明钞本[①],1968年由台湾正中书局影印出版,江苏广陵古籍刻印社于1991年根据正中书局本进行了刊印。《万历邸钞》书中有随处可见的圈点和大量长短不一的眉批或夹批。正中书局本有昌彼得撰写的"叙录",他认为,眉批是清代学者毕沅写的。江苏广陵古籍刻印社的"影印说明"也认为是毕沅朱笔批点[②],甚至小野和子也沿袭此说,认为"该书随处可见的眉批,或是出于毕沅之手"[③]。不过,谢国桢先生认为:"朱笔俱明人点勘。"[④]苏同炳先生根据《万历邸钞》中的文字不避光熹各朝御讳,推测"此书的成书时间在万历四十八年八月光宗嗣位以前";又通过详细论证,推定"此书上的批注,其写成时间大约不致早于崇祯十五年,不致迟至明亡以后"。所以,"此书应当是明人所钞及明人所批,绝不致是清初的钞本"[⑤]。

既然《万历邸钞》批注出于毕沅的说法之立论证据非常薄弱,且经苏同炳先生的辨证已经被否定,可以不再赘述。不过,需要进一步追问的是:苏先生的结论是否能站得住脚呢?实际上,如果能够确定批注的作者是谁,上述问题也就迎刃而解了。在上述前贤研究成果的基础上,笔者认为,《万历邸钞》圈点眉批的作者是文秉,下面试考证之,并求正于同仁方家。

二、文秉的生平家世和撰史心态

文秉(1609—1669年),字荪符,自号竺坞遗民或竺坞山人,南直隶长洲人,生于万历三十七年,卒于康熙八年[⑥],大学士文震孟之子。文秉"少侍文肃公(文震孟)京

---

① 谢国桢先生在《增订晚明史籍考》中指出,《万历邸钞》除了吴兴嘉业堂刘氏旧藏明钞本32册,还有北京图书馆藏传钞本18册。他指出:"是书自万历元年至十一年,又自二十年至二十一年,又自三十三年至三十五年,又自四十四年至四十五年。"这是北京图书馆藏旧钞本的情形,而吴兴嘉业堂刘氏旧藏明钞本是从万历元年至万历四十五年。可见,18册的旧钞本有散佚,而32册的明钞本至少在年份上是完整的,虽然实际上缺少了万历二十八年至万历三十二年的部分。参见谢国桢:《增订晚明史籍考》,上海古籍出版社1981年版,第77页。
② 《万历邸钞》,江苏广陵古籍刻印社1991年版,"影印说明"。下文所引用《万历邸钞》相关引文皆出自此一版本,特此说明,不再赘述。
③ 小野和子:《明季党社考》,李庆、张荣湄译,上海古籍出版社2006年版,第87页。
④ 谢国桢:《增订晚明史籍考》,上海古籍出版社1981年版,第77页。
⑤ 苏同炳:《明史偶笔》,商务印书馆(台湾)1976年版,第100—101页。
⑥ 谢正光、王德毅编《明遗民传记资料索引》认为文秉在南明弘光政权覆灭时死于南京,误。尤淑君先生已经指出此点,参见尤淑君:《〈定陵注略〉校读》,《明代研究》2006年第9期,第144页。

师,游诸公间,数听其议论,遂悉谙万历以来诸故实,每对宾客子弟,辄侃侃言之,咸有据依"①。崇祯十一年(1638年),文秉曾与黄宗羲等140多人联名上书《留都防乱公揭》,声讨阮大铖等人。文震孟去世后,文秉"益键户自奋于学。其后九年,江南内附,君同产弟乘死于难,君之家遂破。幸得脱身兵刃间,意颇不自聊,乃挈其室走庐文肃公墓下。墓在竺坞,与天池山相去可一里,林石幽峭,号为名胜地。君居而乐之,慨然曰:'吾将老焉。'故自称竺坞山人,……凡二十余年,竟卒于竺坞"②。值得注意的是文秉对明朝的态度。汪琬指出:"君尝为诸生,又尝用文肃公荫,当得左军都督府都事矣,今不称,称山人者,成君志也。"③《竺坞山人墓志铭》撰于康熙八年,所以,山人还是一种委婉的说法,真实称呼应为遗民。文秉自己在《定陵注略》和《先拨志始》二书序中的落款都是竺坞遗民便证实了这一点。文秉"既居山中,乃出其所得,著书十余种,其尤著者《定陵注略》《先拨志始》《烈皇小识》《甲乙事案》,凡若干卷"④。文秉的四部史学著述,基本上涵盖了晚明万历、泰昌、天启和崇祯四朝,具有重要的史学价值。

　　文秉之所以立志撰写晚明历史,一方面,与其父文震孟有密切关系。文秉说:"忆童时侍先君子,言及世务,未尝不致叹于门户也。"⑤清代学者夏燮也认为:"文肃最晚达,考其进退,固与阉祸逆案相终始者,而朱紫既分,玄黄不息,……宜竹坞山人之致慨于门户也。"⑥可见,文震孟与晚明党争有直接的关系。据《明史》记载,文震孟(1574—1636年),字文起,弱冠以《春秋》举于乡,十赴会试,终于在天启二年(1622年)考中状元,授翰林院修撰。十月,文震孟上《勤政讲学疏》,弹劾魏忠贤,贬秩调外。崇祯元年,以侍读召。崇祯三年春,辅臣定逆案者相继去国,魏忠贤遗党王永光等人乘机报复,文震孟抗疏纠之。崇祯五年,文震孟摘《光宗实录》尤谬者数条,疏请改正。崇祯八年七月,累官至礼部侍郎兼东阁大学士,入阁预政,"与同官温体仁论事不合,在内阁不满百日而罢,士大夫所谓东林党人者也"⑦。文震孟落职归乡后不久便病

---

① 汪琬:《竺坞山人墓志铭》,载《汪琬全集笺校》第2册,李圣华笺校,人民文学出版社2010年版,第828—829页。
② 汪琬:《竺坞山人墓志铭》,载《汪琬全集笺校》第2册,李圣华笺校,人民文学出版社2010年版,第828页。
③ 汪琬:《竺坞山人墓志铭》,载《汪琬全集笺校》第2册,李圣华笺校,人民文学出版社2010年版,第828页。
④ 汪琬:《竺坞山人墓志铭》,载《汪琬全集笺校》第2册,李圣华笺校,人民文学出版社2010年版,第828—829页。
⑤ 文秉:《先拨志始》,上海书店1982年版,"原叙"。
⑥ 夏燮:"夏序",载文秉:《先拨志始》,上海书店1982年版。
⑦ 汪琬:《竺坞山人墓志铭》,载《汪琬全集笺校》第2册,李圣华笺校,人民文学出版社2010年版,第829页。

逝。崇祯十五年,"赠礼部尚书,赐祭葬,官一子。福王时,追谥文肃。二子秉、乘。乘遭国变,死于难"①。可见,文秉立志撰写晚明历史,显然是为了完成其父文震孟改正和重修《光宗实录》的夙愿,破除阉党污蔑东林党之说,为明朝撰写一部信史,进而深入检讨和反省其灭亡的原因。

另一方面,长洲文氏既是仕宦世家,也是文献世家。清代学者计东指出:"我吴世家推文献者,必首文氏。文氏自衡山而上二世,自衡山而下至相国文肃公四世,凡七世,皆仕宦,皆以京朝官,以故博识国家掌故事实及诸前贤往行,至文肃为贤宰相,天下端人正士奔走其门,文氏子弟闻见益广,且得之家庭,世世相传述,其言多可据,故征文献者必曰文氏云。"②文秉能够撰写《定陵注略》等四部史学著述,明显受益于家学与丰富的家传文献。在家学熏染之下,文秉之子文点也非常熟悉万历以来的政局情况。计东说,他"时时征其语胜国诸旧事",文点"即历述所闻于先世者,语移日不倦,至深谈万历以来金壬害正、朋党反覆倾陷之情状,尤令听者太息,意勃勃不能平也"。③由此可见,从文震孟经文秉一直到文点,文氏三代人都对明清之际的历史密切关注,了如指掌。

总之,文秉继承父志,身逢明清鼎革的大变局,以遗民自矢,博览群书,通过撰写《定陵注略》《先拨志始》《烈皇小识》《甲乙事案》等史学著作来总结明王朝灭亡的原因。由此推论文秉是《万历邸钞》圈点眉批的作者是完全有可能的,而更有力的证据则是《定陵注略》目录与《万历邸钞》中的眉批基本相同,具有明显的对应关系。

三、文秉是《万历邸钞》圈点眉批的作者

《万历邸钞》中的圈点有以下几种形式:一是黑点标出重点词句,一是小圆圈,一是小三角。批注主要是眉批,偶尔也有夹批。眉批内容有的只有几个字,有的则是几句话。另外,从圈点和眉批的相关性可以看出,二者是出于一人之手。例如,万历九年(1581年)正月,《万历邸钞》记载:"大计京朝官。"这五个字被小三角圈点,并有批注:"辛巳内计。"④

《万历邸钞》眉批的作者不可能是钱一本,证据很多。钱一本卒于万历四十五年

---

① 张廷玉等:《明史·文震孟传》,中华书局1974年版,第6499页。
② 计东:《改亭诗文集》文集卷六《送文与也序》,清乾隆十三年计瓒刻本。
③ 计东:《改亭诗文集》文集卷六《送文与也序》,清乾隆十三年计瓒刻本。
④ 《万历邸钞》,第103页。

(1617年),不可能称万历帝为神庙、神祖;而眉批作者却不止一次地把万历帝称为神庙、神祖。例如《万历邸钞》记录了一则圣谕,此处有一条眉批:"大哉王言!不出户庭而智周天下,此神祖所以为神也。"①还有一条提到神庙的批注:"神庙始事内操。"②钱一本也不可能知道天启年间魏忠贤残害东林党人,有一条眉批"何异魏珰时镇抚挼诸贤"③则提到了魏忠贤,所以,《万历邸钞》的作者和眉批的作者不是一个人,故可排除钱一本。

《万历邸钞》是一部时间跨越45年(万历元年正月至万历四十五年六月),内容涉及当时经济、政治、思想文化等各个领域,篇幅达2411页的大部头编年体著作。要想充分占有和利用此一大部头著作,在原书中做一些圈点和批注,完全是有必要的。《定陵注略》④则是一部纪事本末体的史书,以事为经,以年代先后为序。每卷先叙其事之原委,或出于己意,或"参以家庭见闻",后附以相关奏疏或史实。将《万历邸钞》的圈点眉批与《定陵注略》的相关内容加以比照,不难发现,二者几乎是一一对应的关系。兹将相关内容列表如下:

表1 《万历邸钞》圈点眉批与《定陵注略》相关内容的对应关系

《万历邸钞》中的眉批和记载	《定陵注略》目录与对应记载
"(万历十三年)夏四月旱,车驾步祷南郊。"第291页	"万历十三年夏,大旱,上徒步诣郊坛祷雨。"卷一《圣明天纵》,第2a页
"(万历十一年)闰二月乙丑,驾诣山陵相择寿宫。"第157页	"万历十一年闰二月乙丑,驾诣山陵相择寿宫。"卷一《寿宫始末》,第6b页
"(万历元年)春正月庚子,乾清宫门伪阉章龙伏诛。"第1页	"万历元年春正月庚子,伪内官章龙伏诛。"卷一《逼逐新郑》,第9b页
"(万历三年)春正月庚辰,南京给事中余懋学削籍。"第15页	"万历三年正月,革南京给事中余懋学职为民。"卷一《江陵擅政》,第10b页
"(万历五年)秋九月,张居正闻父丧,诏夺情视事。"第44页	"万历五年九月,大学士张居正丁父艰,上命夺情视事。"卷一《江陵夺情》,第15b页
"(万历十年六月)丙午,张居正卒。"第129页	"万历十年六月丙午,张居正卒。"卷一《江陵覆车》,第22a页

---

① 《万历邸钞》,第1011页。
② 《万历邸钞》,第248页。
③ 《万历邸钞》,第172页。
④ 本文用的《定陵注略》是北京大学图书馆藏善本,另有北京大学出版社1984年版和台北伟文图书出版社1976年版,后两本书的情况可参考尤淑君:《〈定陵注略〉校读》,《明代研究》2006年第9期。

(续表)

《万历邸钞》中的眉批和记载	《定陵注略》目录与对应记载
"(万历十一年二月)会试,以余有丁、许国充考试官。"第 156 页	"万历十一年二月,会试,以余有丁、许国充考试官。"卷一《科场夤缘》,第 31b 页
"(万历四年)春正月,谪御史傅应祯边戍。"第 19 页	"万历四年正月,谪御史傅应祯边卫充军。"卷二《建言诸臣》,第 1a 页
"(万历十二年三月)谪山东道御史丁此吕外任。"第 227 页	"万历十二年三月,御史丁此吕疏参张居正子张嗣修等。"卷二《大臣党比》,第 19a 页
眉批:"癸巳内计。"第 729 页	卷三《癸巳大计》,第 1a 页
"(万历二十一年七月)以赵用贤为吏部左侍郎,寻罢。"第 778 页	"万历二十一年七月,礼科给事中张贞观疏。"卷三《虞山绝婚》,第 6b 页
"(万历二十二年五月)谪文选司郎中顾宪成杂职。"第 830 页	"万历二十二年五月,大学士赵志皋等揭。"卷三《锡山谴逐》,第 13a 页
眉批:"乙未外计,风波又兴。"第 877 页	卷三《乙未外计》,第 14b 页
"万历二十年正月,尽革选司官唐世尧等。"第 634 页	"万历二十年正月,革文选郎中唐世尧、员外陈遴等职为民。"卷三《特旨处分》,第 19b 页
眉批:"乙巳内计。"第 1302 页	卷三《乙巳大计》,第 27b 页
"(万历二十四年六月)差户部郎中戴绍科同锦衣卫金书杨金吾河南开矿。"第 961 页	"万历二十四年六月,差户部郎中戴绍科同锦衣卫金书杨金吾河南开矿。"卷四《矿税诸使》,第 1a 页
"(万历二十五年十二月)蓟永矿务郎中戴绍科进银内库,凡八百一十余两。"第 1091 页	"万历二十五年十月,蓟永矿务郎中戴绍科进内库银八百十两。"卷四《内库进奉》,第 14b 页。误作"十月"
"(万历二十二年六月)湖广守备太监孙政劾罢钟祥知县李来命。"第 842 页	"万历二十二年七月,罢湖广钟祥县知县李来命。"卷五《忤奄诸臣》,第 1a 页。误作"七月"
眉批:"税监激变之始。"第 1164 页	卷五《军民激变》,第 23b 页
"(万历三十三年三月)湖广楚府宗室杀巡抚赵可怀。"第 1310 页	"万历三十一年六月,楚王华奎疏。"卷六《楚狱始末》,第 2a 页
"万历三十年(应为四十年)四月丙戌,下九卿科道会议代藩事。"第 1248 页	"万历四十年正月,代王长子鼎渭疏。"卷六《代藩易储》,第 9a 页
"(万历四十一年九月)谕叶向高。文书官金忠传出圣谕。"第 2004 页	"万历四十一年九月,文书官金忠传出圣谕。"卷六《福王之国》,第 20b 页

(续表)

《万历邸钞》中的眉批和记载	《定陵注略》目录与对应记载
"(万历十年)三月,杭州兵变。"第125页。"杭州民变。"第126页	"万历十年三月,杭州兵变。四月,民变。"卷七《杭州兵变民变》,第1a页
"(万历十五年)冬十月,郧阳军士作乱。"第372页	"万历十五年十月,郧阳兵变。"卷七《郧阳兵变》,第3a页
"(万历二十二年四月)应天巡抚朱鸿谟题。"第823页	"二十二年四月,……应天巡抚朱鸿谟疏。"卷七《太仓儒变》,第4a页
"(万历三十五年)五月,南京刑科给事中金士衡参劾刘宇。"第1397页	"三十五年四月,诛南京妖民刘天绪等。"卷七《南京妖民》,第6a页
"(万历三十五年八月)四川巡抚乔璧星奏征安尧臣。"第1460页	"八月,四川巡抚乔璧星疏请剿灭土舍安尧臣。"卷七《安陇始末》,第9a页
"(万历三十五年十一月)金沙夷阿克等攻破云南武定府。"第1495页	"三十五年十一月,云南金沙土司阿克等叛,破武定府。"卷七《武定献印》,第11b页
"(万历十五年九月)革凌云翼原官闲住。"第369页	"万历十五年九月,苏州原任兵部尚书凌云翼杀生员章士伟、张元辅。"卷七《吴门坑儒》,第14b页
"(万历二十二年五月)祭酒范应期自经死。"第838页	"二十二年五月,……原任祭酒范应期自缢。"卷七《湖州民变》,第15b页
"(万历四十四年三月)逮原任电白知县周玄暐至京问。"第2324页	"四十四年三月,逮问昆山乡官周玄暐。"卷七《昆山民变》,第17b页
"(万历三十五年五月)谕廷推阁臣。吏侍杨时乔言。"第1402页	"万历三十五年五月,吏部署部事左侍郎杨时乔等题。"卷八《晋江爱立》,第1a页
眉批:"太仓密揭,又增一阱。"第1407页	卷八《太仓密揭》,第5a页
"(万历三十五年七月)考选科道官。"第1442页。有圈点	卷八《丁未考选》,第13b页
万历三十八年十一月,贵州道御史刘国缙疏。眉批:"刺东林。"第1802页	"(万历三十八年)刘国缙疏。"卷九《淮抚之争》,第2a页
眉批:"辛亥内计。"第1819页	卷九《辛亥大计》,第13a页
"二月,会试天下举人,以萧云举、王图为考试官。"第1777页	"万历三十八年二月,命萧云举、王图为考试官。"卷九《庚戌科场》,第20b页
万历二十八年(应为四十一年十一月),"直隶巡按荆养乔疏"。第1197页	"万历四十一年十一月,应天巡按御史荆养乔疏。"卷九《荆熊分袒》,第31b页

(续表)

《万历邸钞》中的眉批和记载	《定陵注略》目录与对应记载
万历二十九年（应为四十年十二月），"广东道御史毛一鹭疏"。第1220页	"万历四十年八月，御史毛一鹭疏。"卷十《门户分争》，第1a页
"（万历四十四年二月）以吴道南、刘楚先为会试考试官。"第2312页	"万历四十四年二月，命吴道南、刘楚先为会试主考官。"卷十《丙辰假元》，第34b页
"（万历四十五年）三月癸酉，大计京朝官。"第2405页。有圈点	"万历四十五年丁巳，大计京朝官。"卷十《丁巳大计》，第40a页

根据上表可以发现以下三点：第一，《万历邸钞》中的眉批与《定陵注略》的目录小标题相同或相似，例如，万历二十一年（1593年）的京察，眉批是"癸巳内计"，目录是《癸巳大计》。明代，六年一次的京察也叫内计或大计，三者异名而同实。类似的例子还有乙未外计、乙巳内计、辛亥内计以及"太仓密揭"等。《丁未考选》虽然没有对应的眉批，但在相关记载"考选科道官"上加了圈点，与之类似的还有《丁巳大计》。这也说明《万历邸钞》中的眉批与《定陵注略》的目录之间存在对应的关系。

第二，如上表所示，《定陵注略》每个目录小标题的第一条记载大多数都可以在《万历邸钞》中找到，并且都加了圈点。仔细比对这两本书，不难发现，《定陵注略》的多数记载都可以在《万历邸钞》中发现相同或相似的内容，这表明文秉撰写《定陵注略》是直接取材于《万历邸钞》，他只是在体裁上把编年体的《万历邸钞》改编成纪事本末体的《定陵注略》，将《万历邸钞》中分散的记载分门别类汇集在一起。

第三，一方面，《定陵注略》有的记载无法与《万历邸钞》对应起来，这是因为现存《万历邸钞》存在错乱的现象，如将万历四十年（1612年）的"下九卿科道会议代藩事"错移到万历三十年（1602年），而在《定陵注略》则是正确的记载："（万历四十年）四月，给事中韩光祐疏。"①另一方面，《定陵注略》有的记载确实在《万历邸钞》中找不到，这是因为现存《万历邸钞》还有散佚的情况，如《定陵注略》卷六《楚狱始末》"万历三十一年六月，楚王华奎疏"在《万历邸钞》中就找不到相关内容，其原因是现存《万历邸钞》已经完全遗失万历三十一年（1603年）的记载，目前可见的内容是把万历四十年的记载错移到万历三十一年了。

除了《定陵注略》的少数目录小标题与眉批基本相同、内容和材料直接来自《万历邸钞》之外，更直接的证据是文秉说自己看过《万历邸钞》。他在《定陵注略·小叙》中

---

① 文秉：《定陵注略》卷六《代藩易储》，北京大学图书馆藏善本，第11a页。

说:"寒家遗书不薄,寄托非人,悉皆沉没。山居多暇,转就友人处借《神宗邸报抄略》阅之,参以家庭见闻,因妄以己意窃为编集。"文秉所说的《神宗邸报抄略》即指《万历邸钞》,名异而实同。《万历邸钞》本是一个约定俗成的名字,并不是固定的著作名称,所以,姚希孟在钱一本墓表中称之为《邸抄》①,文秉则将之称作《神宗邸报抄略》。

另外,文秉在《定陵注略·小叙》指出:"若宁、播之役,则有茅光禄《三大征考》在,不复赘述。"②实际上,文秉在抄录《万历邸钞》的过程中,也已注意到万历三大征,只是由于茅元仪撰有《三大征考》,才没有写进《定陵注略》。万历二十年(1592年)二月,宁夏兵变。此处的批注为"征哱"③。万历二十年五月,日本侵朝鲜。眉批为"东征之始"④。万历二十七年(1599年)四月,播州宣慰司使杨应龙反。批注为"西南始祸"⑤。文秉是《万历邸钞》眉批作者,于此又添一有力佐证。

综上所述,本文从多个方面论证了《万历邸钞》圈点眉批的作者是文秉,可以说,《万历邸钞》中的圈点眉批正是他在依据《万历邸钞》编撰《定陵注略》时所留的笔迹。前面曾提及苏同炳先生认为批注"写成时间大约不致早于崇祯十五年,不致迟至明亡以后",在证实了文秉是批注作者之后,我们可以断定这种看法显然是错误的。苏先生之所以推断错误,是因为他忽略了批注作者的遗民身份,进而错误推论批注只能是明亡之前的人写的。

证实了文秉是《万历邸钞》圈点眉批的作者之后,我们可以进一步明确《万历邸钞》与《定陵注略》二者之间的关系,从而更加准确地确认两者的史料价值。小野和子先生最早且正确地辨别出《万历邸钞》万历二十八年(1600年)至万历三十二年(1604年)的部分其实是万历四十年(1612年)的部分内容,并指出《万历邸钞》其实缺少了万历二十八年至万历三十二年的部分。⑥通过将《万历邸钞》和《定陵注略》相关内容进行比对,可以看出《万历邸钞》散佚的内容保留在了《定陵注略》里。例如,万历四十年,发生了代藩易储事件。有关内容却被误植在《万历邸钞》的万历三十年(1602年)里,即本文表格中的"万历三十年(应为四十年)四月,下九卿科道会议代藩事"。而在《定陵注略》中,则还是发生在万历四十年。可见,在文秉使用之时,《万历邸钞》还没

---

① 《东林书院志》卷八,中华书局2004年版,第269页。
② 文秉:《定陵注略·小叙》,北京大学图书馆藏善本。
③ 《万历邸钞》,第648页。
④ 《万历邸钞》,第673页。
⑤ 《万历邸钞》,第1163页。
⑥ 小野和子:《明季党社考》,李庆、张荣湄译,上海古籍出版社2006年版,第92页。樊树志先生也有相似的看法,但稍有差异,此处不做进一步探讨。参见樊树志:《晚明史》上卷,复旦大学出版社2003年版,第614页。

有发生错乱和散佚。这不但为小野和子的上述说法找到了文献依据,并且可以部分恢复《万历邸钞》的错乱和散佚内容。

谢国桢先生认为,文秉"留心万历以后史事,斐然有撰述之志,盖欲著成一史也",而《定陵注略》"保存史料,尤为精确"①;目前学界也一般倾向于认为《定陵注略》取材丰富,史料翔实。但是,通过上述的检讨和分析可知,文秉撰写《定陵注略》主要取材于《万历邸钞》——这一点他自己也是承认的;因此,从严格的史源学角度看,《定陵注略》的史料价值并不是很高。不过,文秉毕竟分门别类,集中论述了万历一朝大事,再加上现存《万历邸钞》不是完帙,缺失了万历二十八年至万历三十二年的部分,而《定陵注略》保存了一些相关材料,所以,《定陵注略》就与《万历邸钞》存在一定的互补关系。由此可知,只有将《万历邸钞》和《定陵注略》搭配使用,才能充分发挥和利用二书的史料价值,从而为促进晚明东林党争研究的发展奠定扎实的文献基础。

---

① 谢国桢:《增订晚明史籍考》,上海古籍出版社1981年版,第80页。

研究动态、综述与书评

从体用观看佛经中的美术理论
——评《汉唐汉译佛经美术理论》

蒋炎洲[*]

摘　要：侯艳的《汉唐汉译佛经美术理论》避开了佛教美术研究多从作品切入的模式，而以汉唐汉译佛经为中心，从中国哲学之"体用"关系切入，从本体论、功能实践论、创作论、审美论以及汉译佛经之美术理论这五个方面，对中国佛教美术理论的多元影响展开论述。作者在紧扣文献的基础上广泛涉猎，兼涉了思想文化史、哲学、宗教学、艺术学的视野；主要运用了以体摄用、以用显体的哲学方法，文献与实例相参，不乏创新之处，结论也非常新颖，具有重要的学术价值。

关键词：体用　汉译佛经　美术理论　书评

佛教自两汉之际传入中国，从初传时的依附黄老，到魏晋时的格义佛教，发展至隋唐，基本上完成了中国化进程，整个演进过程从汉唐之际所译的佛经论著中可见一斑。佛教思想的中国化发展奠定了佛教美术作品的中国化基调。以佛教造像为例：佛教初传中国后，其思想先是依附于黄老而传播，其造像样式形成了"神佛合一"的形象特征；魏晋之际，佛教思想以玄佛会通为主，佛教造像又呈现出褒衣博带、秀骨清像的形象特征；唐时，佛教造像的中国化发展已臻成熟，呈现出了臃腴丰肥的唐时艺术特征。从汉至唐，我国的佛经传译、经典诠释、佛教美术理论、佛教美术作品等，都经历了从初传、发展至成熟的过程，汉译佛经中含藏的丰富的美术理论，既深刻影响着

---

[*] 蒋炎洲，南京大学哲学系2018级博士生。

佛教美术作品的发展，也深刻影响了中国美术理论的发展。

研究佛教美术理论，从思想层面进入是非常必要的，同时还须结合时代背景、审美情趣、美术技法等，从多个方面综合考察。《中国佛教艺术史》一书中写道：

> 佛教在中国的初传期，佛教艺术体现出三个方面的特征：一是受到印度及西域文化艺术因素的影响；二是在与中原地区民间匠师创作传统的融合过程中，尚未形成成熟的艺术风格；三是中土士人参与了佛教艺术创作，导致中国佛教艺术逐步走向多样性。①

早期的佛教艺术在中国的发展，受到印度、西域各国以及中国本土思想、审美及创作习惯、技法等多方面的影响，若以主次论之，思想层面的影响无疑是最为深远的。

侯艳博士以其博士论文为基础的新著《汉唐汉译佛经美术理论》由河南美术出版社出版。② 该书基于文献学，兼涉思想文化史、哲学、宗教学、艺术学的视野，以汉唐汉译佛经为中心，从"体用论"切入，梳理了这一时期佛教思想对佛教美术理论的重要影响。作者2010年完成博士论文后，又在近十年的教学生涯中，对论文继续打磨，精益求精，书中插图更是反复斟酌，精选了多年考察研究积累的成果，文献与实例相参，具有重要的学术价值。全书不乏创新之处，很多观点颇有建树，在佛教美术理论方面是不可多得的研究资料。

一、视角独特，寻经据典

纵观我国佛教美术研究的历史与现状，学者们多是从与佛教相关的考古发掘、造像、绘画等美术作品切入，通过归纳作品特征的方式认识和理解佛教美术的特质，探寻佛教历史、文化以及美术理论的发展。侯艳博士避开了"扎堆"式的研究模式，发挥自身文献学专业的特长，以佛经文献为核心，以时代为依凭，扬长避短，索隐钩沉，寻经据典，出奇制胜。

当前，以文献分析方法研究佛教美术理论的学者并不多见，侯艳博士的研究对当前主流佛教美术研究有重要的弥补和拓展，这种研究方法非常值得借鉴与参考。其

---

① 赖永海、王月清主编：《中国佛教艺术史》，南京大学出版社2017年版，第1页。
② 侯艳：《汉唐汉译佛经美术理论》，河南美术出版社2019年版。

实,就佛教美术研究而言,从文献入手是非常必要的,太虚在《佛教美术与佛教》中也表达了"要真正了解佛教的美术,非要深入到教理中去不可"[①]的观点。佛教被称为"象教",佛经"以文载道",佛教美术则是"以象载道"。无论是佛经还是佛教美术都以弘传道法、教化众生为目的,希冀众生随文入观、寻象入理,证佛陀所示之本有性体。

侯艳博士通过对汉唐汉译佛经及相关文献进行搜集和梳理,遴选其中与美术理论相关的重要材料,从佛教义理、美学特质、美术技法等不同层面探析汉译佛经与中古佛教美术的关系,印证中国中古时期的佛教思想与佛教美术的相互融通,从而总结概括与佛教美术相关的哲学思想之发展源流、理论意义等。可以说,该书既是对汉唐之际佛教哲学审美论的一次深入研究,也是对中国传统美术理论的一次很好的梳理。

二、体用为纲,逻辑贯穿

(一) 体用为纲

"体用"是中国哲学特有的范畴,"体""用"对举是中国哲学重要的思维范式。方克立先生认为在"中国哲学中,体用观念的萌芽,可以说早就见于先秦诸子(不只是儒家)书中。这种萌芽并不限于言及'体''用'二字者,有的以'本''物'并举,或以'本''用'相对,实质上都以萌芽形态表达了后来体用范畴的基本含义或部分含义"[②]。就"体用"之含义而言,其并非固定,而是一个不断发展丰富的过程。"体用"之内涵大致可分为四种:一是"体"表根本义,"用"表从属义的义理主从内涵;二是"体"表本体义,"用"表现象义的道器内涵(在佛教称为性相内涵);三是"体"表性能义,"用"表功用义的性用内涵;四是表达一种具有相对性或等级性的价值序列内涵。[③] 当然,除此之外还可表质用、理气、道德等内涵[④],但也都可以归入以上四种内涵之中。

佛教传入中国后,其基于"缘起论"的思维模式,受到了中国"体用"思维范式的重要影响,丰富了中国佛教的理论建构。徐小跃教授说:

> 依本体论而建立起的即体即用的思想,克服了大乘般若学既要寻求解脱,又

---

① 太虚:《佛教美术与佛教》,载《太虚大师全书》第 24 册,善导寺佛经流通处 1998 年版,第 1521 页。
② 方克立:《论中国哲学中的体用范畴》,《中国社会科学》1984 年第 5 期。
③ 参见徐嘉:《"体用"范式下的近现代伦理启蒙》,《中国哲学史》2007 年第 2 期。
④ 参见胡勇:《中国哲学体用思想研究》,南京大学博士学位论文,2013 年,第 666—690 页。

缺乏解脱的主体和场所的内在矛盾性。它为佛教自身理论的发展与完善指明了道路,以后中国佛教般若性空学与涅槃心性学不断融通的历史事实也证明了这一点。①

同时,佛教理论也"为中国哲学中的体用思维提供了一种新的启示,在佛教的影响下,体用关系较之以往更为圆融"②。通过"体用论"创造性地诠释的佛教般若思想,使中国佛教从般若性空学以"空"为"体"、以"有"为"用",发展至涅槃心性学的以"性"为"体"、以"相"为"用",以及以"心"为"体"、以"物"为"用"。因此,"体用"在中国佛教又常被说成"体相用"。可以说,"相"的补入,是在"体""用"之间构建的一条逻辑链条,使"体用"间的距离更短、逻辑更强。

在佛教看来,佛性、佛心都是超验绝对、不可思议之本体,因要普度众生、证成佛果必须从现象世界起修,以有形之"相"指导众生修行实践,通过修行实践之"用"证悟众生与佛不二的"性""心"之"体",这就是佛教所说的"借假修真""以用显体"。从"体""相""用"的角度看佛经中的美术理论,也更容易理解。铃木大拙说:"佛教的本体论分三层:'体''相''用'。所谓'体',相当于实质;'相',相当于形色;'用',相当于力量或作用。"③佛教以经论之根本义为"体",为表"体"而形成之经文与佛教美术等皆为"相",依"体"所成之"相"对佛教修持、弘传、化度众生所起之作用即为"用"。太虚说:

一切经典,都是为指示真理作用的。而造像、图画等美术,亦足指示最高的真理,其结果,其功用,皆是相同……美术即是由自心觉悟,而用各种方法表显出来,使他人也能得同样的觉悟,这就是佛教艺术的真义。④

太虚所言,"真理"即"体",经典、佛教美术作品即"相",通过佛教美术作品可以指示佛教的真理,即"用"。也就是说,佛教造像、图画与经典一样,都是指示佛教真理的标月指,由此修行证悟成佛之真理才是根本目的。《大方广佛华严经·夜摩宫中偈赞品》说得更为透彻、广博,经云:

---

① 徐小跃:《僧肇"有无观""体用论"之探讨——兼谈佛教中国化问题》,《南京大学学报(哲学·人文科学·社会科学版)》1995 年第 1 期。
② 吴学国:《关于中国哲学的生命性》,《哲学研究》2007 年第 1 期。
③ 铃木大拙:《禅的实际教学方法》,载《铃木大拙禅论集:历史发展》,徐进夫译,志文出版社 1986 年版,第 280 页。
④ 太虚:《佛教美术与佛教》,载《太虚大师全书》第 24 册,善导寺佛经流通处 1998 年版,第 1522 页。

> 心如工画师，能画诸世间，
> 五蕴悉从生，无法而不造。
> 如心佛亦尔，如佛众生然，
> 应知佛与心，体性皆无尽。
> 若人知心行，普造诸世间，
> 是人则见佛，了佛真实性。
> 心不住于身，身亦不住心，
> 而能作佛事，自在未曾有。
> 若人欲了知，三世一切佛，
> 应观法界性，一切唯心造。[①]

经中以"心"为"体"，故心生万法，心就如同画师一般能画诸世间，其所彩画之诸世间即是"相"，"而能作佛事"则为"用"。侯艳博士的《汉唐汉译佛经美术理论》即是从"体用"（或曰"体相用"）的角度切入，各章节以逻辑贯穿，展开论述。

（二）逻辑贯穿

《汉唐汉译佛经美术理论》共分五章，具体包括本体论、功能实践论、创作论、审美论以及汉译佛经之美术理论对中国佛教美术的多元影响。这种分类方法借鉴了美术理论研究的成果，但各章的观点及论据都完全是基于对佛经文献的深入解读得出的。作者从佛经文献入手研究佛教美术现象及其审美本质与特点，展示了其良好的资料统摄技巧与文字驾驭能力。

第一章从佛教美术的"本体论"入手，从哲学"体"的层面以范畴论的方法分析了佛经中的"色""相""形""神"等与美术相关的名相，进而引出佛经所蕴之美学内涵。佛教美术以"色无自性""空色不二"为理论基础，与中国"遗形取神""空灵湛寂"的传统美学思想形成呼应。可见，佛教美术理论与中国传统美术理论之间是有机结合、共同发展的。

第二章以佛教美术的"功能实践论"为抓手，先从哲学"用"的层面分析了佛教美术对于佛教"弘法传道""修行礼拜""精神寄托"等方面的重要作用，又以"图文交辉""事理圆融"表达了佛教依"相"而起之妙用。

唐朝美术理论家张彦远在《历代名画记》中表达画之"用"时说：

---

① 实叉难陀译：《大方广佛华严经》卷一九，载《大正藏》第10册，第102页上。

> 夫画者，成教化，助人伦，穷神变，测幽微，与六籍同功，四时并运。①

张彦远对画之"用"做了归纳和总结，其中"穷神变，测幽微"表明画者及观者均可透过画作探寻其背后深奥、幽微的哲学真理。就佛教美术而言，楼宇烈先生说：

> 佛像、佛画是沟通广大佛教信众与佛陀、佛法的重要媒介，是佛教进行教化的方便法门，它表现和传达了佛陀的伟大精神和佛法的深奥义理。②

第二章以"用"为基，从佛教美术的"功能实践论"中追寻理事圆融的佛教美术理论，实现了功用与义理之间的有机结合。纵观本书第一、二章，是对佛经中所蕴之美术理论，从体用关系上进行了较深入的梳理和研究。

第三章"创作论"首先由"题材论"进入，从"相"的层面佐证了第二章"功能实践论"，进而从方法论层面对佛教美术的题材和技法等进行了分析研究。文中突出了佛经中的佛本生故事、经变故事等主题创作。在表现技法方面，作者也对佛教建筑、雕塑、壁画、版画及工艺美术等相关留存从佛经及相关文献角度进行了分析，既包含了宗教理想，又兼顾了美术内涵，为读者了解佛经与中国佛教美术创作之关系提供了极好的图文互证范例。

第四章"审美论"是在第二章"用"、第三章"相"的基础之上，升华至美学的审美层面。本章既是对第二、三章的理论沉淀，又是对第一章"本体论"的理论呼应。

贺麟在《文化的体与用》中有这样一段表述：

> 就大理石与雕像言，则雕像为大理石之体，大理石为雕像之用，但就雕像与美的型式言，则具体的雕像为形而下之用，形而上的美的纯型式为体。③

贺麟的"美的纯型式为体"是指一般雕塑，然就佛教雕塑而言，在美之上还有其宗教理想。也就是说，佛教雕塑是以"根本义为体"，其首要凸显的是佛学之"义理"，与此同时兼顾了"美"。所以，楼宇烈先生说：

---

① 张彦远：《历代名画记》，中华书局1985年版，第7页。
② 楼宇烈：《佛教造像的教化功能及其艺术价值》，载《中国佛教与人文精神》，宗教文化出版社2005年版，第395页。
③ 贺麟：《近代唯心论简释》，商务印书馆2018年版，第219页。

佛教造像可以说是宗教信仰教化功能与完美艺术性的和谐完美的结合。①

还有学者认为,南北朝以后的中国美学体系就有机地包容了佛学美学的内容。②可以说,佛学体系与美学体系的融合,更侧重在价值观和方法论方面的融合。

作者在该章对佛经美术理论中的"庄严之美"和"以丑为美、以恶为美"等议题进行了论述。其以"菩萨低眉"式的庄严慈悲之美与"金刚怒目"式的以丑为美、以恶为美形成对比,表达了美善与丑恶的相互关系。这种审美取向和审美特质及美、善、丑、恶之间相即相生的关系共同形成了佛教美术"美丑不二"的审美观。"丑"从另一个角度看又是一种"美"的表达,"丑"既能增强所表达对象的冲击力,又能对教化对象产生强大的威慑力,从这个意义上看,"丑"的功能与"美"不二。顺着"美丑不二"的审美理论继续追溯,不难发现其与中国佛教"性具善恶""生佛不二",及至"空有不二"理论之间的逻辑渊源。

第五章"结论"分别从汉译佛经与中国佛教美术思潮,及汉译佛经对美术创作主体思想、佛教美术技法、佛教美术理论等的影响,总结了汉译佛经美术理论的重要性。这一章展示了作者对汉唐之际汉译佛经美术理论的深刻认识,这些主题背后反映了作者对佛教由内在哲思转型到外部形象的系统性思考,既紧扣了主题又兼具了学术视野和理论高度。

从整体的结构来看,全书依"体用论"而展开,通过对佛教美术的体用、色相、形神等核心范畴,以及中国传统美学中的圆满、和谐、清净、空寂等概念,从"体""用""相"的层面进行统摄、梳理和分析,概括出佛教美术的审美理论,进而从审美论回溯佛经内在的哲思。可以说,该书结构完整,逻辑贯穿,环环相扣,引人入胜。

三、结语

该书论述广博而又不失精要,无论是写作视角、论述方法还是研究结论都有许多创新与闪光之处,为后来学者从文献学及哲学领域进入佛教美术理论研究提供了很好的参考。正如李小荣教授评论的那样,作者开辟了佛教美术理论研究的新领域,也在一定程度上弥补了以往多以佛教美术作品为中心来探讨佛教美术史、思想史的不

---

① 楼宇烈:《中国佛教与人文精神》,宗教文化出版社2005年版,第407页。
② 赵建军:《魏晋般若与美学》,复旦大学博士学位论文,2004年,第206页。

足或缺憾。加之作者在紧扣文献的基础上广泛涉猎,得出的结论也非常新颖,可称为一次较为成功的跨学科研究,有助于进一步深化、细化中国佛教美术的理论研究。[①]

　　佛教典籍浩如烟海,佛教理论博大精深,佛教美术理论研究仅是汉译佛典研究的一个部分,研究者在研究的过程中各有所长亦各有侧重,所采用的文献与所得出的结论也是见仁见智,不尽相同。从哲学视角来看,还有一些更复杂的问题需要进一步探讨。作者在研究佛教美术本体论时,主要是从"有"的角度重点切入,这虽然符合以佛教美术为主体来探讨的要求,但就佛教哲学本身而言,对"空"的研究或许更为重要。在佛教看来"空"为真、"有"为假,由此延伸出"真空假有""真空妙有""空有不二"等理论。那么,佛教的"般若性空观"在佛教美术理论发展的过程中究竟产生了哪些具体影响?"假有""妙有"的理论在佛教美术作品中又是怎样呈现的,这些呈现是怎样回应其哲学思想的?以上议题,也有待于进一步深入探讨和研究。

[①] 参见李小荣:《〈汉唐汉译佛经美术理论〉序》,载侯艳:《汉唐汉译佛经美术理论》,河南美术出版社2019年版,第1—3页。

《宏德学刊》稿约

一、《宏德学刊》是由南京大学中华文化研究院和江苏宏德文化出版基金会主办的综合性学术集刊,入选《中文社会科学引文索引来源期刊目录》,为CSSCI来源集刊。本刊由商务印书馆出版,向国内外发行。

二、《宏德学刊》以研究和弘扬中国传统文化为宗旨,常设的栏目包括:
(一)儒释道综合研究:关于儒释道三教的思想、历史、经典等研究;
(二)中华语言文字研究:中国传统文字、音韵、训诂学方面之研究;
(三)珍稀文献整理与研究:稀见文献、地方文献的整理与研究;
(四)传统智慧与现代管理研究:中国传统文化资源与现代管理思想的融通研究;
(五)中国文化遗产研究:传统艺术文化与非物质文化之研究;
(六)传统价值观与道德建设研究:中华优秀价值观与当代社会道德建设之研究;
(七)关于中国传统文化的研究综述、重要学术对话、书评等。
本刊热忱欢迎国内外学者就以上专题及其他有关中国传统文化的议题赐稿。

三、来稿以不超过20 000字为宜,请附中英文标题、中文摘要(300字以内)、关键词(5个以内)。并请附100字以内作者简介,包括真实姓名、工作单位、职称职务、研究方向、通讯地址、电子邮箱、联系电话等。

四、本刊实行匿名审稿制,投稿后三个月内未接到用稿通知者可自行处理稿件。限于人力,本刊来稿一律不退,请作者自留底稿。本刊不收取版面费,一经录用,即致稿酬,并寄送当期样刊。

五、来稿文责自负,杜绝一稿多投,本刊不承担因论文著作权等问题造成的法律责任。对于录用的稿件,本刊有权酌情删改,如不同意,请予说明。

六、来稿务必遵守学术规范,尤其确保注释的完整和引文版本的甄选。请采用当页脚注形式,并认真核对引文,以利编辑排版。详细格式请参见本刊注释体例说明:

(一)引用常用古籍,标明其卷数或具体题名即可,如《高僧传》卷四、《史记·游侠列传》;非常用古籍、新印古籍,请参照专著规范。

(二)引用专著,应标明作者名(译著在书名后加译者)、书名、出版社、出版年份、页码,著作方式非"著"者应标明著作方式。西文专著使用斜体。如:

章太炎:《国学概论》,中华书局 2009 年版,第 10—25 页。

池田知久:《池田知久简帛论集》,曹峰译,中华书局 2010 年版。

A. C. Graham, *Later Mohist Logic*:*Ethics and Science*, Hong Kong:Chinese University Press, 2003.

(三)引用期刊论文,应标明作者名、文章名、期刊名、出版年份、卷期数。西文期刊论文加引号,期刊名使用斜体。如:

陈云松:《走出费孝通悖论——谈社会学的方法之争》,《清华社会学评论》2017 年第 1 期。

Alan Pritchar, "Statistics Bibliography or Bibliometrics", *Journal of Documentation*, Vol. 25, No. 4 (1969).

(四)引用析出文献时,应将专著的责任者与专著题名排在析出文献之后;析出文献与专著信息之间加"载"字。如:

黄宽重:《严耕望先生访问记》,载严耕望:《治史三书》,上海人民出版社 2016 年版,第 208—214 页。

(五)文中若有插图或照片,亦请注明出处,并提供清晰的电子图档。艺术作品的图片请在图下标明作者时代、作者名、作品名、材质及类型、尺寸、藏地等信息。

七、本刊投稿电子信箱:hongdexuekan@163.com

本刊通讯地址：江苏省南京市栖霞区仙林大道163号
　　　　　　　南京大学中华文化研究院《宏德学刊》编辑部
邮编：210023
联系人：邵佳德、胡永辉
联系电话：18068847040、13913002679

《宏德学刊》编辑委员会
二〇二一年三月